职业教育物流类专业系列教材

# 仓储与配送实务

CANGCHU YU PEISONG SHIWU

主　编　刘庭翠（重庆工信职业学院）
沈　捷（重庆工信职业学院）
副主编　肖建敏（重庆工信职业学院）
秦可欣（重庆工信职业学院）
李　菁（重庆工信职业学院）
谷　宇（重庆市荣昌区职业教育中心）
参　编　胡　倩（重庆工信职业学院）
蒲　稚（重庆工信职业学院）
汤冬梅（重庆工信职业学院）
罗嘉欣（重庆工信职业学院）
吴文春（重庆工信职业学院）
曾　霞（重庆市商务学校）
齐　波（重庆利耀物流国际有限公司）

重庆大学出版社

图书在版编目（CIP）数据

仓储与配送实务 / 刘庭翠，沈捷主编. --重庆：重庆大学出版社，2022.2

职业教育物流类专业系列教材

ISBN 978-7-5689-2768-0

Ⅰ.①仓… Ⅱ.①刘…②沈… Ⅲ.①仓库管理②物资配送—物资管理 Ⅳ.①F253

中国版本图书馆CIP数据核字（2021）第251193号

职业教育物流类专业系列教材

仓储与配送实务

CANGCHU YU PEISONG SHIWU

主 编 刘庭翠 沈 捷

策划编辑：章 可

责任编辑：张红梅 版式设计：章 可

责任校对：关德强 责任印制：张 策

*

重庆大学出版社出版发行

出版人：饶帮华

社址：重庆市沙坪坝区大学城西路21号

邮编：401331

电话：（023）88617190 88617185（中小学）

传真：（023）88617186 88617166

网址：http://www.cqup.com.cn

邮箱：fxk@cqup.com.cn（营销中心）

全国新华书店经销

POD：重庆新生代彩印技术有限公司

*

开本：787mm×1092mm 1/16 印张：16 字数：381千

2022年2月第1版 2022年2月第1次印刷

ISBN 978-7-5689-2768-0 定价：42.00元

# 前 言

随着经济全球化和现代信息网络技术的日益完善，世界贸易与运输迅猛发展，物流产业在国民经济中的地位日益提升，成为重要的新兴产业。物流是一个系统工程，它贯穿产品生产、流通和消费的全过程，由仓储、运输、配送、包装、装卸搬运、流通加工、信息等多个环节组成，各环节有机联系、不可分割。仓储是现代物流的重要环节，仓储活动及其管理直接影响物流系统的质量和效率。仓储管理是大部分物流管理专业学生毕业后从事的主要工作。因此，仓储管理技能是物流管理专业学生必备的核心能力之一，“仓储管理”课程是物流管理专业的核心课程之一。

本书打破原有的以理论为主的内容结构，依据仓储活动的工作情境构建学习情境，设计学习任务，组织课程内容。全书分为 10 个项目，以工作任务为中心安排内容，包括认识仓储、仓储规划与设备选用、入库作业、在库作业、出库作业、特殊货物仓储管理、认识配送、配送中心规划、配送作业管理、现代化仓储与配送。同时，本书内容安排充分考虑了“1+X”职业认证的相关要求。

为了实现理论联系实际，每个任务都安排了课后练习和技能训练，特别是技能训练，要求学生结合任务知识点开展技能实训，对知识点和技能点进行巩固，从而达到较好的学习效果。

本书由刘庭翠、沈捷任主编，并负责全书的总体策划与统稿、定稿工作；由肖建敏、秦可欣、李菁、谷宇任副主编。另外，参与本书编写的老师还有胡倩、蒲稚、汤冬梅、罗嘉欣、吴文春、曾霞、齐波。

本书在编写过程中，参考了大量资料，在此向这些资料的作者深表感谢。由于编者水平有限，书中难免有不足和疏漏之处，敬请各位专家、读者批评指正。

编 者

2021 年 10 月

# 目 录

# 项目 1
# 认识仓储

**教学目标**

知识目标：

①掌握仓储和仓储管理的概念

②理解仓储的作用和分类

③理解仓储企业的组织结构

能力目标：

①能够在实践中体会到仓储的功能、作用以及在现代物流中的重要地位

②能够区别各种仓储的类型

素质目标：

①培养现代仓储管理意识

②培养标准化、制度化管理意识

**教学重难点**

重点：

①仓储的功能和作用

②仓储的分类

难点：

①现代仓储企业的组织结构设计

②不同组织结构的特点

# 任务1　仓储概述

## 案例导入

杭州HL物流成立于2001年，通过引入先进的第三方物流经营管理理念，成功地开拓了以杭州为核心的周边物流市场，目前已经成为众多快速流通民用消费品的华东区总仓。HL物流的主要客户包括大型家用电器厂商、方便食品生产企业、电器家电连锁销售企业和大型连锁超市等，其影响力和辐射半径还在日益扩大。为了进一步发展，目前HL物流正在加紧建设规模更大的仓储物流园区。那么，什么是仓储呢？它有何作用呢？

## 任务执行

### 1. 仓储的概念

仓储是对物品进行保存及对其数量、质量进行管理控制的活动。它是物流系统的一个子系统，在物流系统中起着缓冲、调节与平衡的作用。

从物流角度看，仓储的主要功能可以分为基本功能和增值服务功能。仓储的基本功能包括存储、保管和养护功能。仓储的增值服务功能是指物品在仓库存储期间，开发和开展多种服务来提高仓储附加值、促进物品流通、提高社会效益的功能，主要包括流通加工、配送、配载、交易中介等功能。

### 2. 仓储的地位与作用

**1）仓储的地位**

物流系统由众多环节构成，如运输、仓储、装卸搬运、包装等，其中，仓储是最重要的环节，也是必不可少的环节。仓储在物流体系中扮演“节点”的角色，它不仅化解了供求之间在时间上的矛盾，同时也创造了新的时间效益。由此可见，仓储在物流系统中具有重要的地位，如图1.1.1所示。

图 1.1.1　仓储

**2）仓储的作用**

①调解“供给”和“需求”。从供应链的角度出发，物流过程可以看作是由一系列的“供给”和“需求”组成的。当供给和需求节奏不一致，也就是两个过程不能很好地衔接，出现产品不能即时消费或者存在需求却没有产品满足时，就需要建立产品的储备，将不能即时消费的产品储存起来以满足后来的需求。

②保证物品在物流过程中的质量。在货物入库时进行质量检验，严禁不合格产品混入库场，能够有效防止伪劣产品流入市场，保护消费者权益，也在一定程度上保护了生产厂家的信誉。

③加快商品流通、节约流通费用。仓储能够在货物进入市场前完成整理、包装、质检、分拣等程序，这样就可以缩短后续环节的工作时间，加快货物的流通速度。

④提高服务质量、增加企业效益。从商品供应角度看，仓储能够提供比生产车间更为快捷的商品供应服务，这样能够保证商品供货的快捷性和方便性，从而提高服务质量。同时，仓储能够对市场需求做出快速反应，从而提高企业效益。

⑤市场信息的传感器。所有的产品都是为了满足社会的需要，掌握市场对产品的需求信息能够让生产者有效调整生产速度。仓储产品的变化可以有效地反映市场的需求信息：仓储量减少、周转量加大，表明产品的社会需求旺盛；反之则表明产品的社会需求不足。

⑥提供信用保证。在大批量实物产品交易中，购买方必须检验货物，确定货物的存在和货物的品质后，方可放心交易。在检验货物时，购买方可以到仓库实地检查，也可以检查由仓库保管方提供的货物仓单，从而为购买方提供有效的保障。图 1.1.2 为仓单模板，仓单本身也可以作为融资工具，可以直接使用仓单进行质押。

| 仓单（正面） | | | | | | |
| --- | --- | --- | --- | --- | --- | --- |
| 公司名称： | | | | | | |
| 公司地址： | | | | | | |
| 电话： | | | | 传真： | | |
| 账号： | | | | 批号： | | |
| 储货人： | | | | 发单日期： | | |
| 银主名称： | | | | 起租日期： | | |
| 兹收到下列货物依本公司条款（见后页）储仓 | | | | | | |
| 唛头及号码 | 数量 | 所报货物 | 每件收费 | 每月仓租 | 进仓费 | 出仓费 |
| | | | | | | |
| | | | | | | |
| | | | | | | |
| | | | | | | |
| | | | | | | |
| | | | | | | |
| | | | | | | |
| | | | | | | |
| 总件数： | | | | 经手人： | | |
| 总件数（大写）： | | | | | | |
| 备注： | | | | | | |
| 核对人： | | | | | | |

图 1.1.2　仓单

⑦现货交易的场所。存货人要转让已在仓库存放的商品时，购买人可以到仓库检查商品，双方可以在仓库直接进行转让交割。如图 1.1.3 所示的批发交易市场，是既有商品存储功能的交易场所，又有商品交易功能的存储场所。

图 1.1.3　批发交易市场

## 3. 仓储管理的概念

仓储管理，即对货物存储的经营管理，包括在物流过程中对货物的储存，中转过程中对商品装卸、包装、分拣、整理、后续加工等一系列活动的经营管理。随着社会经济的发展，仓储管理的内容也在不断发展和扩大。一般地，现代仓储管理的主要内容包括以下几点：

①仓库的选址和建设；

②仓库设备选择与配置；

③仓库的业务管理；

④仓库的库存管理；

⑤其他方面的管理。

在仓储管理中，一般要考虑的基本原则包括效率原则、经济效益原则和服务原则，它的主要目标如下：

①利用市场经济手段获得最大的仓储资源的配置；

②以高效率为原则组织管理机构；

③以不断满足社会需要为原则开展商务活动；

④以高效率、低成本为原则组织仓储生产；

⑤以优质服务、讲信用建立企业形象；

⑥通过制度化、科学化的先进手段不断提高管理水平，从技术领域到精神领域提高员工素质。

### 4. 仓储业发展趋势

根据我国经济发展的总体形势与近年来仓储业发展的基本态势，仓储业有望进入一个高速发展期，未来将会在设施建设、业务发展、经营管理 3 个方面继续突破，仓储业的固定资产投资与业务规模将会继续大幅增长，仓储企业的经济效益将随增值服务的发展逐年提高，并呈现以下趋势：

①在仓储设施建设方面，未来几年可能是仓库设施建设的黄金时期，钢结构的立体仓库还将持续增加，大型冷库与新型危险品仓库也将不断涌现。

②在仓储服务方面，随着仓储服务与经营的创新，更多的库区将成为名副其实的配送中心，原材料、零部件配送中心，超市配送中心等各类专业化的配送中心将会逐步形成规模，宅配中心、文件保管中心等新型业态也将出现。

③在仓储业的组织结构方面，大中型物流公司会继续建设与完善全国范围的仓储网络，中小型仓储企业的资产重组、企业改制还会继续加快进行，新的中小仓储企业也将不断涌现，一些有追求的中小仓储企业也会寻求与大型物流公司或与其他地区中小仓储企业之间的合作与联盟。

④在供应链各环节的分工与合作方面，“盖世理 – 沃尔玛”“宝洁 – 沃尔玛”“宝洁 – 第三方物流公司”“安利”的“非核心环节外包、核心环节大手笔投入、仓库半租半建”等经典合作模式，将会在业内发挥导向作用，生产流通企业物流外包的大趋势不可逆转，生产与流通企业将成为仓储地产公司的客户主体，物流公司“建库自营”的模式会更加强化，非资产型的仓储服务模式面临严重挑战，越来越多的生产流通企业与仓储物流公司之间将会在磨合与创新中形成长期、稳定的合作伙伴。

## 课后练习

### 1. 选择题

（1）仓储在物流系统中的作用包括（　　）。

A. 降低生产成本　B. 降低运输成本　C. 调节供需　D. 管理商品信息

E. 满足生产和销售的需要

（2）搞好仓储活动可以（　　）。

A. 减少资金的周转　B. 减少物流成本　C. 连接生产和消费

D. 丰富物资，多储存　E. 提高客户服务质量

（3）以下各项中，现代仓库管理所涉及的内容有（　　）。

A. 现代库存控制问题　B. 仓库的业务

C. 现代仓库的选址与建筑问题　D. 现代仓库机械作业的选择与配置问题

（4）空调生产厂家通过储存来保证较短的热销季节的旺盛需求的做法，实现全年的稳定生产，体现了仓储作用中的（　　）。

A. 降低生产成本　B. 调节供需　C. 降低运输成本

D. 满足生产的需要　E. 满足消费的需要

### 2. 简答题

（1）什么是仓储?

（2）仓储的功能是什么?

（3）简述仓储在物流管理中的地位。

（4）如何看待仓储业的发展方向？

## 技能训练

【实训内容】

随着社会的发展，仓储在当今社会中的作用也越来越大，请大家收集相关资料，归纳现阶段国内外仓储的发展状况，并且预测未来仓储的发展方向，完成下表。

| | |
|---|---|
| 国内发展状况 | |

| | |
|---|---|
| 国外发展状况 | |
| 未来发展方向 | |

【实训目的】

通过本次实训，巩固所学理论知识，理解仓储和仓储管理的概念，认识仓储的发展趋势。

【实训准备】

①仓储实训基地。
②计算机及网络。

【实训要求】

①能够独立、规范地完成各项任务。
②在实训时注意团队的规划和协作。
【实训步骤】
①将全班同学分组，每组 4 ~ 6 人，活动以组为单位进行。
②各小组成员分别收集资料，然后讨论，总结讨论结果。
③去仓储实训中心实地观察、学习。
④各小组选派一名代表对本小组实训情况进行汇报阐述。

【实训评价】

各小组将本组的实训体会在全班展示，供同学和教师查验，要求有仓储和仓储管理的概念、认识仓储的发展趋势等内容。

**（1）小组活动评价**

组长负责分配不同的任务给小组成员，每个小组成员完成各个子任务，收集相关资料，讨论后形成总结性报告，完成任务得 40 分，如果有遗漏等情况扣减相应分值。小组成员评价意见表如下：

小组成员评价意见表

小组名称：______________　　　　　　　　　　　　组长：______________

| 小组成员 | 态度（10 分） | 互助与合作（10 分） | 倾听（10 分） | 展示与效果（10 分） |
| --- | --- | --- | --- | --- |
| | | | | |
| | | | | |
| | | | | |
| | | | | |
| | | | | |

（2）教师评价

教师负责评价每组的任务完成情况，量化评价标准。总分值最高为 60 分。教师对小组进行评价的标准如下表：

小组学习评价表

| 序号 | 评价指标 | 分值 / 分 | 打分 |
| --- | --- | --- | --- |
| 1 | 能在规定时间内合作完成实训任务，操作规范；<br>顺利展示，报告观点新颖，表述逻辑性强 | 50 ~ 60 | |
| 2 | 能在规定时间内完成实训任务，操作规范；<br>能做展示，有自己的观点，表述清楚 | 40 ~ 49 | |
| 3 | 能在老师和其他同学的帮助下完成实训任务，有展示 | 30 ~ 39 | |
| 4 | 能在老师和其他同学的帮助下基本完成实训任务，没有展示 | 29 以下 | |

（3）教师点评

教师进行点评时，汇总小组成员评价，然后针对各小组进行总结点评。点评时以鼓励为主，要注意挖掘每个小组的闪光点。每个学生最后得分为所在小组分值加上小组成员评价分值。

# 任务 2　货品类别及仓库分类

## 案例导入

连云港外贸冷库是我国外贸系统的大型冷藏库之一，由 10 000 t 低温库

（−18℃）、3 000 t 组装库（常温：25℃）和 4 000 t 保鲜库［（0±3）℃］组成，另有 6 000 $m^2$ 普通仓库、年加工能力为 1 500 t 的冷冻加工厂。本企业凭借得天独厚的区位优势和良好的自身条件，立足主业，寻求多元发展，努力拓宽经营渠道。连云港外贸冷库在原有储运服务系统的经营基础上，建立一个集信息、运输、存货、仓储、包装于一体的物流服务中心，以物流信息中心为信息窗户和流程作业系统，面向全社会、各行业提供一体化的综合、增值物流服务。在案例中，我们看到了冷藏库的作用，那么，仓库有哪些种类？它们又是如何分类的呢？

## 任务执行

### 1. 货品的分类

为了提高仓储作业效率，保证货品安全，需要对货品进行分类管理。根据货品的不同属性和特征，可以对货品做不同的分类。

**1）按货品原材料分类**

货品原材料是决定货品质量和性能的重要因素。原材料的种类和质量不同，成分、性质、结构也就不同，从而使货品具有截然不同的理化特征。原材料主要分为两大类：一类是在自然形态下的森林产品、矿产品和海洋产品，如煤炭、铁矿石、原油等；另一类是农产品，如粮、棉、油等。

**2）按货品用途分类**

货品按照用途可以分为生产物资和生活物资。生产物资包括钢材、木材、水泥、煤炭、设备等；生活物资按照用途可以分为食品、医药用品、纺织用品等。

**3）按货品在流通过程中所处的位置分类**

货品按照在流通过程中所处的位置不同，可以分为原材料、在制品、半成品、成品等。

除以上货品分类方法外，还可按照货品的产地、形状、尺寸、颜色等进行分类。

### 2. 仓储的种类

**1）按仓储经营主体划分**

①企业自营仓储：包括生产企业和流通企业的自营仓储。

②商业营业仓储：仓储经营人以其拥有的仓储设施，向社会提供商业性仓储服务的仓储行为。

③公共仓储：公用事业的配套服务设施，为车站、码头提供仓储配套服务。

④战略储备仓储：国家根据国防安全、社会稳定的需要，对战略物资实施储备而产生的仓储。

**2）按仓储对象划分**

①普通货品仓储：不需要特殊保管条件的货品仓储。

②特殊货品仓储：在保管中有特殊要求和需要满足特殊条件的货品仓储，如危险货品仓储(需用监控、调温、防爆、防毒、泄压等装置)、冷库仓储、粮食仓储等。特殊货品仓储一般为专用仓储，按照货品的物理、化学、生物特性，以及法律规定进行仓库建设和实施管理。

**3）按仓储功能划分**

①储存仓储：物质较长时期存放的仓储。

②物流中心仓储：以物流管理为目的的仓储活动，是为实现有效的物流管理，对物流的过程、数量、方向进行调节和控制的环节，也是为实现物流的时间价值的环节。

③配送仓储：也称为配送中心仓储，是商品在配送交付消费者之前进行的短期仓储，是商品在销售或者供生产使用前的最后储存，并在该环节进行销售或使用的前期处理。

④运输转换仓储：衔接不同运输方式的仓储。

**4）按仓储处理方式划分**

①保管式仓储：以货品原样保持不变的方式所进行的仓储。

②加工式仓储：保管人在仓储期间，根据存货人的要求对货品进行一定的加工或包装的仓储方式。

③消费式仓储：保管人在接受货品时，同时接受货品的所有权，保管人在仓储期间有权对货品行使所有权。

### 3. 仓库的分类

**1）按照仓库隶属的不同部门分类**

①工业企业附属仓库：按其在生产中的作用不同，又可分为供应仓库、半成品仓库和成品仓库。

②储运公司所属仓库：按其行业不同，又可分为商业储运公司、物资储运公司等。

③物资供销机构所属仓库：中央和地方物资供销机构所属的仓库，均属于中央各部和省、市、地方管辖，主要为本系统的生产服务。

**2）按照仓库在社会再生产过程中所处的领域和作用不同分类**

①采购供应仓库：一般设置在生产地区，主要职能是保管生产企业生产的产品和进出口商品，通常这类企业规模较大，多设置在企业比较集中的大城市、港口城市和交通发达的物资流通要地。

②商业批发仓库：一般设置在贴近商品销售市场，迅速并有效地向零售商店供应商品是这类仓库的基本特征。商业批发仓库主要用于储存从采购供应库场调进或在当地收

购的商品，规模同采购供应仓库相比一般要小一些。此类仓库既从事批发供货，也从事拆零供货业务。

③商业零售仓库：常与零售企业设在一起，主要用于为商业、零售业做短期储货，一般提供店面销售，零售仓库的规模较小，所储存的物资周转快。

④中转仓库：处于货物运输系统的中间环节，存放那些等待转运的货物，一般货物在此仅做临时停放。这一类仓库一般设置在公路卡车中转站、铁路货运场站和水路运输的港口码头附近，以方便货物在此等待装运；也设置在生产地和消费地之间的交通枢纽地，负责保管在运输过程中改装的商品。

⑤商业加工仓库：仓库的加工延迟功能，一般具有产品加工能力的仓库被称为加工仓库，是商品保管和加工相结合的流通仓库。其主要职能是根据市场需要，对商品进行选择、分类、整理、更换等流通加工。

⑥战略物资储藏仓库：主要职能是保管国家的战略物资，一般设置在交通不方便的深山地区。这类仓库一般由国家设置，以保管国家的储备物资和战备物资。货物在这类仓库中储存时间一般比较长，并且储存的物资会定期更新，以保证物资的质量。

⑦保税仓库：经海关批准设立的供进口货物储存而不受关税法和进口管制条例管理的仓库。储存于保税仓库内的进口货物经批准可在仓库内进行改装、分级、抽样、混合和再加工等。这些货物如再出口则免缴关税，如进入国内市场则须缴关税。

以上是常见的几类仓库。生产出来的产品首先是被储存在采购供应仓库，然后流向批发仓库，接着是零售仓库，最后商品进入卖场，在那里向最终用户销售。

**3）按照仓库所具有的保管条件分类**

①通用仓库：普通仓库。

②专用仓库：专门用以储存某一类（种）物品的仓库。

③特种仓库：用以储存具有特殊性能的，要求特别保管条件的物品，如危险物品、石油、冷藏物品等。这类仓库必须配有防火、防爆、防虫等专门设备，其建筑构造、安全设施都与一般仓库不同。图 1.2.1 所示即为油罐仓储，它对仓库的材料和安全设施都有特殊的要求。

图 1.2.1　油罐仓储

④冷冻、冷藏仓库。

⑤恒温、恒湿仓库。

⑥石油仓库。

⑦化学危险品仓库。

**4）按照仓库设备分类**

①一般平放仓库：货品直接堆放在地上，而没有使用任何固定式料架设备，或者是使用弹性较高的箱式托盘或附柱式托盘等来储存货物。

②料架仓库：仓库内设置各种料架设备，以多层方式储存货物，使用的料架设备有：平料架、流动式料架、移动式料架、后退式料架、驶入式料架及吊架式料架等形式。

③立体自动化仓库：在入、出库时使用输送设备等机械的高层自动仓库、水平旋转仓库、垂直旋转自动仓库等。

④多层式仓库：在多层仓库内，设置垂直式输送或提升机的仓库。

**5）按照建筑物空间位置以及类型分类**

①地面仓库：建于地面以上的仓库，按其构造特征又可分为封闭式仓库、半封闭式仓库（料棚）、露天场地（货场）。

②半地下仓库：此类仓库一般适合存放油料等易挥发、怕高温的物品。

③地下仓库。

**6）按照仓库作业的机械化程度分类**

①人力仓库。

②半机械化仓库。

③机械化仓库。

④半自动化仓库。

⑤自动化仓库。

**7）按仓库功能分类**

①生产仓库：也称为原料仓库或成品仓库，是指为企业生产或经营储存原材料、燃料及产品的仓库。

生产仓库可分为：

a. 原料仓库：在制造工业产品的工厂中，把原料搬进生产过程以前，进行暂时保管的仓库；

b. 成品仓库：把已经制造完成的产品，在发货以前进行保管的仓库；

c. 在制品仓库：企业在生产加工过程中，对尚未制造完成的产品进行保管的仓库。

②储备仓库：专门长期存放各种储备物资，如战略物资储备、季节物资储备、备荒物资储备、流通调节储备等，以保证完成各项储备任务的仓库。

③集配型仓库：以组织物资集货配送为主要目的的仓库。

④中转分货型仓库：以中转储备为主要目的，其中转作用类似配送型仓库中的单品种、大批量型仓库，其储备作用又类似于储备型仓库。

⑤加工型仓库：以流通加工为主要目的的仓库。一般的加工型仓库集加工厂和仓库

两种职能，能将商品的加工业务和仓储业务结合在一起。

⑥流通仓库：类似配送中心，是指专门从事中转、代存等流通业务的仓库。流通仓库以物流中转为主要职能，在运输网点中也以转运、换载为主要职能。而在流通过程中，流通仓库将不再以储存保管为主要目的。

流通仓库可进行拣选、配货、检验、分类等作业，并具有多品种、小批量、多批次等收货、配送功能以及附加标签、重新包装等流通加工功能。它因能实现货物的迅速发送而日益受到重视，是仓库业发展中的一个重要趋势。

## 课后练习

### 1. 选择题

（1）第三方物流企业的仓储属于（　　）。

A. 企业自营仓储　　B. 商业营运仓储　　C. 公共仓储　　D. 战略储备仓储

（2）货物所有权随货物交付而转移的仓储是（　　）。

A. 保管式仓储　　B. 混藏式仓储　　C. 消费式仓储　　D. 加工式仓储

### 2. 简答题

（1）仓储的种类有哪些？

（2）按照保管条件不同，仓库可以如何分类？

## 技能训练

### 【实训内容】

结合本任务所学内容，查阅资料，归纳总结仓库的分类，并完成下表。

| 分类方法 | 种类 |
|---|---|
| 按仓库隶属部门分类 | |
| 按仓库在社会再生产过程中所处的领域和所具有的作用分类 | |
| 按仓库的不同保管条件分类 | |
| 按仓库设备分类 | |
| 按建筑物空间位置以及类型分类 | |
| 按仓库功能分类 | |

【实训目的】

通过本次实训，巩固所学理论知识，理解仓储的作用，掌握仓库的分类方法。

【实训准备】

①仓储实训基地。
②计算机及网络。

【实训要求】

①能够独立、规范地完成各项任务。
②在实训时注意团队的规划和协作。

【实训步骤】

①将全班同学分组、每组 4 ~ 6 人，活动以组为单位进行。
②每个小组成员分别收集资料，然后讨论，总结讨论结果。
③去仓储实训中心实地观察、学习。
④各小组选派一名代表对本小组实训情况进行汇报阐述。

【实训评价】

各小组将本组的实训体会在全班展示，供同学和教师查验，按照要求完成资料收集和归类，并完成实训任务。

**（1）小组活动评价**

组长负责分配不同的任务给小组成员，每个小组成员完成各个子任务，收集相关资料，讨论后形成总结性报告，完成任务得 40 分，如果有遗漏等情况扣减相应分值。小组成员评价意见表如下：

**小组成员评价意见表**

小组名称：______________　　　　组长：______________

| 小组成员 | 态度（10 分） | 互助与合作（10 分） | 倾听（10 分） | 展示与效果（10 分） |
| --- | --- | --- | --- | --- |
| | | | | |
| | | | | |
| | | | | |
| | | | | |
| | | | | |

**（2）教师评价**

教师负责评价每组的任务完成情况，量化评价标准。总分值最高为 60 分。教师对小组进行评价的标准如下表：

小组学习评价表

| 序号 | 评价指标 | 分值 / 分 | 打分 |
| --- | --- | --- | --- |
| 1 | 能在规定时间内合作完成实训任务，操作规范；<br>顺利展示，报告观点新颖，表述逻辑性强 | 50 ~ 60 | |
| 2 | 能在规定时间内完成实训任务，操作规范；<br>能做展示，有自己的观点，表述清楚 | 40 ~ 49 | |
| 3 | 能在老师和其他同学的帮助下完成实训任务，有展示 | 30 ~ 39 | |
| 4 | 能在老师和其他同学的帮助下基本完成实训任务，没有展示 | 29 以下 | |

**（3）教师点评**

教师进行点评时，汇总小组成员评价，然后针对各小组进行总结点评。点评时以鼓励为主，要注意挖掘每个小组的闪光点。每个学生最后得分为所在小组分值加上小组成员评价分值。

# 任务 3　仓储企业组织结构

## 案例导入

上海市某物流有限公司成立于 2008 年，是一家具有“AAAAA”级资质的物流企业。该公司成立以来一直致力于电子产品流通领域的专业物流服务，在多年的实际运作中积累了丰富的物流管理经验，目前该物流公司在全国约 500 个城市拥有 74 个货物转运中心、近 3 000 台自有运营车辆，形成覆盖全国大部分城市的自建物流网络。那么像这种以仓储配送为主的大型物流企业，为了给客户提供最佳、最快的物流服务，从而提高企业竞争力，该如何合理地规划其组织结构呢?

## 任务执行

### 1. 仓储企业组织结构的设计步骤

仓储企业组织是一个整体，是由许多元素按照一定的形式排列组合而成的。一个企业在考虑采用什么样的组织形式时，必须考虑 4 个基本问题：什么样的组织形式有利于实现企业战略目标？什么样的组织形式能提高组织效率？组织形式与企业活动如何适应？组织与外部环境如何适应？

那么，在进行组织结构设计时应该如何进行呢？组织结构设计主要包括 6 个步骤：确定组织目标，确定业务流程，确定组织结构，进行职能分解，确定岗位职责权限，配备岗位人员。

### 2. 仓储企业组织结构的主要形式

当前仓储企业中，实行的组织结构形式主要有直线式、职能式、直线职能式、事业部式、矩阵式等。每一种组织结构均有明显的优势和不足，每一家仓储公司应根据各自的实际情况，依据自身企业规模、业务情况、管理者能力等多种因素选择适合自己的组织结构。

**1）直线式组织结构**

直线式组织结构是最早的组织结构形式，其组织结构如图 1.3.1 所示。所谓“直线”，是指在这种组织结构下，职权直接从高层开始向下 “流动”（传递、分解），经过若干个管理层达到组织最底层。其特点是：

①组织中的每一位主管人员对其直接下属拥有直接职权。

②组织中的每一个人员只对他的直接上级负责或报告工作。

③主管人员在其管辖范围内拥有绝对的职权或完全职权，即主管人员对其所管辖部门的所有业务活动行使决策权、指挥权和监督权。

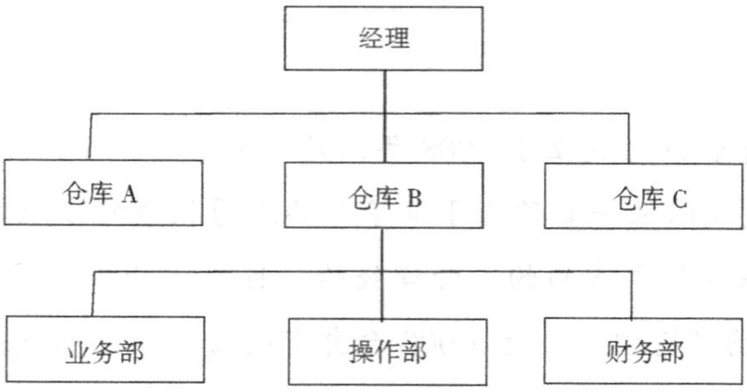


图 1.3.1　直线式组织结构

直线式组织结构适用于仓储企业规模不大、职工人数不多、生产和管理工作都比较简单的情况或现场作业管理。直线式组织结构的优点是：权力集中、职权和职责分明、命令统一，信息沟通方便、便于统一指挥和集中管理；主要的缺点是：对主管的能力要求高，缺乏横向的协调关系。

**2）职能式组织结构**

职能式组织结构的本质是将企业的主导业务分解成各个环节，并由相应部门负责执行，即按照职能设置部门及各部门间的层级关系，其组织结构关系如图 1.3.2 所示。

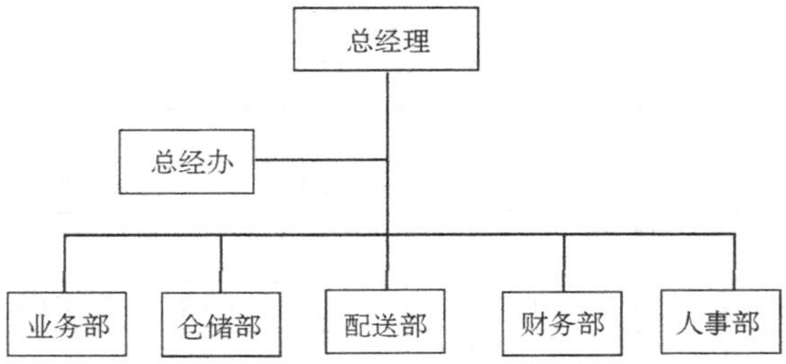


图 1.3.2　职能式组织结构

职能式组织结构的核心优势是专业化分工，组织不需要太多的横向协调，公司主要通过纵向层级实现控制和协调。

该类型的组织比较适合外界环境稳定、技术相对标准、不同职能部门间的协调相对简单的仓储企业。

**3）直线职能式组织结构**

直线职能式组织结构是指直线领导机构和人员在自己的职责范围内有一定的决定权和对所属下级的指挥权，并对自己部门的工作负全部责任；而职能机构和人员则是直线指挥人员的参谋，不能对直接部门发号施令，只能进行业务指导。直线职能式组织结构如图 1.3.3 所示。

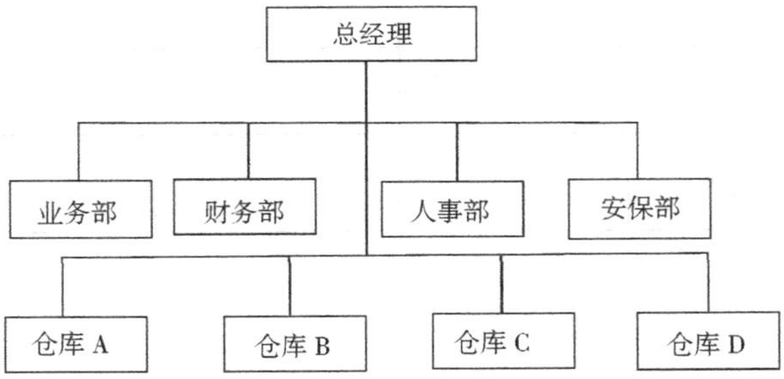


图 1.3.3　直线职能式组织结构

**4）事业部式组织结构**

事业部式组织结构是一种高度集权下的分权管理体制。事业部式组织结构是分级管理、分级核算、自负盈亏的一种形式，即一个公司按地区或按产品类别分成若干个事业部。产品的设计、原料采购、成本核算、产品制造、产品销售，均由事业部及所属工厂负责，实行单独核算、独立经营。公司总部只保留人事决策权、预算控制权和监督权，并通过利润等指标对事业部进行控制。仓储物流公司常按地区划分事业部的形式。事业部式组织结构如图 1.3.4 所示。

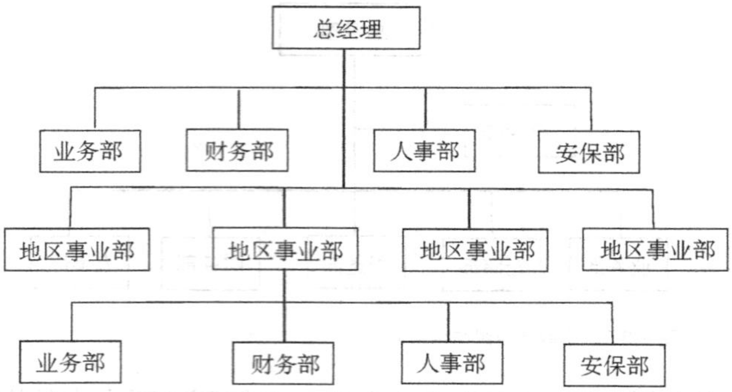


图 1.3.4　事业部式组织结构

5）矩阵式组织结构

在仓储物流公司中，有时也会根据业务项目或某些专门任务而成立跨部门的专门机构或项目小组，形成矩阵式组织结构，如图 1.3.5 所示。它是职能式和事业部式组织结构形式的组合，大多是临时设置，一个项目或业务运作完成后即取消。

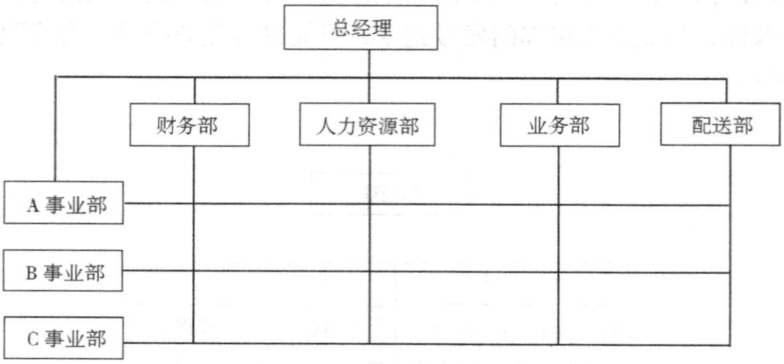


图 1.3.5　矩阵式组织结构

## 课后练习

### 1. 选择题

（1）当前仓储企业中，实行的组织结构形式主要有（　　）。

A. 直线式　　B. 职能式　　C. 直线职能式　　D. 矩阵式

（2）矩阵式组织结构的优点有（　　）。

A. 任务明确、目的清楚　　B. 横向信息沟通容易

C. 纵向信息沟通容易　　D. 适应性强、协调配合好

### 2. 简答题

（1）简述仓储企业组织结构的设计步骤。
（2）直线职能式组织结构有哪些特点？

## 技能训练

### 【实训内容】

请根据本任务所学内容，查找资料，总结不同组织结构的优点和缺点，并完成下表。

| 组织结构 | 优点 | 缺点 |
|---|---|---|
| 直线式组织结构 | | |
| 职能式组织结构 | | |
| 直线职能式组织结构 | | |
| 事业部式组织结构 | | |
| 矩阵式组织结构 | | |

### 【实训目的】

通过本次实训，巩固所学理论知识，理解仓储企业的组织结构以及各种组织结构的优点和缺点。

### 【实训准备】

①仓储实训基地。
②计算机及网络。

### 【实训要求】

①能够独立、规范地完成各项任务。
②在实训时注意团队的规划和协作。

### 【实训步骤】

①将全班同学分组，每组 4 ~ 6 人，活动以组为单位进行。
②每个小组成员分别收集资料，然后讨论，总结讨论结果。
③去仓储实训中心实地观察、学习。
④各小组选派一名代表对本小组实训情况进行汇报阐述。

## 【实训评价】

各小组将本组的实训体会在全班展示，供同学和教师查验，按照要求完成资料收集和归类，并完成实训任务。

**（1）小组活动评价**

组长负责分配不同的任务给小组成员，每个小组成员完成各个子任务，收集相关资料，讨论后形成总结性报告，完成任务得40分，如果有遗漏等情况扣减相应分值。小组成员评价意见表如下：

**小组成员评价意见表**

小组名称：__________ 组长：__________

| 小组成员 | 态度（10分） | 互助与合作（10分） | 倾听（10分） | 展示与效果（10分） |
| --- | --- | --- | --- | --- |
| | | | | |
| | | | | |
| | | | | |
| | | | | |
| | | | | |

**（2）教师评价**

教师负责评价每组的任务完成情况，量化评价标准。总分值最高为60分。教师对小组进行评价的标准如下表：

**小组学习评价表**

| 序号 | 评价指标 | 分值/分 | 打分 |
| --- | --- | --- | --- |
| 1 | 能在规定时间内合作完成实训任务，操作规范；<br>顺利展示，报告观点新颖，表述逻辑性强 | 50 ~ 60 | |
| 2 | 能在规定时间内完成实训任务，操作规范；<br>能做展示，有自己的观点，表述清楚 | 40 ~ 49 | |
| 3 | 能在老师和其他同学的帮助下完成实训任务，有展示 | 30 ~ 39 | |
| 4 | 能在老师和其他同学的帮助下基本完成实训任务，没有展示 | 29以下 | |

**（3）教师点评**

教师进行点评时，汇总小组成员评价，然后针对各小组进行总结点评。点评时以鼓励为主，要注意挖掘每个小组的闪光点。每个学生最后得分为所在小组分值加上小组成员评价分值。

# 项目 2
# 仓储规划与设备选用

**教学目标**

知识目标：

①理解仓储合同的法律特征

②理解仓库的结构和布局

③掌握仓库设备的选用方法

④理解仓库储位管理的概念

能力目标：

①能够在实训中体会到仓储合同的内容和意义

②能够根据实际情况选取仓库设备

素质目标：

①培养现代仓储管理意识

②培养标准化、制度化管理意识

**教学重难点**

重点：

①仓库的结构和布局

②仓库设备的选用

难点：

①仓储合同的内容

②仓库储位的管理

# 任务1　仓储合同管理

## 案例导入

个体户甲在乙仓库寄存一批电子设备，共1 000台，价值共计200万元。双方协定：仓库自1月1日至1月31日对该批电子设备进行保管，1月31日甲取走时支付保管费3 000元。1月31日，甲前来取电子设备时，双方就保管费的多少出现了争议，甲认为自己的货物实际在1月10日晚上才入仓库，应当少付保管费1 000元；乙仓库拒绝减少保管费，理由是仓库早已为甲的电子设备准备了地方，至于甲的货物是不是准时进库是甲自己的事情，与仓库无关。本案例中，个体户甲要求减少保管费是否合理？为什么？

## 任务执行

### 1. 仓储合同的定义

根据《中华人民共和国民法典》（以下简称《民法典》）第九百零四条规定："仓储合同是保管人储存存货人交付的仓储物，存货人支付仓储费的合同。"仓储合同具有以下法律特征：

第一，仓储合同为诺成合同。所谓诺成合同，就是指以缔约当事人意思表示一致为充分成立条件的合同，即一旦缔约当事人的意思表示达成一致即告成立的合同。《民法典》第九百零五条规定："仓储合同自保管人和存货人意思表示一致时成立。"因此，仓储合同自双方达成协议时起就成立，而不需以存储货物的实际交付为准。

第二，仓储合同的保管人须为有仓储设备并专事仓储保管业务的民事主体，即必须是经工商行政管理机关核准，依法从事仓储保管业务的法人。

第三，仓储合同是双务合同。所谓双务合同，是指双方当事人都享有权利和承担义务的合同。

第四，仓储合同是有偿合同。由于仓储是一种商业营业活动，因此，仓储合同的保管人提供仓储服务，存货人应当给付报酬和其他费用。

### 2. 仓储合同的内容

通常来讲，仓储合同的内容，即仓储合同的主要条款一般包括以下内容：

**1）货物的品名和种类**

通常来说，仓储合同的标的物是存货人需要保管的货物，而且是特定物或是特定化了的种类物。保管人应妥善保管，以免发生损毁，而且在保管期满后应当按约定将原货物及孳息交还给存货人。因此，双方当事人必须在合同中对货物的品名和种类做出明确、详细的规定。 如果存放的是易燃、易爆、有毒等危险货物或易腐货物时，还必须在合同中加以特别注明。

**2）货物的数量、质量、包装**

通常，货物的数量应使用标准的计量单位，计量单位应准确到最小的计量单位；货物的质量应使用国家或有关部门规定的质量标准，也可以使用经批准的企业或行业标准。

**3）货物验收的内容、标准**

验收存货人的货物是保管人的义务和责任，合同中应明确约定验收的内容、标准。货物验收是入库的重要工作，验收的内容、标准通常包括三个方面：一是无须开箱拆捆，即直观可见的质量情况，验收项目主要有货物的品名、规格、数量、外包装状况等；二是包装内的货物品名、规格、数量，以外包装或者货物上的标记为准，无标记的，以供货方提供的验收资料为准；三是散装货物，按国家有关规定或合同约定验收。

**4）货物保管条件和保管要求**

仓储合同的标的物即存货人委托储存保管的货物，种类繁多，性质各异，因而对保管条件和保管要求也各不相同，许多货物需要特殊的保管条件和保管方法，在合同中应做出相应的约定。必要的时候，存货人还应向保管人提供储存、保管、运输等方面的技术资料，以便保管人根据货物的性能，按国家规定或合同约定的要求操作、储存危险品和易腐货物。

**5）货物入、出库手续、时间、地点、运输方式**

双方当事人应当详细约定货物入、出库的具体交接事项，以便分清责任。合同对货物入库应明确约定，是由存货人、运输部门或供货单位送货到库，还是由保管人到供货单位、车站、码头等处提取货物。入库时，保管人要根据合同规定的数量、质量、品种、规格等对入库货物进行清点、验收和接收。验收无误后，保管人向存货人开出仓单，并报仓库会计统计入账、登记。同样，货物出库时，一定要当面交接清楚，并做好记录；对货物出库也应明确约定，是由存货人自提还是由保管人代送、代办发运手续。

**6）货物损耗标准和损耗处理**

货物损耗标准是指货物在储存运输过程中，由于自然因素(如干燥、风化、散失、挥发、黏结等)和货物本身的性质或度量衡的误差等，产生的一定数量的破损或计量误差。因此，双方当事人应当在合同条款中约定货物在储存保管和运输过程中的损耗标准。此类标准有国家或行业标准的，采用国家或行业标准；无国家或行业标准的，双方协商确定标准。货物储存期间，损耗量在法律规定或合同约定的标准范围内，保管人不承担责任；超过法律规定或合同约定的标准范围，保管人应当承担责任。

**7）计费项目、标准和结算方式、银行、账号、时间**

计费项目和计费标准是最终计算保管人收取仓储费用的根据，只有明确了计费项目和计费标准，才能准确地确定存货人的支付义务。计费项目包括保管费，转仓费，出入库装卸搬运费，以及车皮、站台、包装整理、商品养护等费用。此条款除了明确上述费用由哪一方承担外，还应对下列项目做出明确规定：计费标准、支付方式、支付时间、支付地点、开户银行、银行账号等。

**8）责任划分和违约处理**

仓储合同可以从货物的入库、验收、保管、包装、出库等5个方面明确双方当事人的责任。同时双方应约定，什么性质的违约行为承担什么性质的违约责任，并且明确约定承担违约责任的方式，即支付违约金、赔偿金及赔偿实际损失等，约定赔偿金的数额和计算方法。

**9）合同的有效期限**

合同一般应规定仓储物的保管期限，即合同的有效期限，保管期限届满，保管人应当将仓储物返还给存货人，存货人应及时取仓储物。有的合同也可以不规定有效期限，只要存货人按日或按月支付保管费用，即可继续有效。

**10）变更或解除合同的期限**

存货人和保管人变更、解除合同的，应当事先通知对方当事人，双方达成一致即可变更或解除合同。但一方要变更或解除合同的，须在法律规定或合同约定的期限内提出。

上述10项，是仓储合同通常应具备的主要条款。另外，合同当事人基于双方的利益，可以对其他更多、更广泛的事项做出约定，如争议的解决方式、合同的履行地点等，只要不违反法律、法规的强行性规定，即为有效。

## 课后练习

### 1. 选择题

（1）下列不能作为仓储合同标的物的是（　　）。

A. 电视机　　B. 知识产权　　C. 桌子　　D. 图书

（2）仓储合同最常用的格式是（　　）。

A. 确认书　　B. 计划表　　C. 合同书　　D. 格式合同

（3）根据《民法典》规定，仓储保管人只签发一式（　　）仓单。

A. 两份　　B. 三份　　C. 四份　　D. 一份

（4）仓储合同是（　　）。

A. 诺成性合同　　B. 实践性合同　　C. 要式合同　　D. 不要式合同

（5）下列属于存货人义务的是（　　）。

A. 支付仓储费　　B. 及时提货　　C. 交存仓储物　　D. 合理仓储

（6）下列属于仓单性质的是（　　）。

A. 提货凭证　　B. 物权凭证　　C. 有价证券　　D. 仓储合同的证明

2. 简答题

（1）仓储合同有哪些种类？合同标的是什么？

（2）订立仓储合同要遵循哪些原则？合同何时生效？

（3）仓储合同有什么条款？

（4）仓储合同如何变更与解除？会产生什么后果？

（5）存货人和保管人分别有什么权利和义务？

## 技能训练

【实训内容】

学生分组扮演存货方和保管方，模拟对仓储合同的各主要条款进行洽谈，并且签订仓储合同。

附：仓储合同范本

仓储租赁及货物保管协议

存货方（甲方）：RJ 电子设备有限公司

保管方（乙方）：GZ 仓储公司

根据《民法典》的有关规定，存货方和保管方就双方责、权、利等有关事项，经双方友好协商，达成如下协议。

第一条：甲方委托乙方储存、保管货物。

1. 甲方委托乙方储存、保管甲方指定地区的货物，具体交接计划及实施方案见《附件一》。

2. 乙方提供完好仓库租给甲方存货。

第二条：储存货物的品名、品种、规格、数量、质量、包装。

1. 货物品名：RJ 电子设备系列产品。

2. 品种规格：RJ 电子设备系列产品的各种规格。

3. 数量：按照甲方的计划数量。

4. 质量：按照国家标准。

5. 货物包装：按照国家标准。

第三条：货物验收的内容、标准、方法、时间、资料。

1. 货物验收时，乙方必须核对货物与送货单据上列明的型号、数量是否相符，产品包装是否完好、受损。

2. 如有包装破损，货物短少、损坏等情况，乙方仓库必须填写货物验收一览表，详细、准确地列明货物验收情况。

3. 送货车辆抵达目的仓库 20 小时内，乙方必须安排卸车、收货。

4. 乙方按照货物台数清点、核收。

5. 乙方收货后，必须填制甲方要求的产品入库单。

第四条：货物保管条件和保管要求。

1. 乙方做到库房设施完善，具备防雨、防潮等条件，消防器材和照明设备保持良好状态。

2. 乙方必须严格按照包装箱标示要求的高度、层数、方向堆码，不得倒置，产品摆放整齐有序，便于清点、盘存和检查。

3. 货物堆垛科学，有效利用仓库库容，库容状态接受甲方的监督。

第五条：货物入库、出库的手续、时间、地点、运输方式。

1. 产品入库开具甲方要求的入库单，并由保管员签名确认。

2. 甲方的客户到仓提货，必须持有甲方开具的有效的提货单，提单必须具有甲方指定的提货专用章、财务签名。

3. 乙方必须保证收到提单后 60 分钟内准时发货。

4. 产品出库严格按照甲方开具的提单所列的品种、规格、数量安排发货，“白条”或口头通知等一律不准发货，否则，因此而产生的一切损失由乙方承担。

5. 产品退换必须有甲方指定负责人签名的书面通知，否则，一律不准退换。

6. 退货产品乙方必须严格验收，列明包装破损、残次品，编制备查流水账。在货物退货单上退货单位必须签字确认，必要时由甲方代表现场确认。

第六条：货物的损耗标准和损耗处理。

1. 除经甲方批准退货或运输等损坏外，所有因保管责任引起的损坏、产品短缺均由乙方负责。

2. 在包装箱完好无损、无开启痕迹的情况下，甲方开箱后发现产品型号不符、部件短缺、有质量问题等情况，乙方不承担任何责任，但有义务配合甲方查明原因。

3. 由乙方承担的货物损失，按照甲方销售价格，加物料成本、运输费用、维修处理费用计算。

第七条：计费项目、标准和结算方式。

1. 甲方租用乙方仓库的仓库租金是 3 000 元/月。

2. 仓库租金按月结算。

第八条：双方责任与义务。

甲方责任与义务：

1. 按照有关规定，提供产品的有关信息、有效单据及预留印鉴式样。如有变更，须至少提前 3 天书面通知乙方。

2. 按照协议约定，向乙方及时、足额支付有关费用。

3. 保证货物本身的安全性，易燃、易爆、易渗漏、有毒等危险货物以及易腐蚀、超限等特殊货物，必须在合同中注明，并向乙方提供必要的保管、运输技术资料。未经允许不得将易燃、易爆、具腐蚀性等危险品存入库房，否则，造成的后果由甲方承担。

4. 严格执行消防部门及乙方的有关安全防火规定。

5. 对所储存的货物的包装，应保障货物在仓储、运输过程中的安全。

6. 货物临近失效期或有异状的，在乙方通知后不及时处理，造成的损失由甲方承担。

7. 负责提供产品堆码、保管技术规范、有效票样样板。

8. 为了确保产品安全，甲方有权不定期进仓对乙方保管的甲方产品进行抽检，乙方须积极配合。

乙方责任与义务：

1. 负责库房的维修、管理，保证不漏雨、不潮湿。

2. 负责甲方货物的安全保卫，提供足够数量的消防设施。

3. 保持库房的清洁，并提供足够数量的垫板，保证甲方货物的干净和干燥。

4. 提供专门的管理人员，负责甲方货物的进出仓及日常的货物保管工作，保证其进出仓时有足够数量的搬运工人和装卸设备。

5. 提供每周 7 天，每天 24 小时货物进出仓装卸服务。

6. 严格按照附件中的运作流程规范进行作业，并及时提供有关报表及统计信息。

7. 在保管期间如需更换仓库，须经甲方同意。

8. 积极配合甲方有关工作，如保险、不定期抽检等。

9. 在货物保管期间，未按合同规定的保管条件和保管要求保管货物，造成货物灭失、短少、变质、污染、损坏的，乙方应照价赔偿。

10. 保证提供与甲方约定的仓库面积，保证尽最大可能优先提供临时加大的使用面积。

11. 负责入库、出库及在库品的管理，商品堆码符合甲方要求和安全管理规定。

12. 在合同期内，乙方如需更改仓库使用用途，需负担甲方由此产生的一切损失。如甲方因政策变化需撤换仓库，应提前 15 天通知乙方，乙方应无条件同意甲方的撤仓要求。甲方在付清至撤仓日所欠乙方的仓储费用后，乙方不得以租期未到为由提出其他不合理的要求。

13. 协助甲方盘点和对账。保管期间，由于乙方保管不善，引起甲方货物发生损坏、丢失、淋湿、受潮、火灾等情况，造成的损失由乙方负责赔偿。但因不可抗力因素或甲方违反附件规定的操作规程造成的损失，乙方不承担责任。

14. 如乙方未按附件规定的要求，在单据、手续不全或明显不符的情况下出库，致使货物被冒领而使甲方造成的损失，由乙方负责赔偿。

第九条：合同效力与期限。

本合同自甲、乙双方签订之日起生效。

第十条：变更或解除合同的期限。

由于不可抗力事故，致使直接影响合同的履行或者不能按约定条件履行时，遇不可抗力事故的一方，应立即将事故情况电报通知对方，并在七天内，提供事故详情及合同不能履行，或者部分不能履行，或者需要延期履行的理由的有效证明文件，此项证明文件应由事故发生地区的地级机构出具。按照事故对履行合同影响的程度，由双方协商是否解除合同，或者部分免除履行合同的责任，或者延期履行合同。

第十一条：其他约定事项。

运输破损由乙方出具验收报告，送交甲方确认，并保留由承运方代表签字认可的原始记录，方便日后备查。

本协议附件规定的运作流程规范具有与本协议相同的法律效力，双方都必须严格遵照执行。违反规定所造成的损失，由违规方负责。任何一方违约，均须支付违约金20 000元。

第十二条：合同纠纷解决方式。

本合同发生争议时，由双方当事人协商解决。协商不成的，任何一方均可向××市人民法院提起诉讼。

第十三条：未尽事项。

本合同未尽事项，按《民法典》执行，或由双方另行协商解决或签订补充协议，作为本协议的有效附件。

第十四条：本合同一式四份，双方各执两份。

| | |
|---|---|
| 甲方（章）： | 乙方（章）： |
| 法定代表人： | 法定代表人： |
| 委托代理人： | 委托代理人： |
| 电话： | 电话： |
| 传真： | 传真： |
| 开户行： | 开户行： |
| 账号： | 账号： |
| 日期： | 日期： |

附件（略）

## 【实训目的】

通过本次实训，巩固所学理论知识，理解仓储合同的主要内容，掌握仓储合同的签订过程。

## 【实训准备】

①仓储实训基地。

②计算机及网络。

## 【实训要求】

①能够独立、规范地完成各项任务。
②在实训时注意团队的规划和协作。

## 【实训步骤】

①将全班同学分组，每组 4 ~ 6 人，活动以组为单位进行。
②每个小组成员分别扮演存货方和保管方，模拟进行仓储合同各主要条款的洽谈，并且签订仓储合同。
③去仓储实训中心实地观察、学习。
④各小组选派两名代表对本小组实训情况进行汇报阐述。

## 【实训评价】

各小组将本组的实训体会在全班展示，供同学和教师查验，按照要求完成资料收集和归类，并完成实训任务。

**（1）小组活动评价**

组长负责分配不同的任务给小组成员，每个小组成员完成各个子任务，分别扮演存货方和保管方，模拟进行仓储合同各主要条款的洽谈，并且签订仓储合同，完成任务得 40 分，如果有遗漏等情况扣减相应分值。小组成员评价意见表如下：

**小组成员评价意见表**

小组名称：______________　　　　　　　　　　组长：______________

| 小组成员 | 态度（10 分） | 互助与合作（10 分） | 倾听（10 分） | 展示与效果（10 分） |
|---|---|---|---|---|
| | | | | |
| | | | | |
| | | | | |
| | | | | |
| | | | | |

**（2）教师评价**

教师负责评价每组的任务完成情况，量化评价标准。总分值最高为 60 分。教师对小组进行评价的标准如下表：

小组学习评价表

| 序号 | 评价指标 | 分值 / 分 | 打分 |
|---|---|---|---|
| 1 | 能在规定时间内合作完成实训任务，操作规范；<br>顺利展示，报告观点新颖，表述逻辑性强 | 50 ~ 60 | |
| 2 | 能在规定时间内完成实训任务，操作规范；<br>能做展示，有自己的观点，表述清楚 | 40 ~ 49 | |
| 3 | 能在老师和其他同学的帮助下完成实训任务，有展示 | 30 ~ 39 | |
| 4 | 能在老师和其他同学的帮助下基本完成实训任务，没有展示 | 29 以下 | |

**（3）教师点评**

教师进行点评时，汇总小组成员评价，然后针对各小组进行总结点评。点评时以鼓励为主，要注意挖掘每个小组的闪光点。每个学生最后得分为所在小组分值加上小组成员评价分值。

# 任务 2　仓库结构与布局

## 案例导入

JM 公司有一个约 1 000 $m^2$ 的仓库。在仓库建设之初，为图省事，没有对仓库进行过多的规划，只简单地划分了收货区、发货区和储存区。经过一段时间的使用，暴露出来较多的问题，如收货区、发货区货物管理混乱，有的货物当天进来，没有及时入库，就顺便放在收货区，有时收到的货物非常多，把整个收货区占满了，工作人员根本无法作业。有些商品本应当天发出，已转移到发货区，但因临时取消订单，或客户没有及时提货，导致货物滞留。这些滞留的货物也占用了大多场地，时间久了，发货区里堆满了即出的货物，同时又有需回位的货物，工作人员自己都昏头了。这些不合理的布局给仓库日常工作带来了较大的障碍，影响了仓库工作效率，甚至带来了安全隐患。那么，在建造仓库时，该如何进行规划呢？

# 任务执行

## 1. 仓库的结构

仓库的结构是指仓库的层次性，其物理结构一般如图 2.2.1 所示。仓库的功能很大程度上取决于仓库的结构设计，因此，在设计仓库时一般需要考虑以下多个因素。

①平房建筑和多层建筑；

②仓库出入口和通道；

③立柱间隔；

④天花板的高度；

⑤地面。

图 2.2.1　仓库的物理结构

## 2. 仓库的布局

现代仓库总平面规划一般可以划分为生产作业区、辅助作业区和行政生活区三大部分。另外，现代仓库为适应商品快速周转的需要，在总体规划布置时应注意适当增大生产作业区中收、发货作业区面积和检验区面积。

### （1）生产作业区

生产作业区是现代仓库的主体部分，是商品仓储的主要活动场所，主要包括储物区、道路、铁路专用线、码头、装卸平台等。

### （2）辅助作业区

辅助作业区是为仓储业务提供各项服务的设备维修车间、车库、工具设备库、油库、变电室等。值得注意的是，油库的设置应远离维修车间、宿舍等易出现明火的场所，周围须设置相应的消防设施。

（3）行政生活区

行政生活区是行政管理机构办公和职工生活的区域，具体包括办公楼、警卫室、化验室、宿舍和食堂等。为便于业务接洽和管理，行政管理机构一般布置在仓库的主要出入口，并与生产作业区用隔墙分开。这样既方便工作人员与作业区的联系，又避免非作业人员对仓库生产作业的影响和干扰。职工宿舍楼一般应与生产作业区保持一定距离，保证仓库的安全和生活区的安静。

## 课后练习

### 1. 选择题

（1）在设计仓库结构时一般需要考虑以下哪些因素？（　　）

A. 平房建筑和多层建筑　　B. 仓库出入口和通道

C. 立柱间隔和天花板的高度　　D 地面

（2）现代仓库总平面规划一般可以划分为以下哪几部分？（　　）

A. 生产作业区　　B. 辅助作业区

C. 行政生活区　　D. 娱乐区

（3）现代仓库为适应商品快速周转的需要，在总体规划布置时应注意适当增大哪些区域的面积？（　　）

A. 收货作业区　　B. 发货作业区

C. 检验区　　D. 休闲区

### 2. 简答题

（1）在设计仓库时一般需要考虑哪些因素？

（2）请简述仓库布局的注意事项。

## 技能训练

【实训内容】

①仓库的结构。

②仓库的布局。

【实训目的】

通过本次实训，巩固所学理论知识，理解仓库的结构，掌握仓库布局的注意事项。

【实训准备】

①仓储实训基地。
②计算机及网络。

【实训要求】

①能够独立、规范地完成各项任务。
②在实训时注意团队的规划和协作。

【实训步骤】

①将全班同学分组，每组 4 ~ 6 人，活动以组为单位进行。
②各小组成员分别收集仓库结构和仓库布局的相关资料，在实训过程中理解仓库布局的注意事项。
③去仓储实训中心实地观察、学习。
④各小组选派一名代表对本小组实训情况进行汇报阐述。

【实训评价】

各小组将本组的实训体会在全班展示，供同学和教师查验，要求有仓库结构设计和仓库布局注意事项等内容。

**（1）小组活动评价**

组长负责分配不同的任务场景给小组成员，每个小组成员完成各个子任务，收集仓库结构和仓库布局的相关资料，讨论并形成总结文档，完成任务得 40 分，如果有遗漏等情况扣减相应分值。小组成员评价意见表如下：

**小组成员评价意见表**

小组名称：__________　　　　　　组长：__________

| 小组成员 | 态度（10 分） | 互助与合作（10 分） | 倾听（10 分） | 展示与效果（10 分） |
|---|---|---|---|---|
| | | | | |
| | | | | |
| | | | | |
| | | | | |
| | | | | |

（2）教师评价

教师负责评价每组的任务完成情况，量化评价标准。总分值最高为 60 分。教师对小组进行评价的标准如下表：

小组学习评价表

| 序号 | 评价指标 | 分值 / 分 | 打分 |
|---|---|---|---|
| 1 | 能在规定时间内合作完成实训任务，操作规范；<br>顺利展示，报告观点新颖，表述逻辑性强 | 50 ~ 60 | |
| 2 | 能在规定时间内完成实训任务，操作规范；<br>能做展示，有自己的观点，表述清楚 | 40 ~ 49 | |
| 3 | 能在老师和其他同学的帮助下完成实训任务，有展示 | 30 ~ 39 | |
| 4 | 能在老师和其他同学的帮助下基本完成实训任务，没有展示 | 29 以下 | |

（3）教师点评

教师进行点评时，汇总小组成员评价，然后针对各小组进行总结点评。点评时以鼓励为主，要注意挖掘每个小组的闪光点。每个学生最后得分为所在小组分值加上小组成员评价分值。

# 任务 3　仓储设备选用

## 案例导入

海尔集团是世界白色家电第一品牌、中国较具价值品牌。海尔品牌旗下冰箱、空调、洗衣机、电视机、热水器、电脑、手机、家居集成等 19 个产品被评为中国名牌，其中海尔冰箱、洗衣机还被国家质检总局评为首批中国世界名牌。

随着业务的增加，在有限的工厂场地面积中，生产场地面积扩大，仓储面积越来越小，导致物料供应不足，生产效率下降。为了提高效率，海尔集团规划了立体仓库，引进了先进的仓储设备，提高了企业生产效率。那么，在仓库中常用的设备有哪些呢？在选用仓储设备时应该注意哪些事项呢？

## 任务执行

### 1. 常见的仓库货架

#### （1）层架

层架如图 2.3.1 所示，其结构简单，省料，便捷，是人工作业仓库的主要存储设备；缺点是存放的货物数量较少，不适宜大型仓库使用。

图 2.3.1　层架

#### （2）悬臂式货架

悬臂式货架如图 2.3.2 所示，适用于存放长物料、环型物料、板材、管材及不规则货物，具有结构稳定、载重能力好、空间利用率高等特点。

图 2.3.2　悬臂式货架

#### （3）托盘式货架

托盘式货架如图 2.3.3 所示。这种货架通常是重型货架，它不仅适用于多品种小批量货物的储存，也适用于少品种大批量货物的储存，是目前各种仓储货架系统中最为常见的一种货架。

图 2.3.3　托盘式货架

（4）移动式货架

移动式货架如图 2.3.4 所示。这种货架的每一排都安装有电机，货架下的滚轮沿铺设于地面的轨道移动，具有容易控制、可靠性高等特点。

图 2.3.4　移动式货架

（5）重力式货架

重力式货架如图 2.3.5 所示。这种货架又称为自重力货架，属于重型货架，它是由托盘式货架演变而来的，适用于品种少、批量大的货物存储，具有利用率高、灵活等特点。

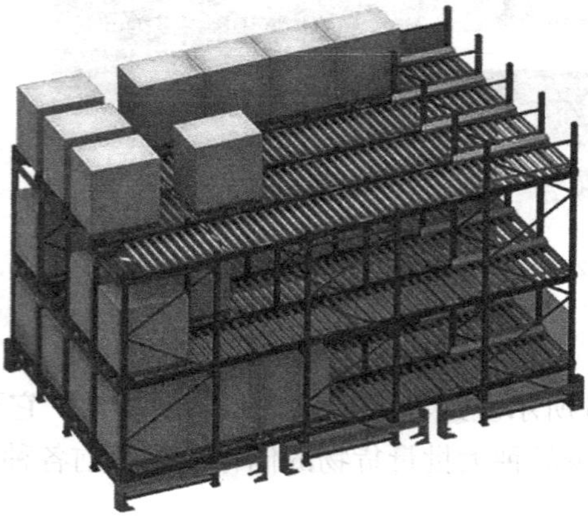

图 2.3.5　重力式货架

（6）贯通式货架

贯通式货架如图 2.3.6 所示。这种货架又称为通廊式货架或驶入式货架，可供叉车或带货叉的无人搬运车驶入通道存取货物，适用于品种少、批量大的货物存储，具有空间利用率高等特点。

图 2.3.6　贯通式货架

（7）旋转式货架

旋转式货架如图 2.3.7 所示。这种货架主要由电机驱动，货架沿着直线和曲线组成的环形轨道运行，存、取货物时，输入货物所在的货格编号，货物即可以最近的距离自动旋转至拣货点，具有拣货路线短、拣货效率高等特点。

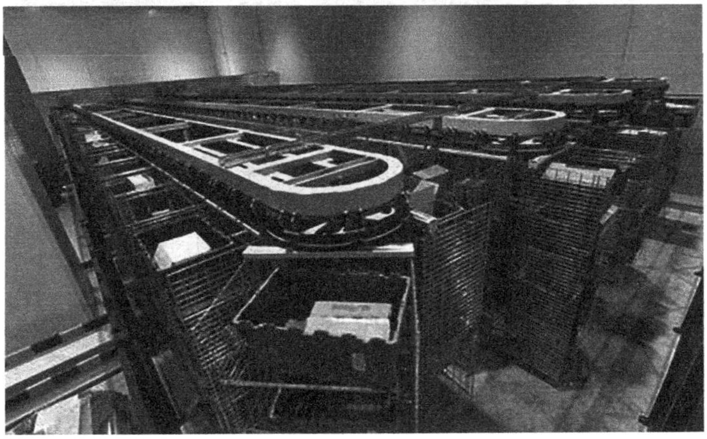

图 2.3.7　旋转式货架

（8）自动货柜

自动货柜如图 2.3.8 所示。这种货柜又称为自动仓储机或立体货柜等，它能够实现仓储的自动化操作，主要用于存放工具、刀具、工业零配件、电子元器件、烟机备件等。

图 2.3.8　自动货柜

## 2. 常见的装卸搬运设备

### （1）巷道堆垛机

如图 2.3.9 所示，巷道堆垛机是自动化立体仓库的主要设备，通常与计算机联机组成自动化仓储物流系统，具有节省占地面积、作业快捷准确、收发效率高、储存费用低等优点。

图 2.3.9　巷道堆垛机

### （2）叉车

如图 2.3.10 所示，叉车是最常见的工业搬运车辆，可以对成件托盘货物进行装卸、堆垛和短距离运输作业，具有很强的通用性、灵活性等特点。

图 2.3.10　叉车

（3）搬运车

如图 2.3.11 所示，搬运车俗称地牛，在使用时将其承载的货叉插入托盘孔内，由人力驱动液压系统来实现托盘货物的起升和下降，并由人力拉动完成搬运作业，是托盘运输工具中最简便、最有效、最常见的装卸、搬运工具。

图 2.3.11　搬运车

（4）输送机

如图 2.3.12 所示，输送机是一种用于运送货物的机械设备，具有安装方便、灵活等特点。

图 2.3.12　输送机

（5）起重机

如图 2.3.13 所示，起重机又称为吊车，属于物料搬运机械起重设备，具有高效、承载质量大等特点。

图 2.3.13　起重机

（6）自动分拣系统

如图 2.3.14 所示，自动分拣系统是先进仓储配送中心必备的设施之一。它具有自动化程度高、效率高效等优点，已逐渐成为大、中型物流中心不可缺少的一部分。

图 2.3.14　自动分拣系统

## 课后练习

### 1. 选择题

（1）（　　）存货方式是指所有物品按顺序摆放在空的货架中，不事先确定各类物品专用的货架。

A. 固定型　　B. 周转型　　C. 流动型　　D. 可变型

（2）按照货架的高度分类时，高 8m 的立体货架应属于（　　）。

A. 底层货架　　B. 中层货架　　C. 高层货架　　D. 中高层货架

（3）钢管等长形物品适合存放于（ ）。

A. 托盘货架 B. 移动式货架 C. 重力式货架 D. 旋转式货架

（4）在立体仓库的仓储设备总体投资中，所占比例最大的是（ ）。

A. 货架 B. 输送系统 C. 搬运设备 D. 集装箱与托盘

### 2. 简答题

（1）常见的仓库货架有哪些？

（2）常见的装卸搬运设备有哪些？

## 技能训练

### 【实训内容】

①常见的仓库货架。

②常见的仓库装卸搬运设备。

### 【实训目的】

通过本次实训，巩固所学理论知识，认识常见的仓库货架和仓库搬运设备，掌握仓库设备选用的注意事项。

### 【实训准备】

①仓储实训基地。

②计算机及网络。

### 【实训要求】

①能够独立、规范地完成各项任务。

②在实训时注意团队的规划和协作。

### 【实训步骤】

①将全班同学分组，每组 4 ~ 6 人，活动以组为单位进行。

②每个小组成员分别收集仓库实训基地中的仓储设备，收集相应的资料，在实训过程中理解仓库设备选用的注意事项。

③去仓储实训中心实地观察、学习。

④各小组选派一名代表对本小组实训情况进行汇报阐述。

## 【实训评价】

各小组将本组的实训体会在全班展示，供同学和教师查验，要求有常见的仓库设备和仓库设备选用的注意事项等内容。

**（1）小组活动评价**

组长负责分配不同的任务场景给小组成员，每个小组成员完成各个子任务，收集仓库实训基地中的仓储设备及相应的资料，讨论并形成总结文档，完成任务得 40 分，如果有遗漏等情况扣减相应分值。小组成员评价意见表如下：

**小组成员评价意见表**

小组名称：________________　　　　　　　　　　　　组长：______________

| 小组成员 | 态度（10 分） | 互助与合作（10 分） | 倾听（10 分） | 展示与效果（10 分） |
|---|---|---|---|---|
| | | | | |
| | | | | |
| | | | | |
| | | | | |
| | | | | |

**（2）教师评价**

教师负责评价每组的任务完成情况，量化评价标准。总分值最高为 60 分。教师对小组进行评价的标准如下表：

**小组学习评价表**

| 序号 | 评价指标 | 分值 / 分 | 打分 |
|---|---|---|---|
| 1 | 能在规定时间内合作完成实训任务，操作规范；<br>顺利展示，报告观点新颖，表述逻辑性强 | 50 ~ 60 | |
| 2 | 能在规定时间内完成实训任务，操作规范；<br>能做展示，有自己的观点，表述清楚 | 40 ~ 49 | |
| 3 | 能在老师和其他同学的帮助下完成实训任务，有展示 | 30 ~ 39 | |
| 4 | 能在老师和其他同学的帮助下基本完成实训任务，没有展示 | 29 以下 | |

**（3）教师点评**

教师进行点评时，汇总小组成员评价，然后针对各小组进行总结点评。点评时以鼓励为主，要注意挖掘每个小组的闪光点。每个学生最后得分为所在小组分值加上小组成员评价分值。

# 任务 4　仓库货位规划

## 案例导入

某企业仓库布置的改进

Y 厂是一家外商投资的中小型企业，主要供应商和客户均在国外。该厂采用订单驱动的生产模式，产品品种多、批量小，所需的原材料品质要求高、种类繁杂，对仓库的利用程度高，仓库的日吞吐量也较大。因此，该厂选择在距车间较近的地方建造了自营仓库，仓库采用拣货区和存储区混合使用的方式。

1.Y 厂原仓库布局

Y 厂原仓库有三层。按照各个车间来划分存储区域，一、二层分别存储主料、辅料；三层主要存放成品。主料质量重、荷重大，考虑到楼板的承载能力，将其置于一层是合理的选择。由于每单位主料的质量均不在人工搬运能力的范围之内，因此一层的搬运设备主要是平衡重式叉车。一层通道宽 3 ~ 4 m，叉车可以在仓库通行及调转方向。货区布置采用的是垂直式，主通道长且宽，副通道短，便于存取、查拣，且有利于通风和采光。一层的布局如图 2.4.1（a）所示。

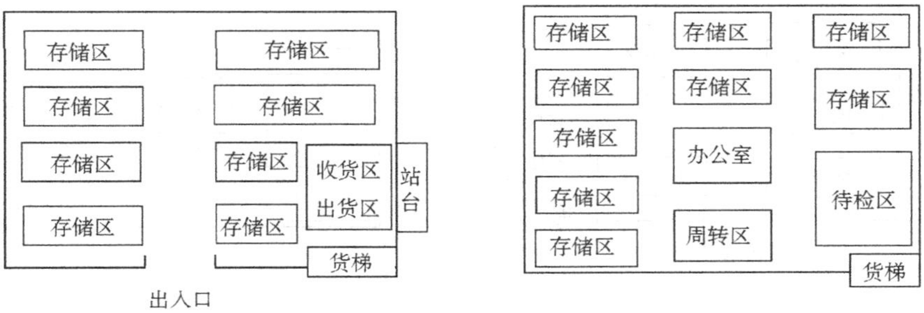


（a）一层　　（b）二层

图 2.4.1　原有仓库布局

二层仓库存放辅料，部分零散的物料使用货架存放，节省空间。大部分物料直接放置于木质托盘上，托盘尺寸没有采用统一标准。托盘上的物料采用重叠堆码方式，其高度在工人所及的能力范围之内。物料搬运借助手动托盘搬运车完成，操作灵活轻便，适合短距离水平搬运。通道比一层仓库窄，主通道大约宽 2 m。二层的布局如图 2.4.1（b）所示。

2. 存在的问题

Y 厂采用将存储区与拣货区混合使用的布局方法，给仓管员及该厂的生产带来了诸多不便和问题。首先，Y 厂在确定所需要的仓库空间类型的时候，对本厂整体工作流程的需要并未充分考虑。该厂仓库的库存物料始终在不断变化，但物料消耗速度不同，导致置于托盘的物料高度参差不齐，很多物料的堆垛高度不足 1 m，严重浪费了存储空间。其次，仓管员和物料员还是停留在以找到物料为目的的阶段，并未关注合理设计行走时间、行走路线及提高工作效率等问题。

3. 改进措施

首先，Y 厂对从国外购进的部分不合格原材料，进行批退或者作其他处理，不能与正常的物料混放在一起，需要专门设立一个不良品隔离区，以区分不良品与正常品。其次，Y 厂客户对原材料的要求不同，可以根据客户的要求设置特定的区域分别存放。Y 厂仓库小部分空间用于半永久性或长期存储，大部分空间则用于暂时存储货物，因此，仓库布局应注重让物料流动更快速、更通畅。仓库一层可以部分设立半永久性存储区用于存放不经常使用的主料，部分空间用作拣货区，用来存储消耗快、进货频繁的大客户的主料。仓库二层增设不良品隔离区，放置检验不合格的原料和产品，并可在最深处设置半永久性存储区，存放流通量很低的物料；余下的空间作为拣货区，以方便仓管员快速拣货。改进后的仓库布局如图 2.4.2 所示。

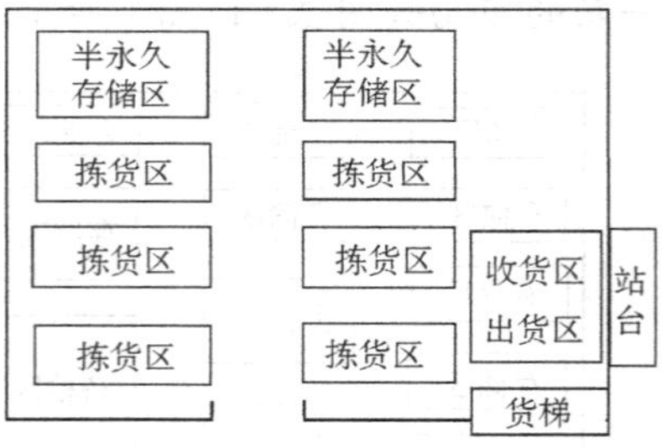

（a）一层

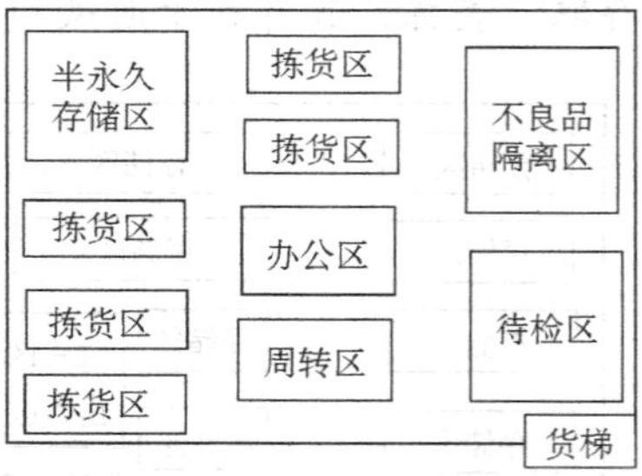

（b）二层

图 2.4.2　改进后的仓库布局

中小制造企业的自营仓库主要用于存储生产过程中需要的原材料。由于每天的生产消耗速度快，仓库日吞吐量大，因此，在对企业业务流程进行分析的基础上，将仓库划分为多个有效的区域，并采用适合于中小制造企业的将拣货区与存储区分开的设计方案，能够降低仓库内部的物流量与物流成本，进而提高企业效益。

## 任务执行

### 1. 货位规划

货位规划的是将货品合理纳入仓库设施，以实现物料搬运最优化和提高空间利用率的目标。

货位规划的主要目标是：处理任意 SKU（库存保有单位）货品时，最大限度地缩短甚至消除行走时间。

### 2. 货位规划的重要性

对于仓储管理而言，货位规划是决定仓库生产率的重要设计事项。用少量投资，重新规划、调整仓库货位，可以实现提高作业效率、提升用户服务水平的经营目标。在实际操作中，我们需要正确规划仓库货位，并从工程角度出发，分步论述，规划操作方法。

货品货位的规划与调整是保持物流始终处于理想运行状态的有效手段。但是，因为许多仓库经理没有完全理解这项工作的重要意义，忽略了经常性的货位规划与调整，直到有人抱怨仓库不够用、发现通道堆满货品的时候，才意识到问题的严重。

### 3. 货位规划的原则

库位的设置与优化，是仓储规划和作业的基础工作。将货品位置最优化，可以减少货品搬运的成本，降低货品在存储及搬运过程中的损耗，从而降低物流业务本身的成本，提高收益。

货位规划的原则如下：

**（1）以周转率与 ABC 分类为基础**

各项仓储作业中，通常最耗时费力的是搬运、行走。因此，确定货位时首先要考虑减少行走路径，把进出频繁的物品靠近出入口，反之则远离出入口。零售型仓库物品入库时通常品少、量大，而出库时多为拆零，所以这类仓库首先要考虑将高周转物品靠近出口。

**（2）产品相关性法则**

仓储行业普遍认可的 ABC 分类原则可看作是周转率原则的延伸和细化，其主要做法是对出货频率不同的物品，分别采用不同的存储和拣选方式，在实践中取得了很好的效果。

**（3）产品统一性法则**

产品统一性法则的含义是：同一种物品应存放在同一个货位，简称“一货一位”，因为若一种物品存放在多个货位，其上架、拣选、盘点等作业都会增加工作量。现代配送中心由于货物进出频繁、变化多，在实际操作中要做到“一货一位”是不简单的。

**（4）产品类似性法则**

产品类似性法则要求把类似物品相邻存放，就是常用的分类存储法。类似物品是指主要属性相似，如黄豆和绿豆。在仓储管理信息系统功能较弱时，分类存储可以大大地降低人工管理难度，但有时会降低空间利用率、增加拣选路径，所以采用这个法则时要酌情变通。

（5）产品互补性法则

产品互补性法则要求可互相替代的物品靠近存放，以便一种物品缺货时可以用另一种物品代替。这条法则适用面比较窄，因为仓库通常不能修改订单。对于长期的供求合作者，在预先有约定的条件下可以采用。

（6）产品相容性法则

所谓相容性，是指物品存放在一起的容许程度。例如对气味有个性要求的物品就不相容，典型例子是香水和茶叶。产品相容性法则是分类存储的基本原因之一，其实施的难点在于怎样少占空间、少花钱。

（7）先进先出法则

先进先出法则要求先入库的物品先出库，通常适用于保质期较短的物品，如食品。若不认真规划货位和入、出库流程，一般很难做到先进先出，否则就要多占货位和空间。药品要按照 GSP 规定按生产批次存放和配送，更有其作业的特殊性。

（8）叠高法则

叠高法则为了提高仓库空间的利用率，应尽量将货物叠高存放。简单地一箱压一箱叠放不利于选择性取货，也不能叠放过高，于是产生了多层高位货架。多层高位货架有很多类型，各有各的适用范围，并且需要配用不同的装卸机械。

（9）质量特性法则

质量特性法则要求按照物品的质量来安排存放位置。通常重物往下放，轻物往上放。此外，还要考虑机械化搬运和人工搬运的不同，人工搬运的重物应存放在腰部以下位置，而机械化搬运的重物存放位置可以高些，具体高度与不同的机械和货架匹配。

（10）面对通道法则

面对通道法则告诉我们，为了使物品的存取方便快捷，物品应该面对通道摆放。物品和货位的编号标识、名称等也应该布置在通道附近等容易看到的位置。同理，出货频率较高的物品应靠近主通道存放。

（11）产品尺寸法则

产品尺寸法则是货位规划的基本法则，它要求按照物品大小的不同来设计对应的货位空间。这条法则也是选用货架类型的一个依据，我们可据此选择托盘地堆、横梁式货架、层板式货架、储柜式货架等。

（12）储位表示法则

储位表示法则也是货位规划的基本法则之一，它要求使用简单规范、具有唯一性的方法来表示货位。目前多数仓库都使用字母加数字编码的方式，表示货区、通道、排列、层、格等信息。简洁的储位表示法可以大大地简化对不同物品的仓储管理。

**（13）明示法则**

因为货位管理是仓储管理的基础，货位信息是仓储作业所需的最基本信息，所以货位信息必须标示得非常明显，这对提高仓储作业效率是非常有效的。货位信息标示可以使用大小标牌、看板、位置指示灯、电子显示屏等。

## 4. 货位规划布局形式

通过对货位的合理划分，将一个大的统一的面积，根据用途等划分方式划分为不同的货位，再针对每一个货位进行管理，可大大提高仓库管理的效率。在货位规划时，既要提高仓库平面和空间利用率，又要提高物品保管质量、方便进出库作业，从而降低物品的仓储处置成本。

**1）仓库货位规划布局**

仓库货位规划布局分为仓库货位平面布局和仓库空间布局。

**（1）仓库货位平面布局**

平面布局是指对货区内的货垛、通道、垛间（架间）距、收发货区等进行合理的规划，并正确处理它们的相对位置。主要依据库存各类物品在仓库中的作业成本，按成本高低分为 A、B、C 三类，A 类物品作业量大约应占据作业最有利的货位，B 类次之，C 类再次之。

平面布局的形式有垂直式布局和倾斜式布局。

①垂直式布局：货垛或货架的排列与仓库的侧墙互相垂直或平行，具体包括横列式布局、纵列式布局和纵横式布局。

a. 横列式布局：货垛或货架的长度方向与仓库的侧墙互相垂直，如图 2.4.3 所示。其主要优点有：主通道长且宽、副通道短、整齐美观、便于存取查点，如果用于库房布局，还有利于通风和采光。

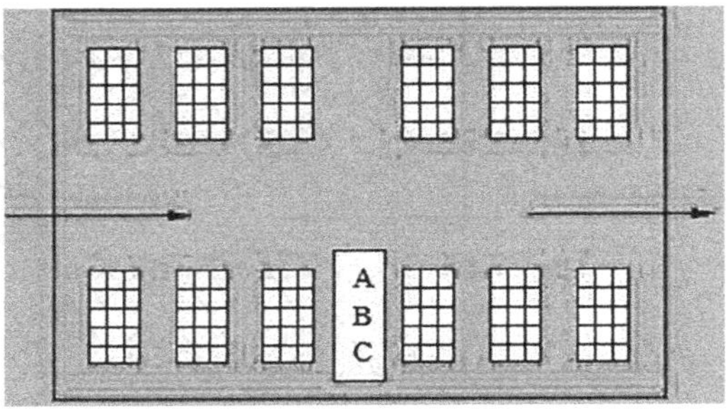


图 2.4.3　横列式布局

b. 纵列式布局：货垛或货架的长度方向与仓库侧墙平行，如图 2.4.4 所示。其主要优点有：可以根据库存物品在库时间的不同和进出频繁程度安排货位；在库时间短、进出频繁的物品放置在主通道两侧；在库时间长、进出不频繁的物品放置在里侧。

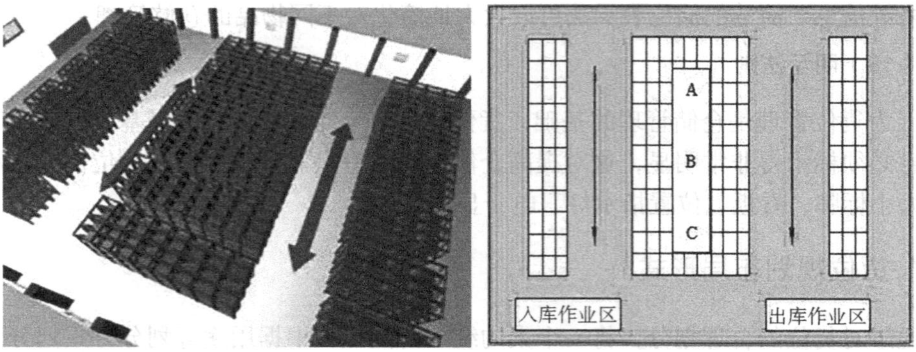


图 2.4.4　纵列式布局

c. 纵横式布局：在同一保管场所内，横列式布局和纵列式布局兼而有之，可以综合利用两种布局的优点，如图 2.4.5 所示。

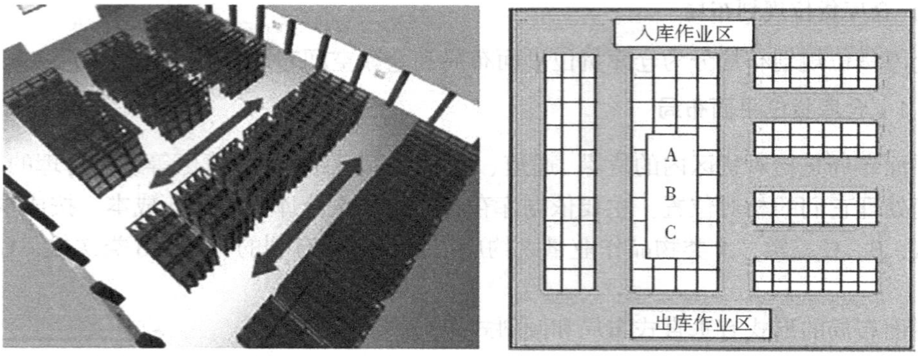


图 2.4.5　纵横式布局

②倾斜式布局：货垛或货架与仓库侧墙或主通道成 60°、45° 或 30° 夹角，具体包括货垛（架）倾斜式布局和通道倾斜式布局。

a. 货垛（架）倾斜式布局：横列式布局的变形，是为了便于叉车作业、缩小叉车回转角度、提高作业效率而采用的布局方式，如图 2.4.6 所示。

图 2.4.6　货垛（架）倾斜式布局

b. 通道倾斜式布局：仓库的通道斜穿保管区，把仓库划分为具有不同作业特点的区域，如大量储存和少量储存的保管区等，以便进行综合利用。在这种布局形式下，仓库内形式复杂，货位和进出库路径较多，如图 2.4.7 所示。

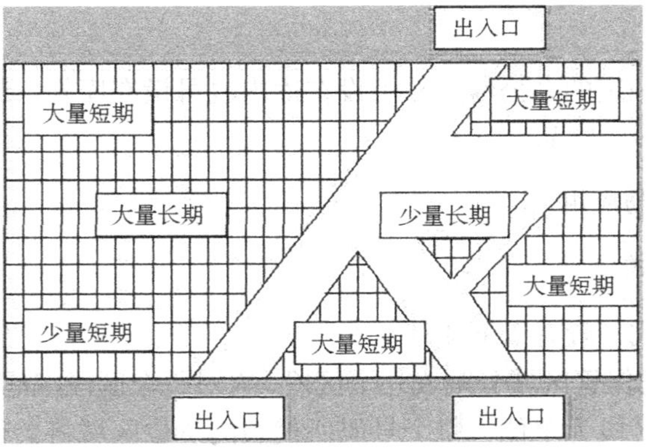


图 2.4.7　通道倾斜式布局

（2）仓库空间布局

仓库空间布局也称为仓库内部竖向布局，是指库存物品在仓库立体空间上布局，其目的在于充分、有效地利用仓库空间。

仓库空间布局的主要形式有架上平台、上货架存放、就地堆码和空中悬挂。

2）库内非保管场所的布局

通过对货位的合理划分，可尽量扩大保管面积，缩小非保管面积。非保管面积包括通道、墙间距、收发货区、库内办公地点等。

（1）通道

库房内的通道，分为运输通道（主通道）、作业通道（副通道）和检查通道。

①运输通道：房内供装卸、搬运设备在库房内行走的通道，其宽度主要取决于装卸、搬运设备的外形尺寸和单元装卸的大小。运输通道的宽度一般为 1.5 ~ 3 m。

②作业通道：供作业人员存取、搬运物品的行走通道。其宽度取决于作业方式和物品的大小。一般情况下，作业通道的宽度为 1 m 左右。如果使用手推车进入作业通道作业，则通道宽度应视手推车的宽度而定。

③检查通道：供仓库管理人员检查库存物品的数量及质量而行走的通道。其宽度能使检查人员自由通过即可，一般为 0.5 m 左右。

（2）墙间距

墙间距一方面使货垛或货架与库墙保持一定的距离，避免物品受潮，另一方面也可作为检查通道或作业通道。

墙间距一般宽度为 0.5 m 左右，当兼作作业通道时，其宽度需增加一倍。墙间距兼作作业通道是比较有利的，它可以使库内通道形成网络，方便作业。

（3）收发货区

收发货区是指收货、发货时临时存放物品的作业场地，可分为收货区和发货区，也可以划定一个收发货区供收货、发货共用。

（4）库内办公地点

仓库管理人员需要一定的办公地点，可设在库内也可设在库外。最好在库外另建办公室，使仓库能存放更多的物品。

3）货位编码的方式与应用

（1）货位编码的方式

常用的货位编码方式一般有以下 4 种。

①区段编码方式：把保管区域分割成几个区段，再对每个区段编码，如图 2.4.8 所示。

此种编码方式是以区段为单位，每个号码所代表的货位区域将会很大，因此适用于容易单位化的物品，以及大量或保管周期短的物品。在 ABC 分类中的 A、B 类物品也很适合这种编码方式。物品以物流量大小来决定其所占的区段大小；以进、出货频率来决定其配置顺序。

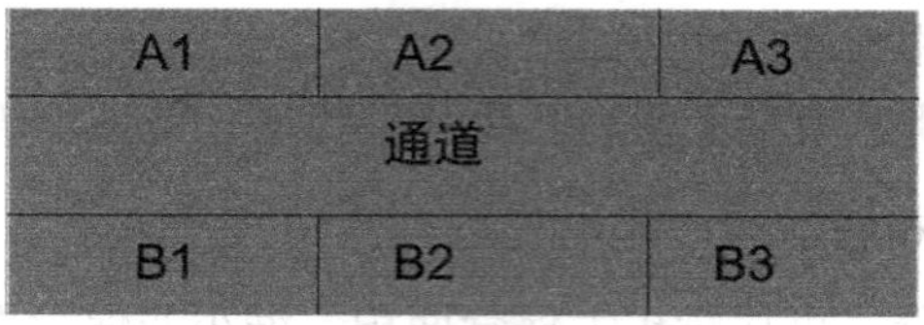


图 2.4.8 区段编码方式

②品类群类别方式：把一些相关性物品经过集合以后，区分成好几个品类群，再对每个品类群进行编码，如图 2.4.9 所示。

这种编码方式适用于较容易进行商品群类别保管及品牌差距大的物品，如服饰、五金等物品。

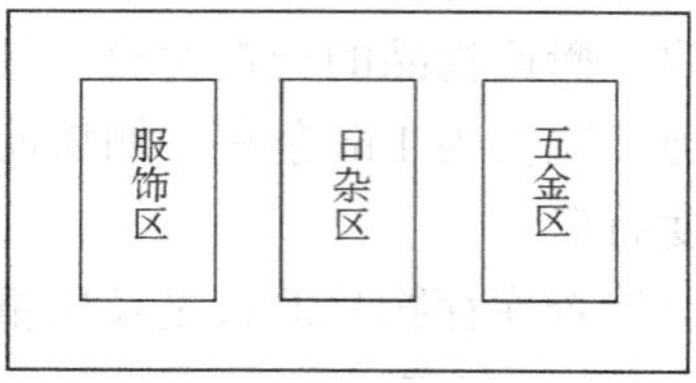


图 2.4.9 品类群类别方式

③地址式：利用保管区域中的现成参考单位，例如是库场的第几栋、第几保管区、排、行、层、格等，依照其相关顺序来进行编码。这种编码方式所标注代表的区域通常以一个货位为限，且有相对顺序可依循，使用起来既简单明了又方便，是仓储中心使用最多的货位编码方式。由于货位体积有限，这种编码方式适用于一些量少或单价高的物品储存，例如 ABC 分类中的 C 类物品。

我国仓库原来常用的四号定位法、六号定位法，就是这种方法的体现。例如，四号定位法是由库房号、料架（垛）号、料架（垛）层号和料位顺序号等 4 个号数来表示一个货位。只要知道了这个编号，就知道某种物品存放在几号库房、多少号料架（垛）、料架（垛）的第几层以及该层的哪一个货位，查寻非常方便。

④坐标式：利用空间概念对货位进行编码的方式。这种编码方式对每个货位定位切割细小，在管理上比较复杂，对于流通率很小、需要长时间存放的物品即一些生命周期较长的物品比较适用。

一般而言，由于储存物品特性不同，所适合采用的货位编码方式也不同，如何选择编码方式得按照保管物品的储存量、流动率，保管空间布置及所使用的保管设备来选择。不同的编码方式对管理的难易程度有影响，必须综合考虑上述因素及信息管理设备，才能正确地选用。如果采用计算机管理，货位的编号就相对简单一些。

**（2）货位编码的应用**

①物品入库后应将物品所在货位的编号及时登记在保管账、卡的“货位号”栏中，采用计算机管理的要输入电脑。货位输入准确与否直接决定出库物品的准确性，应认真操作，避免差错。

②当物品所在的货位变动时，账、卡的货位应及时调整，做到“见账知物”“见物知账”。

③为提高货位利用率，一般同一货位可以存放不同规格的物品，但必须采用具有明显区别的标志，以免造成差错。

④通道、支道不宜经常变动，否则不仅会打乱原来的货位编号，而且需要调整库房照明设备。

## 课后练习

### 1. 单选题

（1）下列不属于垂直式布局形式的是（　　）。

A. 横列式布局　B. 纵列式布局　C. 纵横式布局　D. 倾斜式布局

（2）下列不属于库内非保管场所的是（　　）。

A. 通道　B. 墙间距　C. 收发货区　D. 作业区

### 2. 多选题

货位编码的方式有（　　）。

A. 区段方式　B. 品类群类别方式　C. 地址式　D. 坐标式

### 3. 简答题

（1）货位规划的主要目标是什么？

（2）通过货位规划与调整可以达到哪些效果？

（3）简述货位编码的方式。

## 技能实训

【实训内容】

①货位规划的原则。
②仓库货位规划布局形式。
③库内非保管场所的布局。
④货位编码的方式。

【实训目的】

通过本次实训，理解货位规划的原则，掌握仓库货位规划布局形式，掌握库内非保管场所布局形式，掌握货位编码的方式。

【实训准备】

①物流实训中心。
②计算机及网络。
③配送中心作业实训手册。
④某模拟物流仓储中心，有办公室及托盘货架区（共 6 排托盘架，每排货架有 5 层，每层有 10 列）。

【实训要求】

①能够独立、规范地完成模拟仓储中心的货位规划。
②能够理解货位规划的原则，掌握仓库货位规划布局形式，掌握库内非保管场所布局形式，掌握货位编码的方式。

【实训步骤】

①将全班同学分组，每组 2 ~ 3 人，活动以组为单位进行。
②每个小组在教师的指导下，确定货架布局。
③进行货位编码。
④打印货位条码。
⑤粘贴货位条码。
⑥小组组长展示本小组的模拟仓储中心的货位规划。

【实训评价】

各小组组长将本组的模拟仓储中心的货位规划在全班展示，供同学和教师查验，要求有仓库货位规划布局、库内非保管场所布局和货位编码等内容。

（1）小组活动评价

组长负责分配不同的任务给小组成员，每个小组成员完成各个子任务。要求完成模拟仓储中心的货位规划。完成任务得 40 分，如果有遗漏等情况扣减相应分值。小组成员评价意见表如下：

**小组成员评价意见表**

小组名称：______________　　　　组长：______________

| 小组成员 | 态度（10 分） | 互助与合作（10 分） | 倾听（10 分） | 展示与效果（10 分） |
|---|---|---|---|---|
| | | | | |
| | | | | |
| | | | | |
| | | | | |
| | | | | |

（2）教师评价

教师负责评价每组的任务完成情况，量化评价标准。总分值最高为 60 分。教师对小组进行评价的标准如下表：

**小组学习评价表**

| 序号 | 评价指标 | 分值 / 分 | 打分 |
|---|---|---|---|
| 1 | 能在规定时间内合作完成实训任务，操作规范；<br>顺利展示，报告观点新颖，表述逻辑性强 | 50 ~ 60 | |
| 2 | 能在规定时间内完成实训任务，操作规范；<br>能做展示，有自己的观点，表述清楚 | 40 ~ 49 | |
| 3 | 能在老师和其他同学的帮助下完成实训任务，有展示 | 30 ~ 39 | |
| 4 | 能在老师和其他同学的帮助下基本完成实训任务，没有展示 | 29 以下 | |

（3）教师点评

教师进行点评时，汇总小组成员评价，然后针对各小组进行总结点评。点评时以鼓励为主，要注意挖掘每个小组的闪光点。每个学生最后得分为所在小组分值加上小组成员评价分值。

# 任务5　仓库储位管理

## 案例导入

在天星物流公司里，长久以来大家对这样的一些现象习以为常：想要的东西，总是找不着；不要的东西又没有及时丢掉，好像随时都在碍手碍脚；车间里、办公桌上、文件柜里和计算机里，到处都是"不知道"——不知道这个是谁的；不知道是什么时候放在这里的；不知道还有没有用；不知道该不该清除掉；不知道这到底有多少……

在这种情况下，David先生直率地问公司仓储部门的经理："你如何确保产品的质量？如何确保电脑里的数据是真实的？如何鼓舞士气，增强员工的荣誉感和使命感？"

倘若你是天星物流公司仓储部门的经理，你该如何解决当前这种混乱局面呢？

## 任务执行

储位管理就是利用储位使物品处于被保管状态，即利用这种管理明确地指示储位的位置，物品在储位上的变动情况等。一旦物品处于被保管状态，我们就能时时刻刻掌握物品的去向、数量，并了解其实时位置。

### 1. 储位管理的基本原则

#### （1）明确指示储存位置

详细规划储存区域并标示编号，让每一项预备储存的物品均有位置可以储存。这些储存位置必须是很明确的，而且是经过储位编码的，不可是边界含糊不清的位置，如走道、楼上、角落或某物品旁等。

#### （2）有效定位物品

根据物品保管区分方式，寻求合适的储存单位、储存策略、指派法则，把物品有效地放置在先前所规划的储位上。

**（3）确定登录变动**

当物品被有效地放置在规划好的储位上后，剩下的工作就是储位维护，也就是说不管物品是因拣货取出还是因物品太旧需换新等，导致物品的位置或数量改变，工作人员都必须记录变动情况，使料账与实际数量完全吻合。

## 2. 储位规划

**1）物品分区分类储存的意义**

仓库物品的分区分类储存是根据“四一致” 的原则（性能一致、养护措施一致、作业手段一致、消防方法一致），把仓库划分为若干保管区域；把储存物品划分为若干类别，以便统一规划、储存和保管。

**2）物品分区分类储存的方法**

由于仓库的类型、规模、经营范围、用途各不相同，各种仓储物品的性质、养护方法也迥然不同，因此分区分类储存的方法也有多种，需统筹兼顾、科学规划。

①按物品的种类和性质分区分类储存。按照物品的自然属性，把怕热、怕光、怕潮、怕冻、怕风等具有不同自然属性的物品分区分类储存。

②按物品的危险性质分区分类储存。物品的危险性质主要是指易燃，易爆，易氧化，具有腐蚀性、毒害性、放射性等。

③按物品的发运地分区分类储存。物品的储存期较短、吞吐量较大的中转仓库或待运仓库，可按物品的发往地区、运输方式及货主进行分区分类储存。

④按仓储作业的特点分区分类储存。

⑤按仓库的条件及物品的特性分区分类储存。

**3）选择和确定储位的原则**

选择、确定货位须按照最近、最捷、最廉、最适的“四最”原则，结合物品的性质和存储现场的布局进行。

“四最”原则的含义：

①最近：使用距离最近，搬运距离最短。

②最捷：存取最快捷、最方便，没有无效过程。

③最廉：确保最少的投入，最大的收获。

④最适：最适合各种类别的物品“居住”。

**4）储位确定**

**（1）根据物品周转率确定储位**

计算物品的周转率，将库存物品按周转率进行排序，然后将排序结果分段或分列。将周转率大、出入库频繁的物品储存在靠近出入口或专用线的位置，周转率小、出入库不频繁的物品储存在远离出入口处。在同一段或同位内的物品可按照定位或分类储存法存放。

**（2）根据物品相关性确定储位**

相关性大的物品，通常被同时采购或同时出仓，对于这类物品应尽可能规划在同一储区或相近储区，以缩短搬运路径和拣货时间。

**（3）根据物品特性确定储位**

性质相同或所要求保管条件相近的物品应集中存放，并相应安排在条件适宜的库房或货场。

**（4）根据物品体积、质量特性确定储位**

重物或大型的物品保管在地面上或货架上的下层位置。为了适应货架的安全并方便人工搬运，人腰部以下的高度通常宜储放重物或大型物品。

**（5）根据物品先进先出的原则确定储位**

先入库的物品先安排出库这一原则对于寿命周期短的物品尤其重要，如食品、化学品等。

**5）储位指派方式**

**（1）人工指派法**

人工指派法是指物品的存放位置由人工进行指定。其优点是比计算机等设备投入费用低，缺点是指派率低、出错率高。人工指派法的管理要点：

①要求仓储人员必须熟记储位指派原则，并能灵活应用。

②仓储人员必须按指派单证把物品放在指定储位上，并做好详细记录。

③实施动态管理，当进行补货或拣货作业时，仓储人员必须做好登记消除工作，保证账物相符。

**（2）计算机辅助指派法**

计算机辅助指派法是利用图形监控储位管理系统，收集储位信息，显示储位的使用情况，并把这些作为人工指派储位的依据进行储位指派作业。

**（3）计算机指派法**

计算机指派法是利用图形监控储位管理系统和各种现代化信息技术，收集储位的相关信息，通过计算机分析后直接完成储位指派工作。

## 3. 储位存储策略

良好的存储策略可以减少入库的移动距离，缩短作业时间，并能提高存储空间的利用率。常见的存储策略有定位存储、随机存储、分类存储、分类随机存储和共同存储。

**1）定位存储**

定位存储是指每一项储存物品都有固定储位，物品在储存时不能互用储位，因此，在采用这一存储方法时，必须规划每一项物品的储位容量，而且这个量不得小于其可能的最大库存量。定位存储需满足以下条件：

① 安排储区时要考虑物品尺寸及质量（不适于随机存放）。

② 存储条件对物品的存储非常重要。例如，对有些物品的存储必须控制温度。

③ 易燃、易爆品按规定严格存储于一定高度以满足保险标准及防火法规。

④ 由于管理或其他政策规定，某些物品必须分开存储，如肥皂、化学原料和药品。

⑤ 重要物品需要做好保护。

⑥ 储区容易记忆。

定位存储的优点：

① 每种物品都有固定的储位，拣货人员容易熟悉物品储位。

② 物品的储位可按周转率大小（畅销程度）安排，以缩短出入库的搬运距离。

③ 可针对各种物品的特性做储位的安排、调整，将不同物品特性间的相互影响减至最小。

但定位存储也存在以下缺点：储位必须按各项物品的最大在库量设计，因此储区平时的使用率较低。

因此定位存储适合于厂房空间大，物品种类多、数量的仓库，特别适用于手工作业的仓库。

**2）随机存储**

每一种物品被指派的存储位置都是随机产生的，而且可经常改变，一般按存储人员的习惯来存放，且通常可与靠近出入口法则合用，按物品入库的时间顺序储放于靠近出入口的储位。随机储存需满足以下条件：

①一个良好的储位系统中，采用随机存储能使料架空间得到最有效的利用，因此储位数目得以减少。

②模拟研究显示，随机存储与定位存储相比，可节省 35% 的移动存储时间及增加 30% 的存储空间，但较不利于物品拣选作业。

**3）分类存储**

分类存储是所有的存储物品按照一定的特性加以分类，每一类物品都有固定存放的位置，而同属一类的不同物品又按一定的法则来指派储位。分类存储通常按物品相关性、流动性、物品尺寸和质量、物品特性来分类。分类存储具有以下优点：

①便于畅销品的存取，具有定位存储的各项优点。

②各分类的存储区可根据物品特性再做设计，有助于物品的存储管理。

分类存储存在以下缺点：储位必须按各项物品最大在库量设计，因此储区空间平均使用率低。

因此分类存储适合于物品相关性大，且经常被同时订购者；周转率差别大者；物品尺寸相差大的仓库。

**4）分类随机存储**

分类随机存储是指每一类物品具有固定的存储位置，但在每个存储区内的储位指派是随机的。

分类随机存储具有分类储存的部分优点，又可节省储位数量，提高储区利用率。但也存在以下缺点：

①物品出入库管理及盘点工作的难度较高。

②分类随机存储兼具分类存储及随机存储的特点，需要的储存空间量介于两者之间。

分类随机存储适应于品种较多、仓库面积相对不足的情况。

**5）共同存储**

共同存储是指在确切知道各物品的进出仓库具体时间的前提下，不同的物品共用相同储位。共同存储具有节省空间、缩短搬运时间的优点，但也存在管理上比较复杂的缺点。因此共同存储适用于品种较少、快速流转的物品。

## 4. 储位编码

**1）储区储位编码的作用**

① 确定储位资料的正确性。

② 提供计算机相对应的记录位置以供识别。

③ 提供人员在进出货、拣货、补货等程序中的存取物品的位置依据，方便物品进出、上架及查询，节省重复找寻物品的时间且能提高工作效率。

④ 提高调仓、移仓的工作效率。

⑤ 可以利用计算机处理分析。

⑥ 因记录正确，可迅速依次储存或拣货，一目了然，减少失误。

⑦ 方便盘点。

⑧ 可让仓储及采购管理人员了解、掌握存储空间以控制物品存量。

⑨ 可避免物品乱堆乱放，致使过期报废，并可有效掌握存货，降低库存量。

**2）储区储位编码作业**

**（1）储位编码的要求**

储位编码是将库房、货场、货棚、货垛、货架及物品存放的具体位置按顺序统一编列号码，并作出明显标志。实行储位编码，有利于提高物品收发效率，减少串号和错发现象，便于仓储人员之间的合作互助、调闲帮忙；也有利于仓储物品的检查、监督和盘存、统计，账页、编号相结合，可以见物知账页，见账知储位，为实现账、卡、物、资金的“四对口”创造条件。

在品种、数量很多和进出库频繁的仓库里，仓库主管必须正确掌握每批物品的存放位置。储位编码就如物品在库的“住址”，做好储位编码工作，应该从不同库房条件、物品类别和批量整零的情况出发，搞好储位画线及编码秩序，以符合“标志明显易找，编排循规有序”的要求。

①标志设置要适宜。

储位编码的标志设置要因地制宜，采取适当方法，选择适当位置。例如：仓库标志可在库门外挂牌；库房标志可写在库门上；物品货位标志可竖立标牌；多层建筑库房的走道、支道、段位的标志一般都刷制在水泥或木板地坪上；存放粉末类、大件笨重类物品的库房，其标志也有印制在天花板上的；泥土地坪的简易货棚内的货位标志可利用柱、墙、顶、梁刷置或悬挂标牌。

②标志制作要规范。

目前，仓库储位编码的标志五花八门，很不规范，有的以甲、乙、丙、丁为标志；有的以 A、B、C、D 为标志；有的以东、西、南、北和地名为标志。这样很容易造成单据串库，货物错收、错发。还有，储位的标示要有规律，序号应连续下去，不能出现断号或跳号的情况。另外，制作库房和走道、支道的标志，可在阿拉伯数字外再辅以圆圈，可用不同直径的圆表示不同处的标志。

③编号顺序要一致。

仓库范围的库房、货棚、货场以及库房内的走道、支道、段位的编号，基本上都以进门方向左单右双或从左到右的规则进行。

**（2）储位编码的方法**

①库房储位编码。

对库房、货棚、货场齐备的仓库，在编号时，对多层库的编号排列，可采用三号定位或四号定位法。三号定位法是指用 3 个数字号码表示。第 1 位数指仓库的编号，第 2 位数指楼层的编号，第 3 位数指仓间的编号。例如 1-4-2 编号，就是 1 号库、4 层楼 2 号仓间。在四号定位法中，第 1 位数指库房或货场编号，第 2 位数指货区或货架编号，第 3 位数指货区排次或货架层次，第 4 位数指物品货位编号。例如 13-29-03-03，即为 13 号库、29 号货架、第 3 层、第 3 号货位。

②货场储位编码。

货场储位编码一般有两种方法。

a. 按照货位的排列编成排号，再在排号内按顺序编号。

b. 不编排号，采取从左至右或从前至后的方法，按顺序编号。

## 课后练习

### 1. 选择题（单选）

（1）（　　）不属于储位管理的基本原则。

A. 明确指示储存位置　　B. 明确责任人　　C. 有效定位物品　　D. 确定登录变动

（2）分区存储的优点不包括（　　）。

A. 可延长物品拣选及收、发作业的时间

B. 能合理使用存储空间，提高存储空间利用率

C. 可合理配置和使用机械设施，有效提高机械化、自动化操作程度

D. 有利于仓储物品的安全，减少损耗

（3）对“四最”原则的解释有误的是（　　）。

A. 最近：使用距离最近，搬运距离最短

B. 最捷：运输最快捷、最方便，没有无效过程

C. 最廉：确保最少的投入、最大的收获

D. 最适：最适合各种类别的物品“居住”

（4）下列不属于定位存储的优点的是（　　）。

A. 每种物品都有固定储位，拣货人员容易熟悉货品储位

B. 储位可共用，只需按所有库存物品最大在库量设计即可，储区空间的使用率较高

C. 物品的储位可按周转率大小（畅销程度）安排，以缩短出入库搬运距离

D. 可针对各种物品的特性做储位的安排调整，将不同物品特性间的相互影响减至最小

（5）储位编码的要求不包括（　　）。

A. 标志设置要适宜　　B. 编号越简短越好

C. 编号顺序要一致　　D. 标志制作要规范

2. 判断题

（1）很多物流中心习以为常地把走道当成储区位置来使用，这是不对的，虽然短时间内会得到一些方便，但会影响作业的进出，违背了储位管理的基本原则。（　　）

（2）物品的储存期较短，并且吞吐量较大的中转仓库或待运仓库，可按物品的发往地区、运输方式及货主进行分区分类储存。（　　）

（3）模拟研究显示，随机存储与定位存储相比，可节省 25% 的移动存储时间及增加 35% 的存储空间，但较不利于物品拣选作业。（　　）

（4）分类随机存储具有分类储存的部分优点，又可节省储位数量，提高储区利用率。（　　）

（5）实行储位编码，有利于提高物品收、发效率，减少串号和错发现象，便于仓管员之间的合作互助、调闲帮忙。（　　）

## 技能训练

【实训内容】

模拟储位管理和储位编码。

## 【实训目的】

①能够根据商品属性确定存储分区，并进行储位编码。
②掌握储位编码规则。
③了解储位管理规范。

## 【实训准备】

①计算机及网络。
②纸、笔。

## 【实训要求】

①能够独立、规范地完成各项任务。
②注意使用礼貌用语。

## 【实训步骤】

①将全班同学分组，每组 2 ~ 3 人，活动以组为单位进行。
②列举 5 种不同类型的商品。
③根据商品属性分类存储。
④储位编码。
⑤小组分析、讨论储位编码的合理性。
⑥小组组长展示本小组的模拟储位编码。

## 【实训评价】

各小组组长将本组的结果在全班展示，供同学和教师查验，要求有储位管理和储位编码等内容。

**（1）小组活动评价**

组长负责分配不同的任务给小组成员，每个小组成员完成各个子任务。收集储位管理和储位编码的相关资料，讨论并形成总结文档，完成任务得 40 分，如果有遗漏等情况扣减相应分值。小组成员评价意见表如下：

**小组成员评价意见表**

小组名称：______________ 组长：______________

| 小组成员 | 态度（10 分） | 互助与合作（10 分） | 倾听（10 分） | 展示与效果（10 分） |
|---|---|---|---|---|
| | | | | |
| | | | | |
| | | | | |
| | | | | |
| | | | | |

（2）教师评价

教师负责评价每组的任务完成情况，量化评价标准。总分值最高为 60 分。教师对小组进行评价的标准如下表：

小组学习评价表

| 序号 | 评价指标 | 分值 / 分 | 打分 |
|---|---|---|---|
| 1 | 能在规定时间内合作完成实训任务，操作规范；<br>顺利展示，报告观点新颖，表述逻辑性强 | 50 ~ 60 | |
| 2 | 能在规定时间内完成实训任务，操作规范；<br>能做展示，有自己的观点，表述清楚 | 40 ~ 49 | |
| 3 | 能在老师和其他同学的帮助下完成实训任务，有展示 | 30 ~ 39 | |
| 4 | 能在老师和其他同学的帮助下基本完成实训任务，没有展示 | 29 以下 | |

（3）教师点评

教师进行点评时，汇总小组成员评价，然后针对各小组进行总结点评。点评时以鼓励为主，要注意挖掘每个小组的闪光点。每个学生最后得分为所在小组分值加上小组成员评价分值。

项目 3
# 入库作业

**教学目标**

知识目标：

①理解货物的入库准备工作

②掌握入库单的制作和填写方法

③掌握货物验收的方法，以及验收单的制作和填写方法

④理解货物存放的基本原则

能力目标：

①能够在实训中掌握入库作业及相关表单的制作和填写

②能够掌握货物的上架信息

素质目标：

①培养现代仓储管理意识

②培养标准化、制度化管理意识

**教学重难点**

重点：

①货物入库的准备工作

②货物验收的流程

难点：

①货物接运的流程

②货物验收的相关内容

# 任务1　入库准备与接运

## 案例导入

RJ 公司仓储中心客服部的单证信息员接到客户 JY 公司的入库申请，2020 年 1 月 11 日有 1 000 箱“康师傅”方便面，500 箱“海飞丝”去屑洗发水，600 箱“舒肤佳”除菌香皂需要入库，入库通知单如下所示。RJ 有限公司安排小陈负责此项工作，假如你是小陈，该如何做好货物的入库准备和接运工作呢？

入库通知单

仓库名称：RJ 公司仓储中心　　　　　　　　　　2020 年 1 月 3 日

| | | | | | | |
|---|---|---|---|---|---|---|
| 批次 | | 2020010300001 | | | | |
| 客户名称 | | JY 公司 | | | | |
| 采购订单号 | | 2020010300532 | | | | |
| 客户指令号 | | 2020010300692 | | | | |
| 入库时间 | | 2020 年 1 月 11 日 9:00 | | 质量 | | 正品 |
| 入库申请人 | | ×× | | 电话 | | 138××××5648 |
| 入库方式 | | 送货 | | 入库类型 | | 正常 |
| 序号 | 货品编号 | 名称 | 单位 | 包装规格 /mm×mm×mm | 申请数量 | 备注 |
| 1 | 692168110135 | 方便面 | 箱 | 460×312×130 | 1 000 | |
| 2 | 692168110136 | 洗发水 | 箱 | 500×300×330 | 500 | |
| 3 | 692168110137 | 香皂 | 箱 | 600×400×500 | 600 | |
| | | | | | | |
| 合计 | | | | | 2 100 | |

送货员：××　　　　　　　　　　　　　　　仓管员：

## 任务执行

入库作业，即货物的入库管理过程，是根据货物的入库凭证，对需要入库的货物进行入库准备、接运、入库验收、入库和办理入库手续等各项业务活动的组织，其基本流程如图 3.1.1 所示。本任务学习货物的入库准备和接运。

## 1. 货物的入库准备

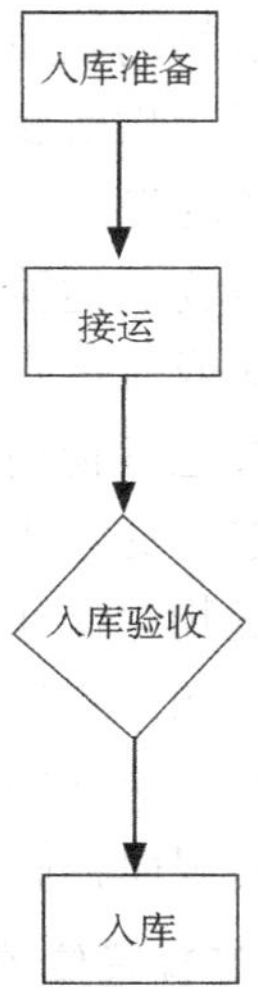

图 3.1.1　入库的基本流程

入库准备是顺利完成货物入库的前提，主要包括熟悉入库货物、制订仓储计划、准备货位、制订接运和验收计划、准备文件单证等。

**1）熟悉入库货物**

仓库管理人员在收到存货人的入库申请后，必须先清楚需要入库货物的品质、性质、规格、入库时间、保管时间和保管的特殊要求等信息，以便更好地进行货位的安排，验收工具和方式的确定，以及后续接运的时间和方式等。

**2）制订仓储计划**

仓储计划是指仓库部门根据本部门和存货人等外部实际情况，权衡存货人的需求和仓库存储的能力，通过科学的计算，提出在未来一定时期内仓库达到的目标和实现目标的方法。

**3）准备货位**

仓库管理人员在接收货物之前，应该预先根据货物的性质、数量等因素，为其安排恰当的存放位置。

**（1）选择存放方法**

存储方法主要包括通用存储和专门存储两种。

①通用存储：将仓库划分为若干个保管区，将存储要求与货物性质相近的货物共同存入其中，以便集中保管与养护。采用这种存储方式存储的货物一般品类较多，但某一类货物数量较少，存储的货物一般具有互容性。

②专门存储：在仓库中划分出专门的空间用于专门存储、保管一种货物。采用这种存储方式存储的货物种类较少，但其数量一般较多，存储货物性质一般比较特殊，且不宜与其他货物混合存储。

**（2）划分存放位置**

仓库管理人员在确定货物的存储位置时，要综合考虑仓库的类型、规模、经营放位、用途，以及货物的自然属性、保养方法等。常见的划分货物存储位置的方法有以下 5 种，仓库管理人员根据货物的实际情况选择存储货物的方法。

①按货物的种类和性质分类存储：这类分类存储的方式是大多数仓库采用的分区分类存储方法。它要求按货物的种类及性质，将其分类存储，以便于货物的保养。将存储、保养方式相同的货物放置在同一区域，而将互相影响或保管条件相抵触的货物分开储存。

②按货物的危险性质分类存储：这种分类存储的方式主要用于存储危险品的特种仓。它按照货物的危险性质，对易燃、易爆、易氧化、有腐蚀性、有毒害性、有放射性的货物进行分开存储，避免互相抵触，防止燃烧、爆炸、腐蚀、毒害等事故发生。

③按货物的归属单位分类存储：这种分类存储的方法主要用于专门从事保管业务的仓库。根据货物所属的单位对其进行分区保存，可以提高货物出、入库的作业效率，同时减少差错的发生。

④按货物的运输方式分类存储：这种分类存储方法主要用于存储期短、进出量较大的中转仓库或待运仓库，它依据货物的发运地及运输方式进行分类保存。具体做法是先按运输方式把货物划分为公路运输的货物、铁路运输的货物、水路运输的货物，再按到达车站、港口的路线分别存储。

⑤按货物存储作业特点分类存储：根据货物存储作业时具体的操作方法，将货物分类存储。例如，将进出库频繁，需要严格按照“先进先出”的规律存储的货物存放在车辆进出方便、装卸搬运容易、靠近库门的区域，而将存储期较长，不需要严格按照“先进先出”的规律存储的货物，存储在库房深处或多层仓库的上层。

**（3）选择货位的原则**

①根据货物的尺度、货量、特性、保管要求选择货位。货位的通风、光照、温度、排水、防风、防雨等条件应满足货物保管的需要；货位尺度与货物尺度相匹配；货位的容量与货量接近；选择货位要考虑相近货物的情况，防止与相近货物相互影响。

②保证先进先出、缓不围急。“先进先出”是仓储保管的重要原则，能避免货物超期、变质。在安排货位时，要避免后进货物围堵先进货物，存储期较长的货物不能围堵存储期较短的货物。

③出、入库频率高的货物使用方便作业的货位。对于有持续入库或者持续出库的货物，应安排在靠近出口入的货位，方便出入，流动性差的货物，可以离出入口远点。同样的道理，存储期短的货物也应安排在出入口附近。

④小票集中、大不围小、重近轻远。多种、小批量货物，应合用一个货位或者集中在一个货位区，避免夹存在大批量货物的货位中，难以查找。重货应尽量靠近装卸作业区，减少搬运作业量。使用货架时，重货放在货架下层，需要人力搬运的重货，存放在人腰部以下高度的货位。

⑤方便操作。货位的安排要方便搬运、堆垛、上架，同时要留有足够的机动作业场地，能使用机械设备进行直达作业。

⑥作业分布均匀。货位的安排，应尽可能避免在同一区域或者同作业线路上同时有多项作业进行，以免相互妨碍。

**4）制订接运和验收计划**

仓库管理人员根据货物、货位、设备条件等情况，科学合理地制订接运时的搬运工艺，保证作业效率。同时，仓库理货人员根据货物情况和仓库管理制度确定验收方法，准备验收所需的点数、称量、测试、开装箱、丈量等工具。

**5）准备文件单证**

由于货物在入库时会涉及各种报表、单据、记录簿等，如入库记录、理货检验单、料卡、残损单等，仓库管理人员应根据需入库的货物，提前准备好相应的文件，如图 3.1.2 所示即为出入库登记表和材料卡。

| 出入库登记表 | | | | | | | | |
|---|---|---|---|---|---|---|---|---|
| 物品名称 | 物品型号 | 出库记录 | | | 入库记录 | | | 库存数量 |
| | | 时间 | 数量 | 领物人签字 | 时间 | 数量 | 送回人签字 | |
| | | | | | | | | |
| | | | | | | | | |
| | | | | | | | | |
| | | | | | | | | |
| | | | | | | | | |
| | | | | | | | | |
| | | | | | | | | |
| | | | | | | | | |
| | | | | | | | | |
| | | | | | | | | |
| | | | | | | | | |
| | | | | | | | | |
| | | | | | | | | |
| | | | | | | | | |
| | | | | | | | | |

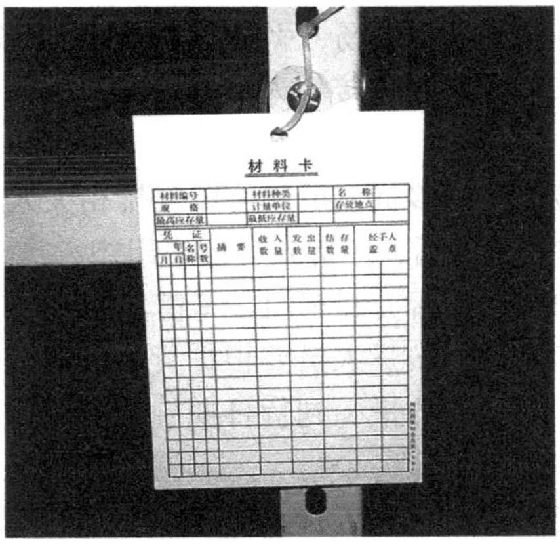


图 3.1.2 出入库登记表和材料卡

## 2. 入库货物的接运

货物的接运是入库业务流程的重要环节，它的主要任务是及时、准确地完成货物接运，要求手续清晰、责任明确，为后续入库验收工作创造有利条件。在接运过程中，要做好接运顺序的安排和接运方式的规划。

**1）接运顺序安排**

仓库在收到接运通知单时，仓库管理人员就要安排接货人员去接货，然而在货物入库的高峰期，由于每天接收到的货物数量较多，因此，接货人员不能简单地按照接运通知单收到的顺序逐个接货，而应综合考虑以下因素，合理安排接货的顺序及时间。

| 因素 | 内容 |
|---|---|
| 货物的紧急程度 | 对于生产急需、周转速度快、库存量已经很少的货物，应优先安排接货，而对于还不是很紧急的货物，可以暂缓安排接货 |
| 货物在承运单位的保存期限 | 承运单位发出接运通知单后，在一定时间内，可以对货物进行免费保存。仓库管理人员在安排接货时间时，还要考虑仓库作业人员及设施的工作效率，确保货物接到仓库后，有暂时存放的地点，有相应的能力及物力对其进行装卸、检验及入库作业 |

### 2）接运方式

#### （1）铁路专线接货

铁路专线接货是铁路部门将转运的商品直接送到仓库内部专线的一种接货方式，其接货步骤如图 3.1.3 所示。

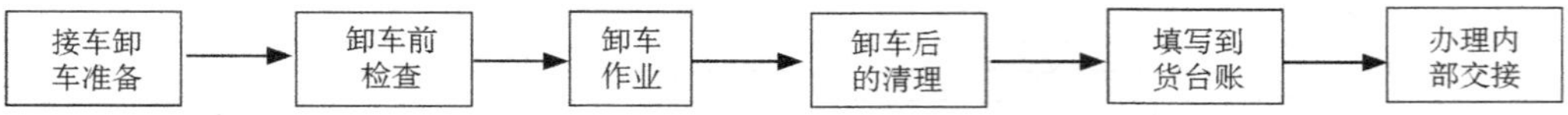


图 3.1.3　铁路专线接货步骤

①接车卸车准备：接到到货报告后，接货人员应该首先确定车的位置，力求缩短场内运输距离，并准备好卸车所需的人力和机具，确保能够按时完成卸货作业。在接到车到站的确切报告后，接货人员及时赶到现场，引导货车停靠在指定的位置。

②卸车前检查：在进行卸货作业前，接货人员要先对车中的货物进行大致的检查以防误卸。

③卸车作业：货物经过检查后，接货人员就可以安排相关人员进行卸车作业。

④卸车后的清理：卸货作业完成后，接货人员还要组织人员，对卸货现场进行清理，检查车内货物是否已经全部卸完，然后关好车门、车窗，并通知车站取车。

⑤填写到货台账：货物卸完后，接货人员要根据货物的情况填写到货台账，到货台账中应该包括到货货物名称、规格、数量、到货日期、货物发站、发货单位、送货车皮号、货物有无异状等信息。

⑥办理内部交接：接货工作完成后，接货人员还要办好内部的交接手续。此时接货人员应该将到货台账及其他有关资料与收到的货物一并交给仓库管理人员，并让仓库管理人员为货物办理入库手续。

#### （2）车站、码头提货

到车站提货，应向车站出示领货凭证。如果发货人未寄领货凭证，也可凭单位证明或在货票存查联上加盖的单位提货专用章，将货物提回。到码头提货的手续与到车站提货稍有不同。提货人要事先在提货单上签名并加盖公章或附单位提货证明，到港口取回货物运单，即可到指定的库房提取货物。

提货时应根据运单和有关资料认真核对货物的名称、规格、数量、收货单位等。货到库后，接运人员应及时将运单连同提取回的货物与仓库管理人员办理交接手续。车站、码头提货的步骤如图 3.1.4 所示。

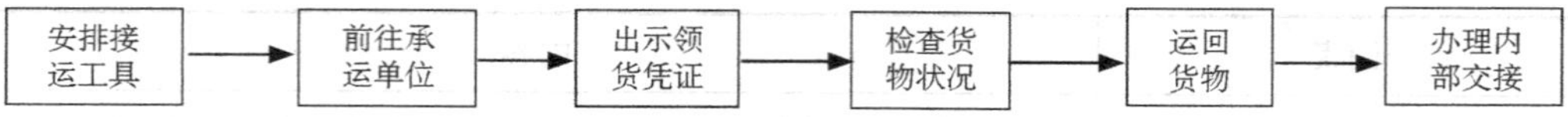


图 3.1.4　车站、码头提货步骤

#### （3）自提货

自提货是指仓库直接到供货单位提货。这种方式的特点是提货与验收同时进行。仓库根据提货通知，了解所提货物的性质、规格、数量，准备好提货所需的设备、工具和人员。到供货单位进行货物验收时，应当场点清数量，查看外观质量，做好验收记录。提货回仓库后，交验收员或保管员复验。自提货的步骤如图 3.1.5 所示。

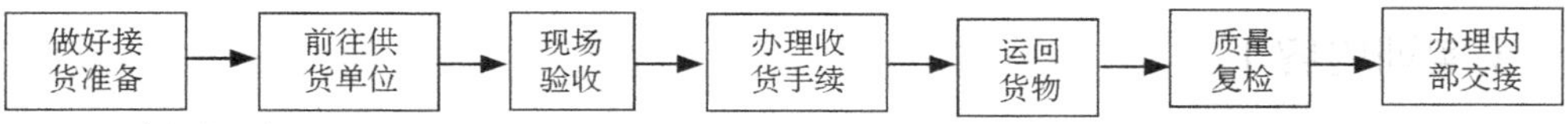

图 3.1.5 自提货的步骤

①做好接货准备：接货人员在收到提货通知后，应根据所提货物的性质、规格、数量，准备好提货及验收所需的设备、工具和人员。

②前往供货单位：做好接货准备后，接货人应将检验人员及设备、工具一同带往供货单位。在前往供货单位前，可以先电话联系供货单位，让其做好货物出库的准备。

③现场验收：到供货单位后，接货人员应当场对货物进行验收，点清数量，查看外观质量并做好验收记录。

④办理收货手续：验收合格后，接货人员应该与供货单位办理好货物的交接手续，填写收货单。

⑤运回货物：小心装卸并将货物运回仓库。

⑥质量复检：对于需要进行进一步质量检验的货物，应该通知质量检验部门进行质量检验并提交报告。

⑦办理内部交接：对验收合格的货物，应办理内部交接手续，并放入仓库妥善保存。

## 课后练习

### 1. 选择题

（1）常见的接运方式有（　　）。

A. 铁路专用线接货　　B. 车站、码头提货　　C. 自提货　　D. 送货到库

（2）入库货物接运是仓库的（　　）环节，由接运人员和相关作业人员完成。

A. 外部作业　　B. 内部作业　　C. 内部交接　　D. 外部交接

（3）货物入库的流程可包括（　　）。

A. 收货准备　　B. 货物接运　　C. 货物验收　　D. 货物入库

### 2. 简答题

（1）简述入库作业包含的流程。

（2）仓库在安排接运顺序时，需要考虑哪些因素？

（3）简述铁路专线接运的步骤。

（4）简述车站、码头提货的步骤。

（5）简述自提货的步骤。

## 技能训练

【实训内容】

①入库准备的内容和接运的流程。
②入库准备和接运时的注意事项 。

【实训目的】

通过本次实训，巩固所学理论知识，理解入库准备的内容，掌握入库准备和接运时的注意事项，增强工作责任心。

【实训准备】

①仓储实训基地。
②计算机及网络。

【实训要求】

①能够独立、规范地完成各项任务。
②在实训时注意团队的规划和协作。

【实训步骤】

①将全班同学分组，每组 4 ~ 6 人，活动以组为单位进行。
②每个小组组员分别模拟仓库工作人员在入库准备和接运时的工作情况，在实训过程中理解仓库工作人员接运时的工作规范和注意事项。
③去仓储实训中心实地学习、模拟。
④各小组选派一名代表对本小组实训情况进行汇报阐述。

【实训评价】

各小组将本组的实训体会在全班展示，供同学和教师查验，要求有模拟在入库准备和接运时的工作规范和注意事项等内容。

**（1）小组活动评价**

组长负责分配不同的任务场景给小组成员，每个小组成员完成各个子任务，模拟仓库工作人员在入库准备和接运时的工作规范和注意事项，完成任务得 40 分，如果有遗漏等情况扣减相应分值。小组成员评价意见表如下：

小组成员评价意见表

小组名称：________________　　　　　　　　　　　　组长：________________

| 小组成员 | 态度（10 分） | 互助与合作（10 分） | 倾听（10 分） | 展示与效果（10 分） |
| --- | --- | --- | --- | --- |
| | | | | |
| | | | | |
| | | | | |
| | | | | |
| | | | | |

**（2）教师评价**

教师负责评价每组的任务完成情况，量化评价标准。总分值最高为 60 分。教师对小组进行评价的标准如下表：

小组学习评价表

| 序号 | 评价指标 | 分值 / 分 | 打分 |
| --- | --- | --- | --- |
| 1 | 能在规定时间内合作完成实训任务，操作规范；<br>顺利展示，报告观点新颖，表述逻辑性强 | 50 ~ 60 | |
| 2 | 能在规定时间内完成实训任务，操作规范；<br>能做展示，有自己的观点，表述清楚 | 40 ~ 49 | |
| 3 | 能在老师和其他同学的帮助下完成实训任务，有展示 | 30 ~ 39 | |
| 4 | 能在老师和其他同学的帮助下基本完成实训任务，没有展示 | 29 以下 | |

**（3）教师点评**

教师进行点评时，汇总小组成员评价，然后针对各小组进行总结点评。点评时以鼓励为主，要注意挖掘每个小组的闪光点。每个学生最后得分为所在小组分值加上小组成员评价分值。

# 任务 2　入库验收

## 案例导入

按照规定的时间，JY 公司的货物已到了物流中心，包括 1 000 箱“康师傅”方便面、500 箱“海飞丝”去屑洗发水、600 箱“舒肤佳”除菌香皂。根据 RJ

公司仓储中心的安排，由小刘负责此批货物的验收。假如你是小刘，该如何做好货物的验收工作呢？在验收时应注意哪些事项呢？

## 任务执行

入库验收是按照验收业务作业流程、核对凭证等规定的程序和手续，对入库货物进行数量和外观质量检验的经济技术活动的总称。由于货物来源复杂、渠道繁多，经过了一系列储运环节，到库货物的数量和外观质量可能会受到储运水平和其他外界因素影响，因此，严格把好入库验收程序，对确保入库货物数量准确、质量完好，维护企业合法权益，及时为企业处理货损、货差事宜提供依据有着十分重要的意义。因此，所有到库货物在入库前必须进行检验，验收合格后方可正式入库。

### 1. 入库验收的方式

入库验收一般可以采用两种方式，即全验和抽验，如表 3.2.1 所示。

**表 3.2.1　入库验收方式**

| 方式 | 内容 |
| --- | --- |
| 全验 | 全验需要耗费大量人力、物力和时间，检验成本高，但可以保证验收质量。在货物批量小、规格复杂、包装不整齐的情况下，可采用此法 |
| 抽验 | 货物质量和储运管理水平的提高以及数理统计的发展，为抽验方式提供了物质条件和理论基础。对于大批量、同包装、同规格、信誉较高的存货单位的货物可采用抽验的方式检验。若在抽验中发现问题较多，应扩大抽验范围，直至全验 |

### 2. 入库验收步骤

入库验收步骤包括验收准备、核对验收单证、确定验收比例和检验货物。

**1）验收准备**

验收准备是货物入库验收的第一步，主要包括验收货位、设备、工具和工作人员的准备。具体来讲，应做好以下几个方面的准备工作。

①收集、整理并熟悉各项验收凭证、资料和有关验收要求。

②准备所需的计量器具和检测仪器、仪表等，并要求准确、可靠。

③落实入库货物的存放地点，选择合适的堆码垛型和保管方法。

④准备所需的毡垫堆码物料、装卸机械、操作器具和承担验收作业的工作人员。对于特殊货物，还须配备相应的防护用品，采取必要的应急防范措施，以防万一。

⑤进口货物或存货单位要求对货物进行质量检验时，要预先通知商检部门或检验部门到仓库进行检验或质量检测。

**2）核对验收单据**

核对验收单据应按以下几个方面的内容进行：

①核对验收单据，包括业务主管部门或货主提供的入库通知单、订货合同、订单等。

②核对供货单位提供的验收凭证，包括质量保证书、装箱单、码单、说明书和保修卡等。

③核对承运单位提供的运输单据。存在入库前运输途中货损、货差问题时，送货或提货人员必须提供有关的事故记录，包括记录残损情况的货运记录、普通记录和公路运输交接单等。

**3）确定验收比例**

仓储货物往往整批、连续到库，且品种规格复杂，要在较短时期内完成全部货物的验收存在一定困难，为了及时、准确地验收，重点应放在全面检查大件数量及包装标识与入库凭证所列是否相符、包装外部有无异常等方面。由于入库货物存在难以全部开箱、拆包验收的实际困难，因此，需要研究确定合适的验收比例。在确定验收比例时，一般主要考虑以下因素，如表3.2.2所示。

**表3.2.2　确定验收比例时主要的考虑因素**

| 因素 | 内容 |
|---|---|
| 货物性质 | 各种货物都有一定的特点，如玻璃器皿、瓷器等容易破碎；皮革制品、副食品、海产品、水产品等容易霉烂变质；香精、香水等容易挥发减量；化工品容易失效等，这些货物在入库时，验收比例要大一些。反之，外包装完好、内容物不易损坏的货物，在入库验收时，比例可以适当小一些 |
| 货物价值 | 贵重物品，如精密仪器、贵重金属和工艺品等，入库验收时比例要大一些，甚至全验；一般价值较低、数量又大的货物，入库验收时比例可以小一些 |
| 生产技术条件 | 同一种产品，由于生产厂家的技术条件、工艺水平高低不一，产品质量也有所差距。因此，对于生产技术条件好、工艺水平较高、产品质量较稳定的，可以少验；而生产技术水平低、或手工操作、商品质量较差又不稳定的，需多验 |
| 厂商信誉 | 信誉好的供应商，一旦货物质量或数量出现问题，都能积极承担赔偿或补、换货，因此可以减少抽验比例，对于长期合作、产品质量高且信誉好的甚至可以免检 |
| 包装情况 | 包装材料差或使用不当、包装技术低、包装不牢固，都会直接影响货物的质量安全和运输安全，因而容易造成货物散失、挥发或损坏。因此，在验收时，对包装外在质量完好、内部垫衬密实的货物可以适当少验，反之则需多验 |
| 运输条件 | 货物在运输过程中，其运输路线的长短、时间的长短、使用何种运输工具，以及中转环节多少等，对货物的质量都有不同程度的影响。因此，在入库验收时，应分别根据不同情况确定验收比例。如汽车运输，路途长、震动大、损耗多的货物应当适当提高抽验比例；反之，则可以适当减小抽验比例 |
| 气候变化 | 我国幅员辽阔，各省、市气候存在较大差异，长途转运的货物质量可能由于气候变化而受影响，即使是在同一个地区，一年四季气候变化对货物的质量也有影响。所以，怕热、易融化的货物，夏天应多验；怕潮、易溶解的货物，在雨季和南方潮湿地区应多验；怕干裂、容易冻坏的货物，冬天时应多验 |

**4）检验货物**

检验货物的内容包括数量检验和质量检验。数量检验一般采用检斤、计件、检尺求积等形式，如表3.2.3所示。

表 3.2.3 数量检验的形式

| | | |
|---|---|---|
| 数量检验 | 检斤 | 检斤是指对以质量为计量单位的货物进行数量检验时称重，从而确定其毛重和净重。值得注意的是，按理论换算质量的货物，先要通过检尺，然后按照规定的换算方法和标准换算成质量验收，如金属材料中的板材、型材等 |
| | 计件 | 计件是指对以件数为单位的货物进行件数的计算。一般情况下，计件货物应逐一点清。固定包装物的小件货物，如果包装完好，则不需要打开包装。国内货物只检查外包装，不拆包检验。进口物资按合同和惯例检验 |
| | 检尺求积 | 检尺求积是指对以体积为计量单位的货物先检尺后求积所做的数量检验，如木材等货物，根据实际检验结果填写磅码单 |

质量检验包括外观质量检验和内在质量检验。货物的外观质量检验通过外观来判断质量，简化了仓库的质量验收工作，避免了各部门反复进行复杂的质量检验，节约了成本。凡经过外观质量检验的货物都应填写检验记录单。内在质量检验是对货物内在质量和理化性质所进行的检验。对货物内在质量的检验要求有一定的技术支持和检验手段。目前，大多数仓库不具备这些条件，所以，一般由专业技术检验单位进行，经检验后出具检验报告。

## 课后练习

1. 选择题

（1）以下对入库验收作用的描述，不正确的是（　　）。

A. 验收是做好商品保管保养的基础

B. 验收有利于维护货主利益

C. 验收记录是买方提出退货、换货和索赔的依据

D. 验收是避免商品积压，减少经济损失的重要手段

（2）在仓库中，质量检验主要进行的是（　　）。

A. 商品外观检验　　B. 化学成分检验

C. 商品尺寸检验　　D. 机械物理性能检验

（3）如对砂石进行数量检验，应采用的形式是（　　）。

A. 计件　　B. 检斤　　C. 检尺求积　　D. 尺寸检验

（4）以下入库货物需要进行全检的是（　　）。

A. 定尺钢材　　B. 贵重物品　　C. 带包装的金属材料

D 易损害物品　　E. 不带包装的金属材料

### 2. 简答题

（1）为什么要进行入库验收？
（2）入库验收的步骤有哪些？需要注意什么？
（3）在确定验收比例时，主要考虑哪些因素？

## 技能训练

**【实训内容】**

①入库验收的内容和流程。
②入库验收的注意事项 。

**【实训目的】**

通过本次实训，巩固所学理论知识，理解入库验收的内容和工作流程，掌握入库验收的注意事项，增强工作责任心。

**【实训准备】**

①仓储实训基地。
②计算机及网络。

**【实训要求】**

①能够独立、规范地完成各项任务。
②在实训时注意团队的规划和协作。

**【实训步骤】**

①将全班同学分组，每组 4 ~ 6 人，活动以组为单位进行。
②每个小组成员分别模拟仓库工作人员在入库验收时的工作情况，在实训过程中理解仓库工作人员的入库验收时的工作规范和注意事项。
③去仓储实训中心实地学习、模拟。
④各小组选派一名代表对本小组实训情况进行汇报阐述。

**【实训评价】**

各小组将本组的实训体会在全班展示，供同学和教师查验，要求有组员模拟在不同货物验收时的工作规范和注意事项等内容。

（1）小组活动评价

组长负责分配不同的任务场景给小组成员，每个小组成员完成各个子任务，模拟仓储人员在入库验收时的工作规范和注意事项，完成任务得 40 分，如果有遗漏等情况扣减相应分值。小组成员评价意见表如下。

小组成员评价意见表

小组名称：＿＿＿＿＿＿＿＿ 组长：＿＿＿＿＿＿＿＿

| 小组成员 | 态度（10 分） | 互助与合作（10 分） | 倾听（10 分） | 展示与效果（10 分） |
|---|---|---|---|---|
| | | | | |
| | | | | |
| | | | | |
| | | | | |
| | | | | |

（2）教师评价

教师负责评价每组的任务完成情况，量化评价标准。总分值最高为 60 分。教师对小组进行评价的标准如下表：

小组学习评价表

| 序号 | 评价指标 | 分值 / 分 | 打分 |
|---|---|---|---|
| 1 | 能在规定时间内合作完成实训任务，操作规范；<br>顺利展示，报告观点新颖，表述逻辑性强 | 50 ~ 60 | |
| 2 | 能在规定时间内完成实训任务，操作规范；<br>能做展示，有自己的观点，表述清楚 | 40 ~ 49 | |
| 3 | 能在老师和其他同学的帮助下完成实训任务，有展示 | 30 ~ 39 | |
| 4 | 能在老师和其他同学的帮助下基本完成实训任务，没有展示 | 29 以下 | |

（3）教师点评

教师进行点评时，汇总小组成员评价，然后针对各小组进行总结点评。点评时以鼓励为主，要注意挖掘每个小组的闪光点。每个学生最后得分为所在小组分值加上小组成员评价分值。

# 任务 3 入库上架

## 案例导入

JX 公司的货物经过检验，无质量和数量问题，全部合格，可以办理入库交接和登记手续。为了以后更好地进行仓储管理，在办理入库手续时，要经过哪些步骤？保存好哪些资料呢？

## 任务执行

入库货物经过仓库的检验后，由仓库保管员根据验收结果，在货物入库单上签收。同时，要在入库单上注明该批货物的货位编号，以便记账、查货、发货。仓库收货员还应在送货人提供的送货单上签名盖章，并留存相应单证。如果验收过程中发现差错、破损等不良情况，必须在送货单上详细注明货物差错的数量、破损状况等，并由当事人签字，以便与供货方、承运方分清责任。

货物入库的手续包括登台账、立货卡、建档案和签单证等，如图 3.3.1 所示。

图 3.3.1　货物入库的手续

第一步：登台账。

登台账是指建立入库货物明细账。该明细账动态地反映货物进库、出库、结存等详细情况。 仓库管理人员根据入库单，填写手工台账，台账的格式可以根据入库货物的特点与管理的需要酌情设计，一般包括以下内容：

①时间；

②入库单号；

③货物名称、数量、规格型号、包装等；

④存放货位号、结存数量等；

⑤货主名称；

⑥提货时间、出库号、出库数量等；

⑦其他预留内容。

第二步：立货卡。

货物入库后，仓库保管员应将各种货物的名称、数量、规格、质量状况等信息编制成一张卡片，即货物保管卡片，这个过程即为立货卡。

货物保管卡片的管理办法主要有两种：一是由仓库保管员集中保存管理。这种方法有利于责任制的贯彻，即专人专责管理。但是如果有进出业务而该保管员缺勤时就难以及时进行。二是将货物保管卡片直接挂在货物垛位上。挂放位置要明显、牢固。这种方法的优点是便于随时与实物核对，有利于货物进出业务的及时进行，可以提高仓库保管员的工作效率。

第三步：建档案。

将货物的入库通知单、送货单、验收单、入库单等相应单证、各种技术资料以及未来保管期间的操作记录、发货单等原件或复印件存入档案，做到“一物一档”，为货物的保管、出库业务活动创造良好的条件。

第四步：签单证。

到达物流中心的货物，经检验确认后一般应填写入库单，单据的格式根据货物及业务形式而不同，一般包含如下信息，如表 3.3.1 所示。

表 3.3.1 入库单包含的信息

| 项目 | 内容 |
|---|---|
| 供应商信息 | 名称、送货日期、送货订单完成情况 |
| 货物信息 | 品种、数量、生产日期或批号等 |
| 订单信息 | 订单对应号、序号、当日收货单序号等 |

填写入库单后，还需将有关入库信息及时准确地录入库存仓储信息管理系统，更新库存货物的有关数据。货物信息录入的目的在于为后续作业提供管理和控制的依据。

## 课后练习

### 1. 选择题

（1）料卡又称为（　　），它是一种实物标签，是仓库管理人员管理物品的“耳目”。

A. 标签　　B. 账目　　C. 物品保管卡　　D. 档案

（2）台账一般包括（　　）。

A. 时间　　B. 入库单号　　C. 货物名称　　D. 货主名称

### 2. 简答题

（1）简述货物入库的流程。

（2）登台账是指建立入库物品明细账，一般包括哪些内容？

（3）到达物流中心的货物，经检验确认后一般应填写入库单，入库单一般包含哪些信息？

## 技能训练

### 【实训内容】

①入库上架的内容和流程。

②入库上架时的注意事项。

### 【实训目的】

通过本次实训，巩固所学理论知识，理解入库上架时的内容和工作流程，掌握入库上架时的注意事项，增强工作责任心。

### 【实训准备】

①仓储实训基地。

②计算机及网络。

### 【实训要求】

①能够独立、规范地完成各项任务。

②在实训时注意团队的规划和协作。

### 【实训步骤】

①将全班同学分组，每组 4 ~ 6 人，活动以组为单位进行。

②每个小组成员分别模拟仓储人员在入库上架时的工作情况，在实训过程中理解仓储人员的入库上架时的工作规范和注意事项。

③去仓储实训中心实地学习、模拟。

④各小组选派一名代表对本小组实训情况进行汇报阐述。

### 【实训评价】

各小组将本组的实训体会在全班展示，供同学和教师查验，要求有组员模拟在货物入库上架时的工作规范和注意事项等内容。

**（1）小组活动评价**

组长负责分配不同的任务场景给小组成员，每个小组成员完成各个子任务，模拟仓储人员在入库上架时的工作规范和注意事项，完成任务得40分，如果有遗漏等情况扣减相应分值。小组成员评价意见表如下。

**小组成员评价意见表**

小组名称：______________　　　　组长：______________

| 小组成员 | 态度（10分） | 互助与合作（10分） | 倾听（10分） | 展示与效果（10分） |
|---|---|---|---|---|
| | | | | |
| | | | | |
| | | | | |
| | | | | |
| | | | | |

**（2）教师评价**

教师负责评价每组的任务完成情况，量化评价标准。总分值最高为60分。教师对小组进行评价的标准如下表。

**小组学习评价表**

| 序号 | 评价指标 | 分值/分 | 打分 |
|---|---|---|---|
| 1 | 能在规定时间内合作完成实训任务，操作规范；<br>顺利展示，报告观点新颖，表述逻辑性强 | 50 ~ 60 | |
| 2 | 能在规定时间内完成实训任务，操作规范；<br>能做展示，有自己的观点，表述清楚 | 40 ~ 49 | |
| 3 | 能在老师和其他同学的帮助下完成实训任务，有展示 | 30 ~ 39 | |
| 4 | 能在老师和其他同学的帮助下基本完成实训任务，没有展示 | 29以下 | |

**（3）教师点评**

教师进行点评时，汇总小组成员评价，然后针对各小组进行总结点评。点评时以鼓励为主，要注意挖掘每个小组的闪光点。每个学生最后得分为所在小组分值加上小组成员评价分值。

# 项目 4
# 在库作业

**教学任务**

知识目标：

①理解货物的堆码作业

②理解库存管理的概念和作用

③掌握仓库盘点作业的流程

④理解仓库安全管理的概念

能力目标：

①能够在实训中掌握盘点作业的流程和注意事项

②能够掌握仓库安全管理的相关知识

素质目标：

①培养现代仓储管理意识

②培养标准化、制度化管理意识

**教学重难点**

重点：

①货物的堆码作业

②仓库安全管理

难点：

①库存管理的方法

②盘点作业的流程和方法

# 任务 1　货品堆码与苫垫

## 案例导入

某著名电缆生产企业是国内外电力、邮电、国防等行业相关重点建设的重要合作伙伴，公司拥有自营进出口权，产品行销全国，并出口世界多个国家。该企业厂内的露天成品仓库设置在厂区内空的场所，由于受场地的限制和对物流认识的不足，仓库容量设计得很小，再加上货物到处堆放，导致仓库的利用率不高。仓库管理员小陈一直在思考，如何更有效地利用仓储容量，使仓库容纳更多的货物呢？

## 任务执行

堆码也称码垛，是将存放的货物整齐、规划地摆放成货垛的作业。即根据货物的包装外形、重量、数量、性能和特点，结合地坪负荷、储存时间，将货物分别堆成各种垛形。

合理堆码有利于确保货物完好无损，提高仓容利用率，安全且快速地作业。进行货物堆码时，必须对堆码的方式、形状、高度等进行科学的研究和必要的计算。堆码一般遵循以下基本原则：

①分类存放。分类存放是仓库保管的基本要求，也是保证货物质量的重要手段。

②选择合适的搬运活性指数。为了减少作业时间、次数，提高仓库周转速度，根据货物作业的要求，合理选择货物的搬运活性指数。

③结合货物周转频率，面向通道存放。为了使货物出入库方便，容易在仓库内移动，货物堆码应遵循面向通道原则，也就是垛码、存放的货物的正面（即货物包装上标注了主标志的一面）尽可能面向通道，以便查看。

④尽可能向高处码放。尽可能向高处码放可以充分利用仓容，同时具有一定的防破损、防盗作用。

⑤下重上轻原则。货物堆码时，应把重货置下，轻货放上。

⑥先进先出原则。对具有易变质、易破损、易老化等性质的货物，应尽可能按先进先出的原则进行存放。

## 1. 堆码的基本要求和方法

在确保堆码货物的数量和质量验收合格后，为了提高仓储容量的利用效率，对货物进行堆码，堆码时应注意以下基本要求，如表 4.1.1 所示。

**表 4.1.1 堆码的基本要求**

| 要求 | 内容 | 示例 |
| --- | --- | --- |
| 合理 | 要求不同货物的性质、品种、规格、等级、批次和不同客户的货物，应分开堆放。货垛形式适应货物的性质，有利于货物的保管，能充分利用仓容和空间；货垛间距符合作业要求以及防火安全要求；大不压小，重不压轻，缓不压急，不围堵货物，特别是后进货物不堵先进货物，确保先进先出 |  |
| 牢固 | 堆放稳定结实，货垛稳定牢固，不偏不斜，必要时采用衬垫物料固定，不压坏底层货物或外包装，不超过库场地坪承载能力。货垛较高时，上部适当向内收小。易滚动的货物，使用木楔或三角木固定，必要时使用绳索、绳网对货垛进行绑扎固定 |  |
| 定量 | 每一货垛的货物数量保持一致，采用固定的长度和宽度，且为整数，如 50 袋成行，每层货量相同或成固定比例递减，能做到过目知数。每垛的数字标记清楚，货垛牌或料卡填写完整，摆放在明显位置 |  |
| 整齐 | 货垛堆放整齐，垛形、垛高、垛距标准化和统一化，货垛上每件货物都应排放整齐，垛边横竖成列，垛不压线；货物外包装的标记和标志一律向垛外 |  |
| 节约 | 避免少量货物占用一个货位，以节约仓容，货物尽可能堆高，提高仓库利用率；妥善组织安排，做到一次作业到位，避免重复搬运，减少劳动消耗；合理使用苫垫材料，避免浪费 | 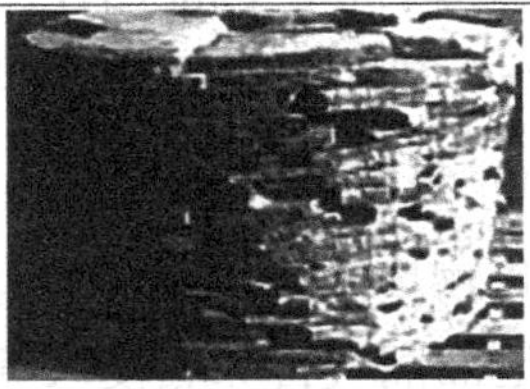 |
| 方便 | 选用的垛形、尺度、堆垛方法应方便堆垛、搬运、装卸作业，提高作业效率；垛形方便理数、查验货物；方便通风、苫盖等保管作业 |  |

另外，货物堆码要做到货堆之间、货垛与墙、柱之间保持一定距离，留有适当的通

道，便于货物的搬运、检查和养护。“五距”通常指的是顶距、灯距、墙距、柱距和堆距，其内容如表 4.1.2 所示。

**表 4.1.2 “五距”的具体内容**

| | 内容 | 目的 |
|---|---|---|
| 顶距 | 顶距是指货堆的顶部与仓库屋顶平面之间的距离 | 通风 |
| 灯距 | 灯距是指仓库里的照明灯与货物之间的距离 | 防止火灾 |
| 墙距 | 墙距是指货垛与墙的距离 | 防止渗水，便于通风 |
| 柱距 | 柱距是指货垛与屋柱之间的距离 | 防止受潮 |
| 堆距 | 堆距是指货垛与货垛之间的距离 | 便于通风，检查货物 |

根据货物的特性、包装方式和形状、保管的需要，确保货物质量、方便作业和充分利用仓容，以及仓库的条件确定存放方式。仓库货物存放的方式有地面平放式、托盘平放式、直接码垛式、托盘堆码式、货架存放式。货物储存的堆码方法有以下几种。

①散堆法：一种将无包装的散货直接堆成货堆的货物存放方法。这种堆码方式比较简便，便于采用现代化的大型机械设备，节约包装成本，提高仓容利用率。

②货架法：直接使用通用或者专用的货架设备（如托盘货架、U 形架、板材架等）进行堆码。这种堆码方式适用于小件、品种规格复杂且数量较少、包装简易或脆弱、容易被损害的货物。

③堆垛法：适用于有包装（如箱、桶、袋、捆、扎等）的货物。这种堆码方式能充分利用仓容，做到仓库内整齐，方便作业和保管。堆垛法一般包括重叠式、纵横交错式、正反交错式和旋转交错式等。

## 2. 货物苫垫

“苫”指在货垛上加上遮盖物，“垫”指在货物垛底层加衬垫物。许多货物在堆码时都需要苫垫，即把货垛垫高。露天货物还需进行苫盖，只有这样才能使货物避免受潮、淋雨、暴晒等，保证储存、养护货物的质量。货物的苫垫是防止各种自然条件对库存货物质量产生不良影响的一项安全措施。

### 1）垫垛

货物垫垛是货物在堆码前，按垛形的大小和负重，先行摆放垫垛物。垫垛的目的是避免地面潮气自垛底侵入货物，并使垛底通风。垫垛的材料一般采用专门制作的水泥墩或石墩、枕木、木板及防潮纸。

### 2）苫盖

露天货场存放的货物在垫垛以后，一般应进行妥善的苫盖，即采用专用苫盖材料对货垛进行遮盖，以减少自然环境中的阳光、雨雪、刮风、尘土等对货物的侵蚀、损害，并使货物由于自身理化性质所造成的自然损耗尽可能减少，保护货物在储存期间的质量。苫盖的基本要求是苫盖严密、商品不外露、苫盖材料不拖地。

## 课后练习

### 1. 选择题

（1）露天存放的没有包装的大宗货物一般采用（ ）。

A. 散堆法 B. 垛堆法 C. 货架法 D. 成组堆码法

（2）（ ）是指每层货物都改变方向向上堆放的堆码方式。

A. 重叠式 B. 压缝式 C. 通风式 D. 纵横交错式 E. 仰俯相间式

（3）利于通风防潮、散湿散热的堆码方式是（ ）。

A. 重叠式 B. 压缝式 C. 通风式 D. 纵横交错式 E. 仰俯相间式

（4）（ ）适用于存放不宜堆高，需要特殊保管的小件、高值、包装脆弱或易损的货物。

A. 散堆法 B. 垛堆法 C. 货架法 D. 成组堆码法

（5）货物储存堆码的基本原则有（ ）。

A. 分类存放 B. 面向通道存放 C. 可能向高处码放 D. 先进先出

### 2. 简答题

（1）简述堆码时的基本要求。

（2）常见的堆码方法有哪些？

（3）简述货物苫垫的作用。

## 技能训练

### 【实训内容】

①货物堆码的基本原则和基本要求。

②苫垫的作用。

### 【实训目的】

通过本次实训，巩固所学理论知识，理解货物堆码的基本原则和基本要求，掌握苫垫的作用。

### 【实训准备】

①仓储实训基地。

②计算机及网络。

【实训要求】

①能够独立、规范地完成各项任务。

②在实训时注意团队的规划和协作。

【实训步骤】

①将全班同学分组、每组 4 ~ 6 人，活动以组为单位进行。

②每个小组成员分别收集货物堆码的基本原则和基本要求，以及苫垫的相关资料，在实训过程中理解苫垫的作用。

③去仓储实训中心实地学习、模拟。

④各小组选派一名代表对本小组实训情况进行汇报阐述。

【实训评价】

各小组将本组的实训体会在全班展示，供同学和教师查验，要求有货物堆码的基本原则和基本要求，以及苫垫的作用等内容。

**（1）小组活动评价**

组长负责分配不同的任务场景给小组成员，每个小组成员完成各个子任务，收集货物堆码的基本要求和方法，以及苫垫的作用，完成任务得 40 分，如果有遗漏等情况扣减相应分值。小组成员评价意见表如下。

**小组成员评价意见表**

小组名称：______________ 组长：____________

| 小组成员 | 态度（10 分） | 互助与合作（10 分） | 倾听（10 分） | 展示与效果（10 分） |
|---|---|---|---|---|
| | | | | |
| | | | | |
| | | | | |
| | | | | |
| | | | | |

**（2）教师评价**

教师负责评价每组的任务完成情况，量化评价标准。总分值最高为 60 分。教师对小组进行评价的标准如下表。

**小组学习评价表**

| 序号 | 评价指标 | 分值 / 分 | 打分 |
|---|---|---|---|
| 1 | 能在规定时间内合作完成实训任务，操作规范；<br>顺利展示，报告观点新颖，表述逻辑性强 | 50 ~ 60 | |
| 2 | 能在规定时间内完成实训任务，操作规范；<br>能做展示，有自己的观点，表述清楚 | 40 ~ 49 | |
| 3 | 能在老师和其他同学的帮助下完成实训任务，有展示 | 30 ~ 39 | |
| 4 | 能在老师和其他同学的帮助下基本完成实训任务，没有展示 | 29 以下 | |

（3）教师点评

教师进行点评时，汇总小组成员评价，然后针对各小组进行总结点评。点评时以鼓励为主，要注意挖掘每个小组的闪光点。每个学生最后得分为所在小组分值加上小组成员评价分值。

# 任务 2　库存管理

## 案例导入

安科公司是一家专门经营进口医疗用品的公司，2020 年该公司经营的产品有 35 个品种，年营业额达 11 亿人民币。对安科公司这样的贸易公司而言，因其进口产品种类繁多且交货期较长、库存占用资金大，各产品的需求量变化幅度较大，因此库存管理显得尤为重要，甚至关系到企业的生死存亡，必须采取适当的措施对库存实施控制与管理。那么，如何有效地管理库存呢？

## 任务执行

### 1. 库存管理的概念和作用

库存管理，也称为库存控制，是指对生产、经营全过程的各种物品、产成品和其他资金进行预测、计划、执行、控制和监督，使其储备保持在合理水平的行为。过去企业认为仓库里的货物多，表明企业发达、兴隆。而现代企业则认为零库存是最好的库存管理。

从属性上看，库存具有两面性：一方面，库存是生产和生活的前提条件，没有足够的库存，人们就很难维持正常的、均衡的生产和生活；另一方面，库存又是生产和生活的负担，不仅占用资金，还要负担常规的保管费用。因此，库存不能没有，也不能过多，在满足社会需要的前提下，库存越少越好。

库存在生产和生活中有较大的作用，通常有积极和消极两面，如表 4.2.1 所示。

**表 4.2.1　库存在生产和生活中的作用**

| | |
|---|---|
| 积极作用 | 防止发生缺货 |
| | 降低物流成本 |
| | 保证生产的计划性和平稳性 |
| | 增强企业抵御原材料市场变化的能力 |

续表

| | |
|---|---|
| 消极作用 | 占用大量流动资金 |
| | 增加库存成本 |
| | 增加企业的产品成本与管理成本 |
| | 掩盖一些管理上的问题 |

## 2. ABC 分类库存控制法

ABC 分类库存控制法，简称 ABC 分类法，是企业库存控制中的常用方法。它是根据库存货物中存在着少数货物占用大部分资金，而大多数货物却占用很少资金的这种库存与资金占用之间的规律，对库存货物按其消耗数量、价值大小进行分类排序，将库存货物按照重要程度分为特别重要的库存（A 类）、一般重要的库存（B 类）和不重要的库存（C 类）三个等级，并根据不同等级的货物进行管理和控制的方法。

ABC 类别的划分并没有固定的标准，三类划分的界限视具体情况而定，每个企业也可以按照各自的具体情况来确定。一般来讲，A、B、C 三类的使用量和金额占比如表 4.2.2 所示。

表 4.2.2　A、B、C 三类的使用量和金额占比

| 等级 | 使用量 | 金额占比 |
|---|---|---|
| A | 不超过 20% | 70% 左右 |
| B | 不超过 30% | 20% 左右 |
| C | 50% 以上 | 10% 左右 |

根据 ABC 分类法的原理，参考分类标准，ABC 分类法可按以下步骤进行：

①收集数据。即确定构成某一管理问题的因素，收集相应的特征数据。以库存控制涉及的各种货物为例，如拟对库存货物的销售额进行分析，则应收集年销售量、货物单价等数据。

②整理数据。即对收集的数据进行加工，并按要求进行计算和汇总。

③ ABC 分类。即根据计算结果，参考 ABC 分类标准，将库存货物归类。

④绘制 ABC 分析图。以累计因素百分数为横坐标，累计主要特征值百分数为纵坐标，按 ABC 分析表所列示的对应关系在坐标图上取点，并联结各点成曲线，绘制成 ABC 分析图。

⑤实施对策。根据 ABC 分析的结果，权衡管理力量和经济效果，制定 ABC 分类管理标准表，对三类对象进行有区别的管理。

## 课后练习

### 1. 选择题

（1）“关键的少数和次要的多数”是（　　）库存控制方法的基本原理。

A. 定量订货法　B. 定期订货法　C. ABC 分类控制法　D. JIT 库存管理方法

（2）下列哪个选项的货物应列为 A 类货物？（　　）

A. 品种不多，资金占用量大　B. 品种多，资金占用量小

C. 品种多，资金占用量大　D. 品种不多，资金占用量小

（3）下列属于库存控制的基本方法有（　　）。

A. 定量订货法　B. 定期订货法　C. ABC 分类控制法　D. 节约里程法

### 2. 简答题

（1）什么是库存管理？它的作用有哪些？

（2）ABC 分类控制法的原理是什么？

（3）简述 ABC 分类控制法的步骤。

## 技能训练

### 【实训内容】

①库存管理的作用。

② ABC 分类控制法步骤。

### 【实训目的】

通过本次实训，巩固所学理论知识，理解库存管理的概念和作用，掌握 ABC 分类控制法的使用。

### 【实训准备】

①仓储实训基地。

②计算机及网络。

### 【实训要求】

①能够独立、规范地完成各项任务。

②在实训时注意团队的规划和协作。

【实训步骤】

①将全班同学分组，每组 4 ~ 6 人，活动以组为单位进行。

②每个小组成员分别模拟仓储人员在入库验收时的工作情况，在实训过程中理解库存管理的作用和 ABC 分类控制法的使用。

③去仓储实训中心实地学习、模拟。

④各小组选派一名代表对本小组实训情况进行汇报阐述。

【实训评价】

各小组将本组的实训体会在全班展示，供同学和教师查验，要求有使用 ABC 分类控制法对库存进行控制等内容。

**（1）小组活动评价**

组长负责分配不同的任务场景给小组成员，每个小组成员完成各个子任务，掌握库存管理方法，完成任务得 40 分，如果有遗漏等情况扣减相应分值。小组成员评价意见表如下。

**小组成员评价意见表**

小组名称：________　　　　组长：________

| 小组成员 | 态度（10 分） | 互助与合作（10 分） | 倾听（10 分） | 展示与效果（10 分） |
|---|---|---|---|---|
| | | | | |
| | | | | |
| | | | | |
| | | | | |
| | | | | |

**（2）教师评价**

教师负责评价每组的任务完成情况，量化评价标准。总分值最高为 60 分。教师对小组进行评价的标准如下表。

**小组学习评价表**

| 序号 | 评价指标 | 分值 / 分 | 打分 |
|---|---|---|---|
| 1 | 能在规定时间内合作完成实训任务，操作规范；<br>顺利展示，报告观点新颖，表述逻辑性强 | 50 ~ 60 | |
| 2 | 能在规定时间内完成实训任务，操作规范；<br>能做展示，有自己的观点，表述清楚 | 40 ~ 49 | |
| 3 | 能在老师和其他同学的帮助下完成实训任务，有展示 | 30 ~ 39 | |
| 4 | 能在老师和其他同学的帮助下基本完成实训任务，没有展示 | 29 以下 | |

（3）教师点评

教师进行点评时，汇总小组内评价，然后针对各小组进行总结点评。点评时以鼓励为主，要注意挖掘每个小组的闪光点。每个学生最后得分为所在小组分值加上小组成员评价分值。

# 任务 3　盘点作业

## 案例导入

小刘毕业后在某仓储公司上班，他对每个月末的仓库盘点工作最头痛。每当月末盘点时，盘点现场乱糟糟的，盘点人员盘点出来的结果总是与账面数量不符，不是账面数量多了，就是盘点实际数量出现误差。假如你是小刘，如何让盘点工作做得规范、准确、完善呢？

## 任务执行

### 1. 盘点作业的概念

在仓储作业过程中，货物不断地进库和出库，在作业过程中产生的误差经过一段时间的积累会使库存资料反映的数据与实际数量不符。有些货物因长期存放，品质下降，不能满足用户的需要。为了对库存货物的数量进行有效控制，并查清货物在库房中的质量状况，必须定期对各储存场所进行清点作业，这一过程被称为盘点作业。盘点作业的主要内容如表 4.3.1 所示。

表 4.3.1　盘点作业的主要内容

| 盘点内容 | 解释 |
| --- | --- |
| 查数量 | 通过点数计数查明货物在库的实际数量，核对库存账面资料与实际库存数量是否一致 |
| 查质量 | 检查在库货物质量有无变化，有无超过有效期和保质期，有无长期积压等现象，必要时还必须对货物进行技术检验 |
| 查安全 | 检查各种安全措施和消防设备器材，是否符合安全要求，建筑物和设备是否处于安全状态 |
| 查保管条件 | 检查保管条件是否与各种货物的保管要求相符合 |

盘点作业在仓库的作业过程主要有以下作用：

①核查实际库存数量。盘点作业可以查清货物实际库存数量，并通过盈亏调整使库存账面数量与实际库存数量一致。

②计算企业资产的损益。库存货物总金额直接反映企业流动资产的使用情况，库存量过高，流动资金的正常运转将受到威胁。因此，为了能正确地计算出企业资产实际损益，必须进行盘点作业。

③发现货物管理中存在的问题。通过盘点作业查明盈亏的原因，发现作业与管理中存在的问题，并通过解决问题来改善作业流程和作业方式，提高人员素质和企业的管理水平。

## 2. 盘点作业的流程

盘点作业主要包括准备工作、制订盘点程序和方法、培训盘点人员、清理盘点现场、盘点作业实施、填写盘点表、差异分析、盘点盈亏汇总表和调整库存盈亏差异等步骤，其流程如图 4.3.1 所示。

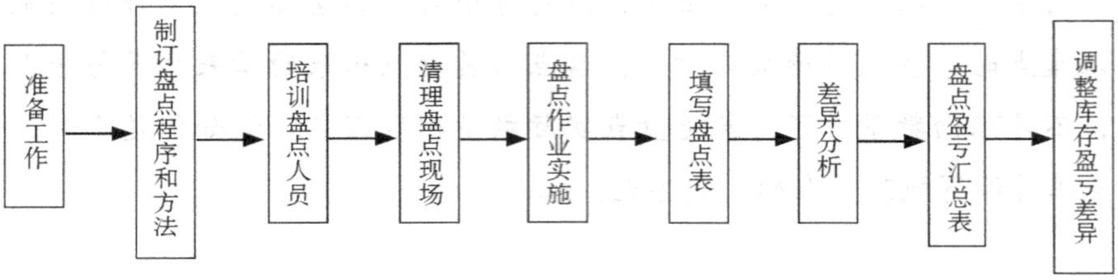


图 4.3.1　盘点作业的流程

### （1）准备工作

组建盘点小组，选取盘点、复盘、监盘或抽盘人员，并由一定的级别顺序准备盘点所需报表。

盘点小组成员主要包括总盘人、主盘人、会点人、协点人和监点人，他们的主要职责如表 4.3.2 所示。

**表 4.3.2　盘点小组成员的主要职责**

| 小组成员 | 主要职责 |
|---|---|
| 总盘人 | 负责盘点工作的总指挥，督导盘点工作的进行及异常事项的裁决 |
| 主盘人 | 负责实际盘点工作的实施 |
| 会点人 | 负责数量点计，一般由财务部门指派专人担任 |
| 协点人 | 负责盘点材料货物的搬运及整理工作，一般由经营部门人员担任 |
| 监点人 | 负责盘点过程的抽查监督，一般由单位负责人派人担任 |

同时，盘点时如果采用盘点机盘点，需检查盘点机是否正常运行。如果采用人工方式盘点，需要准备盘存单、盘点表、红色和蓝色圆珠笔等工具。

| 仓库盘存单 | | | | | | | | | | | | | | | |
|---|---|---|---|---|---|---|---|---|---|---|---|---|---|---|---|
| 库别 | | | | | 日期 | | | | | | | 金额单位:元 | | | |
| 序号 | 储位 | 物料名称 | 计量单位 | 单价 | 账面数 | | 初盘点数 | | 复盘点数 | | 盘盈 | | 盘亏 | | 备注 |
| | | | | | 数量 | 金额 | 数量 | 金额 | 数量 | 金额 | 数量 | 金额 | 数量 | 金额 | |
| 1 | | | | | | | | | | | | | | | |
| 2 | | | | | | | | | | | | | | | |
| 3 | | | | | | | | | | | | | | | |
| 4 | | | | | | | | | | | | | | | |
| 5 | | | | | | | | | | | | | | | |
| 6 | | | | | | | | | | | | | | | |
| 7 | | | | | | | | | | | | | | | |
| 初盘人: | | | | | 复盘人: | | | | | 审核人: | | | | | |

盘点范围： 盘点时间： 年 月 日

| 责任人签字 | 盘点项目 | | | 数 量 | | | | | |
|---|---|---|---|---|---|---|---|---|---|
| | 品种 | 入库 | 出库 | 账面数量 | 实际盘点数 | 差量 | 批次 | 票号 | 出库率 |
| | | | | | | | | | |
| | | | | | | | | | |
| | | | | | | | | | |
| | | | | | | | | | |
| 备注说明 | | | | | | | | | |

主盘人： 盘点人： 会盘人：

第一联：仓管联 第二联：财务联

### （2）制订盘点程序和方法

在以往盘点工作的基础上，确定盘点的程序和方法，报公司讨论审批，并在完善后形成公司正式的盘点制度。

盘点方法一般有账面盘点法和现货盘点法两种。

①账面盘点法：将每一种货物分别设立“存货账卡”，然后将每一种货物的出入库数量及有关信息记录在账面上，逐笔汇总出账面库存结余数，这样随时可以从电脑或账册上查悉货物的出入库信息及库存结余量。

②现货盘点法：按盘点时间频率的不同，现货盘点法又可分为期末盘点法及循环盘点法。期末盘点法是指在会计计算期末统一清点所有货物数量的方法；循环盘点法是指在每天、每周清点一小部分货物，一个循环周期将每种货物至少清点 1 次的方法。

### （3）培训盘点人员

盘点前，对参加盘点的人员进行盘点程序和方法、盘点表格填写的培训，必要时进行相关演练。

培训内容主要从盘点货物的相关知识、盘点方法与技术两方面进行。盘点货物的相关知识培训主要是熟悉盘点现场基本情况和盘点商品的基本知识。盘点方法与技术培训主要是熟悉盘点表的使用和盘点过程中的注意事项。

（4）清理盘点现场

在盘点正式开始前，指定负责人进行仓库的清理和库存台账的整理工作，冻结仓库的一切作业。

（5）盘点作业实施

根据安排，对库内货物进行盘点工作。

（6）填写盘点表

盘点人员根据货物库存表，核对库存现状，填写盘点表。

（7）差异分析

盘点人员发现账、物存在差异时，检查差异是否属实，查找差异的原因。

（8）盘点盈亏汇总表

盘点工作结束后，仓储部门打印盘点盈亏报告表，填写数额差异原因及对策，报负责人签核。

| 品名 | 规格 | 账面资料 | | 实盘资料 | | 盘盈 | | 盘亏 | | 差异原因 | 对策 |
|---|---|---|---|---|---|---|---|---|---|---|---|
| | | 数量 | 金额 | 数量 | 金额 | 数量 | 金额 | 数量 | 金额 | | |
| | | | | | | | | | | | |
| | | | | | | | | | | | |
| | | | | | | | | | | | |
| | | | | | | | | | | | |
| | | | | | | | | | | | |
| | | | | | | | | | | | |

总经理：　　　财务部经理：　　　仓储部经理：　　　制表人：

备注：第一联是仓库依据此单登记卡片，第二联是财务账联。

（9）调整库存盈亏差异

盘点盈亏汇总表报相关领导审批后得出意见，财务部门和仓储部门要根据审批意见进行库存盈亏调整。

## 课后练习

### 1. 选择题

（1）盘点作业的主要内容有（　　）。

A. 查数量　　B. 查质量　　C. 查保管条件　　D. 查安全

（2）盘点时间应该确定在（　　）。

A. 生产经营淡季　　B. 生产经营旺季　　C. 财务决算后　　D. 财务决算前

（3）账面盘点又称为（　　）。

A. 账面盘点　　B. 现货盘点　　C. 期末盘点　　D. 循环盘点

### 2. 简答题

（1）什么是盘点作业？
（2）盘点作业中小组成员都有哪些？其职责分别是什么？
（3）盘点作业的流程是什么？

## 技能训练

### 【实训内容】

①盘点作业的内容。
②盘点作业的流程。

### 【实训目的】

通过本次实训，巩固所学理论知识，理解盘点作业的目的和内容，掌握盘点作业的主要流程和相关注意事项，增强工作责任心。

### 【实训准备】

①仓储实训基地。
②计算机及网络。

### 【实训要求】

①能够独立、规范地完成各项任务。
②在实训时注意团队的规划和协作。

### 【实训步骤】

①将全班同学分组，每组 4 ~ 6 人，活动以组为单位进行。
②每个小组成员分别模拟仓储人员在盘点时的工作情况，在实训过程中理解仓储人员盘点时的工作流程和注意事项。
③去仓储实训中心实地学习、模拟。
④各小组选派一名代表对本小组实训情况进行汇报阐述。

### 【实训评价】

各小组将本组的实训体会在全班展示，供同学和教师查验，要求有组员模拟在货物盘点时的工作规范和注意事项等内容。

**（1）小组活动评价**

组长负责分配不同的任务场景给小组成员，每个小组成员完成各个子任务，模拟仓储人员在货物盘点时的工作规范和注意事项，完成任务得40分，如果有遗漏等情况扣减相应分值。小组成员评价意见表如下。

**小组成员评价意见表**

小组名称：______________　　　　组长：______________

| 小组成员 | 态度（10分） | 互助与合作（10分） | 倾听（10分） | 展示与效果（10分） |
|---|---|---|---|---|
| | | | | |
| | | | | |
| | | | | |
| | | | | |
| | | | | |

**（2）教师评价**

教师负责评价每组的任务完成情况，量化评价标准。总分值最高为60分。教师对小组进行评价的标准如下表：

**小组学习评价表**

| 序号 | 评价指标 | 分值/分 | 打分 |
|---|---|---|---|
| 1 | 能在规定时间内合作完成实训任务，操作规范；顺利展示，报告观点新颖，表述逻辑性强 | 50 ~ 60 | |
| 2 | 能在规定时间内完成实训任务，操作规范；能做展示，有自己的观点，表述清楚 | 40 ~ 49 | |
| 3 | 能在老师和其他同学的帮助下完成实训任务，有展示 | 30 ~ 39 | |
| 4 | 能在老师和其他同学的帮助下基本完成实训任务，没有展示 | 29以下 | |

**（3）教师点评**

教师进行点评时，汇总小组内评价，然后针对各小组进行总结点评。点评时以鼓励为主，要注意挖掘每个小组的闪光点。每个学生最后得分为所在小组分值加上小组成员评价分值。

# 任务4　仓库安全管理

## 案例导入

2018年4月16日晚上7点左右，郑州市南四环郑飞建材工业园内的仓库突发大火，现场火光冲天并伴有滚滚浓烟。接到报警后，消防官兵第一时间赶到现场扑救。据商户们介绍，有两三个仓库着火，每个仓库有二三百平方米，仓库里存储的大都是饮料、酒水和日用百货等货物。

2018年9月26日晚，郑州市陇海路与明理路附近一排仓库发生火灾，相邻的4家仓库屋顶被烧塌，货物被烧，损失严重。据一家仓库商户称，火灾发生时间大约在当晚8点，当时他们正在附近饭店吃饭，发现仓库上方冒烟就跑了过来，失火现场来了七八辆消防车在进行紧急扑救，一个多小时后大火被扑灭。据一些商户称，连着的4家仓库是接连被引燃的，每家仓库面积有五六百平方米，分别存放有暖气片、油气、广告布料等货物。

关于仓库着火的新闻可以说是数不胜数，造成的财产损失更是难以估量，仓库安全管理刻不容缓，本任务学习仓库安全管理相关知识。

## 任务执行

### 1. 仓库消防安全管理

从安全的意义来讲，仓库进行的各项工作，包括经营、保管、维护、保养和管理，都是在确保仓库的设施安全和货物安全，而火灾是对仓库安全的最大威胁，因此防范火灾的发生是安全工作的重中之重。由于仓库集中存储着大量的流通货物和储备货物，一旦发生火灾，火势容易蔓延，而且扑救困难，将会带来严重的影响。

**1）仓库火灾的原因**

仓库中货物种类多，能引起仓库火灾的因素也有多种，主要的原因如表4.4.1所示。

**表4.4.1　引起仓库火灾的原因**

| 原因 | 解释 |
|---|---|
| 明火 | 仓库中的明火主要有打火机、火柴、吸烟、电气焊作业等 |
| 静电 | 储存易燃、易爆危险物品的仓库，静电产生的火花容易引起火灾和爆炸 |
| 电器 | 电器引起火灾的原因主要有短路、超负荷、接触电阻过大、火花和电弧等 |
| 雷电 | 许多地处山区或多雷地区的仓库，容易受雷电影响引发火灾 |
| 自燃 | 有些燃点较低的货物在储存过程中容易发生自燃现象，从而引发火灾 |
| 爆炸 | 仓库中储存的可燃气体或蒸气与空气混合达到极限，遇火源发生爆炸，引发火灾事故。弹药库储存的爆炸性物质，在接触火源、受热、通电、撞击、摩擦时，也会引起爆炸 |

**2）仓库防火和灭火方法**

火灾是一种燃烧现象。所谓燃烧，是指可燃物分解或挥发出的可燃气体与空气中的氧剧烈化合，同时发光、发热的反应过程。燃烧必须同时具备以下三要素，即：

①可燃物，如仓库中的棉花、草料、油品等。

②助燃物，一般指氧气和其他助燃剂。

③着火热源，如明火、静电引发的火源等。

以上三个要素必须同时具备，并互相结合、相互作用，燃烧才能发生。因此各种防火措施和灭火的基本原理都是为了破坏已经产生的燃烧条件，使火熄灭。常用的灭火方法有隔离法、窒息法、冷却法和化学抑制法。

①隔离法：用泡沫灭火剂灭火，使泡沫覆盖于燃烧体表面，把可燃物同空气和火焰隔离开来，达到灭火目的。

②窒息法：用二氧化碳、氮气、水蒸气等降低氧浓度，阻止燃烧。

③冷却法：用水扑灭一般固体物质的燃烧，通过水来吸收大量的热量，使燃烧温度迅速降低，最后使燃烧终止。

④化学抑制法：用干粉灭火剂，通过化学作用破坏燃烧的反应链，使燃烧终止。

**3）常用的灭火器及使用方法**

火灾的种类较多，在扑灭火灾时，必须根据货物的性质，正确选用灭火剂和灭火器材。常用的灭火器材有以下几种：

①干粉灭火器。如图 4.4.1 所示，它适用于易燃、可燃液体、气体及带电设备引起的火灾。

②二氧化碳灭火器。如图 4.4.2 所示，它主要用于扑救贵重设备、档案资料、仪器仪表和油类引起的火灾。

③泡沫灭火器。如图 4.4.3 所示，它适用于扑救油制品、油脂等引起的火灾。

图 4.4.1　干粉灭火器

图 4.4.2　二氧化碳灭火器

图 4.4.3　泡沫灭火器

## 2. 仓库安全生产管理

安全生产是仓储管理工作中的重点内容，关系到职工身体健康和生产安全，也关系到仓储劳动生产率和经济效益能否提高。安全生产和劳动保护，是指在生产过程中，为了保护职工的身体健康和人身安全，预防和消除职业病和伤亡事故，所进行的一系列组织工作和技术工作。做好安全生产工作有着十分重要的意义，安全生产工作需要解决的问题很多，主要应抓住如表4.4.2所示的几点。

**表4.4.2 安全生产工作需要解决的主要问题**

| | |
|---|---|
| 人力操作 | 仅限于轻负荷的作业 |
| | 尽可能采用人力机械作业 |
| | 只在适合作业的安全环境进行作业 |
| | 作业人员按要求穿戴相应的安全防护用具，使用合适的作业工具进行作业 |
| | 安排适当的工间休息 |
| | 必须有专人在现场指挥和安全指导，严格按照安全规范进行作业指挥 |
| 机械安全作业 | 使用合适的机械、设备进行作业 |
| | 所使用的设备具有良好的工况 |
| | 设备作业要有专人进行指挥 |
| | 汽车装卸时，注意保持安全间距 |
| | 移动吊车必须在停放稳定后方可作业 |
| | 载货移动设备上不得载人运行 |
| 安全技术 | 装卸、搬运机械作业的安全 |
| | 仓库储备物资保管保养作业的安全 |
| | 仓库电器设备的安全 |
| 劳动保护制度 | 要批判“事故难免论”的错误思想 |
| | 建立和健全劳动保护机构和规章制度 |
| | 结合仓库业务和中心工作，开展劳保活动 |
| | 经常组织仓库职工开展文体活动，丰富职工的精神生活，增强其体质，改善其居住条件等，这些都对劳动保护起着重要作用 |

## 课后练习

### 1. 选择题

（1）燃烧必须具备可燃物、点火源、（　　）三个条件，也称为燃烧三要素。

A. 氧气　　B. 有中介物质存在　　C. 助燃物　　D. 空气

（2）发生火灾使用灭火器时，人应站在（　　）。

A. 上风向　　B. 下风向　　C. 无一定位置　　D. 喜欢站哪儿就站哪儿

（3）机械作业的安全操作中应注意的事项有（　　）。

A. 在作业中尽可能采用专用设备作业或使用专用工具

B. 设备不得带“病”作业，而且应在设备的允许负荷范围内进行作业
C. 停放的装卸汽车与堆物距离不小于 1 m 即可
D. 载货移动设备上不得载人运行

（4）泡沫不能用于扑救（　　）火灾。
A. 塑料　B. 汽油　C. 煤油　D. 金属钠

（5）采取适当的措施，使燃烧因缺乏或断绝氧气而熄灭，这种方法称作（　　）。
A. 窒息灭火法　B. 隔离灭火法　C. 冷却灭火法　D. 拆移法

（6）使用灭火器扑救火灾时要对准火焰（　　）喷射。
A. 上部　B. 中部　C. 根部　D. 外焰

（7）以下可能是仓库着火源的有（　　）。
A. 电火花　B 静电　C. 雷电　D. 摩擦起火

（8）仓库灭火的基本方法有（　　）。
A. 通风法　B. 隔离法　C. 冷却法　D. 窒息法

（9）仓库消防工作贯彻的方针是（　　），坚持专门机关与群众相结合的原则，实行防火安全责任制。
A. 谁主管，谁负责　B. 以防为主，以消为辅
C. 预防为主，防消结合　D. 全员责任制

2. 简答题

（1）简述引起仓库火灾的主要原因。
（2）燃烧三要素是什么？
（3）常用的灭火方法有哪些？
（4）常用的灭火器有哪些？
（5）安全生产的基本要求有哪些？

## 技能训练

【实训内容】

①仓库安全管理内容。
②仓库消防安全管理。

【实训目的】

通过本次实训，巩固所学理论知识，理解仓库安全管理的内容和意义，掌握仓库消防安全管理的注意事项，会正确使用灭火器。

【实训准备】

①仓储实训基地。
②计算机及网络。

【实训要求】

①能够独立、规范地完成各项任务。
②在实训时注意团队的规划和协作。

【实训步骤】

①将全班同学分组，每组 4 ~ 6 人，活动以组为单位进行。
②每个小组成员分别模拟仓储人员日常工作中的安全管理，在实训过程中理解安全管理的内容和注意事项。
③去仓储实训中心实地学习，学会正确使用灭火器。
④各小组选派一名代表对本小组实训情况进行汇报阐述。

【实训评价】

各小组将本组的实训体会在全班展示，供同学和教师查验，要求有仓库安全管理和注意事项等内容。

**（1）小组活动评价**

组长负责分配不同的任务场景给小组成员，每个小组成员完成各个子任务，模拟仓储人员在日常工作中的安全管理，在实训过程中理解安全管理的内容和注意事项，完成任务得 40 分，如果有遗漏等情况扣减相应分值。小组成员评价意见表如下。

**小组成员评价意见表**

小组名称：________ 组长：________

| 小组成员 | 态度（10 分） | 互助与合作（10 分） | 倾听（10 分） | 展示与效果（10 分） |
|---|---|---|---|---|
| | | | | |
| | | | | |
| | | | | |
| | | | | |
| | | | | |

**（2）教师评价**

教师负责评价每组的任务完成情况，量化评价标准。总分值最高为 60 分。教师对小组进行评价的标准如下表。

小组学习评价表

| 序号 | 评价指标 | 分值 / 分 | 打分 |
| --- | --- | --- | --- |
| 1 | 能在规定时间内合作完成实训任务，操作规范；<br>顺利展示，报告观点新颖，表述逻辑性强 | 50 ~ 60 | |
| 2 | 能在规定时间内完成实训任务，操作规范；<br>能做展示，有自己的观点，表述清楚 | 40 ~ 49 | |
| 3 | 能在老师和其他同学的帮助下完成实训任务，有展示 | 30 ~ 39 | |
| 4 | 能在老师和其他同学的帮助下基本完成实训任务，没有展示 | 29 以下 | |

**（3）教师点评**

教师进行点评时，汇总小组内评价，然后针对各小组进行总结点评。点评时以鼓励为主，要注意挖掘每个小组的闪光点。每个学生最后得分为所在小组分值加上小组成员评价分值。

# 项目 5
# 出库作业

**教学目标**

知识目标：

①掌握仓库出库作业流程基础知识

②掌握签单、备货、复核、包装、出库等相关操作要点

③掌握仓库出库环节的单证缮制、审核要点

能力目标：

①学会仓库出库作业流程，掌握出库环节控制要点

②能进行出库签单、备货、复核、包装、出库等相关操作

③能完成仓库出库环节的单证缮制、审核

素质目标：

①培养现代仓储的操作规范及职业素养

②培养标准化、制度化管理意识

**教学重难点**

重点：

①分拣作业流程

②补货作业流程

难点：

①分拣作业

②出库交接

# 任务1 接单处理

## 案例导入

惠尔仓储

惠尔物流遍布全国400多个大、中城市，同时管理着全国约10万$m^2$的仓库，年吞吐量超过百万t。惠尔的仓储业务具备三大优势：现代的仓储设施、科学的仓储管理、高效的分拨能力。仓储设施总面积达10万$m^2$的标准仓库和立体仓库，能够满足不同客户对仓储的需求。仓储管理在收货、储存、包装、发送、配送业务等方面有一整套完备的业务流程和严格的管理制度，为客户提供高效、科学的仓储管理。其出库作业流程如下：

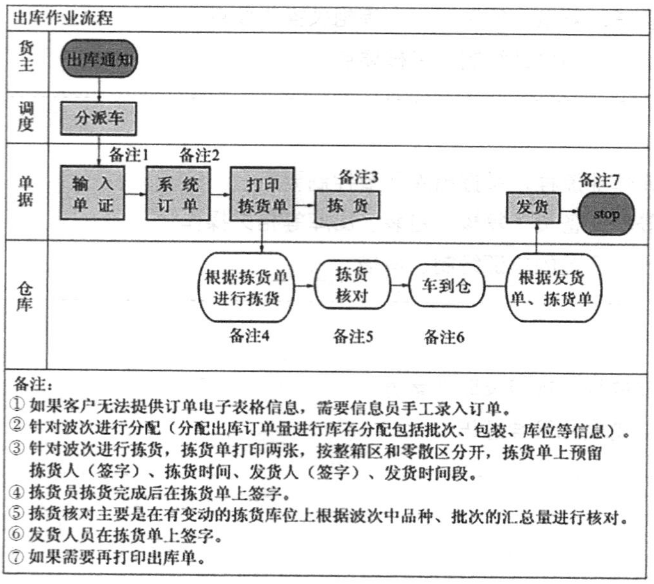


## 任务执行

货物出库必须符合有关规定和要求，做到“三不、三核、五查”。“三不”是指没接单据不翻账、没审单不备货、没复核不出库；“三核”是指出货时，核对实物、核对凭证、核对账卡；“五查”是指查品名、查包装、查规格、查数量、查重量。

## 1. 接单处理流程

仓储物流是以信息流为统帅安排物资和资金的流动，因此，配送的第一步就是信息流的处理，只有接收到信息流的安排，货物才能发生移动。订单处理是整个配送中心信息流的第一个关口，主要工作包括接受订货、订单确认、制订订单号码、建立客户档案、存货查询及依订单分配存货、计算拣取货物的标准时间、依订单排定出货和拣货程序、分配后存货不足的处理、订单资料处理输出。

**1）接受订货**

接受订货主要有以下两种方式：

①传统订货方式：主要有业务员跑单接单、厂商补货、厂商巡视隔日送货、电话口头订货、传真订货、邮寄订单、客户自行取货 7 种方式。

②电子订货方式：一种比较先进的订货方式，可以达到信息的及时、无衔接的沟通。大型企业和配送中心联网后，由电子订货系统统一管理，就可以实现电子订货。

**2）订单确认**

订货信息到达以后，配送中心的订单处理员就要做订单确认，主要确认内容包括：

①订货数量及到货日期：订货数量和到货日期是非常重要的，配送中心要检查库存是否有客户需要的货物品种和数量，以及是否有能力在规定的日期完成配送。

②客户的信用：一般情况下，配送中心都是先送货，然后按月结算货款，那么客户的信用就显得尤为重要。配送中心可以把客户按照信用程度分成三个等级，等级最好的客户可以优先配送。

**3）制订订单号码**

为了能够更好地管理订单，也为了使整个生产和物流过程更加顺畅，配送中心要对订单进行编码，这也是实现计算机管理的一个基本要求。

**4）建立客户档案**

客户档案应包括客户名称、信用等级、信用额度、付款条件、配送区域、财务账号、配送路径和地址、卸货点特性、是否具备装卸功能以及其他配送要求等。建立客户档案可以为后面的服务打好基础。

**5）存货查询及依订单分配存货**

存货查询是指检查库存状况，包括是否有货、能否满足顾客的订货条件等。订单分配的方式有两种：一是单一订单分配，就是把收到的订单及时下发到物流管理部，物流管理部可以在第一时间看到相应信息并开始工作，这种分配方式的优点是及时性强；二是批次订单分配，就是把收到的订单按不同时间段集成一批，统一下发到物流管理部，这种分配方式的优点是能够集中工段，提高效率。

对于大客户，一般采取单一订单分配的方式；对于普通客户或者订单的货品是常规性质的，采取批次订单分配的方式。

**6）计算拣取货物的标准时间**

计算拣取货物的标准时间可以分为三步：

第一步，计算拣取每一单元货物的标准时间；

第二步，计算每个品项的订购数量，再配合每个品项的寻找时间计算每品项拣取的标准时间；

第三步，统筹安排每个品项的标准时间。

**7）依订单排定出货和拣货程序**

一般而言，每个配送中心都有自己的运作规则，通常按照客户的分类、工作量的大小、拣取标准时间或者内部工作负荷来安排出货时间及拣货先后顺序。

**8）分配后存货不足的处理**

如果现有存货数量无法满足客户的需求，客户又不愿以替代品替代，订单处理部就应该按照客户的意愿与公司的政策来决定处理方式。分配后存货不足的处理方式有四种：一是重新调拨，即从别的公司调拨货物；二是补货，即从供应商处补充货物；三是延迟交货；四是取消订单，当客户觉得货物不重要，且货物的可得概率较小时，可以采用这种处理方式。

**9）订单资料处理输出**

订单处理完成后需要将数据传递给下一道工序（如仓储部），以便其依据数据进行作业，这就需要打印物流作业单据。常见的物流作业单据有拣货单（出库单）、送货单、缺货资料等。其中，缺货资料是以后采购部门进行采购、补货部门进行补货、调货部门进行调货的依据。

## 2. 核对出库凭证

**1）任务内容**

2013 年 5 月 25 日 10:00，兴业大卖场以传真的形式通知周巷仓储中心，兴业大卖场的提货员将于 2013 年 5 月 26 日 8:00 到库房提货，提货单号为 201305260105，车牌号为浙 BJ2007，提取货物为 28 箱电饭煲。出库通知单如表 5.1.1 所示。

**表 5.1.1　出库通知单**

仓库名称：周巷仓储中心　　　　2020 年 5 月 25 日

| 客户名称 | | 兴业大卖场 | | | | | |
|---|---|---|---|---|---|---|---|
| 采购订单号 | | 20200526001 | | | | | |
| 客户指令号 | | 20200526022 | | | | | |
| 出库时间 | | 2020-05-25 8:30 | | 质量 | 正品 | | |
| 出库申请人 | | 李伟 | | 电话 | 13078563213 | | |
| 出库方式 | | 自提 | | 出库类型 | 正常 | | |
| 序号 | 货品编号 | 名称 | 单位 | 包装规格 / mm × mm × mm | 申请数量 | 实收数量 | 备注 |
| 1 | 6831681101228 | 电饭煲 | 箱 | 480 × 320 × 200 | 28 | | |
| | | | | | | | |
| | | | | | | | |
| | | | | | | | |
| 合计 | | | | | 28 | | |

提货员：　　　　仓管员：

待出库货品的具体信息详见表 5.1.2。

**表 5.1.2 待出库货品的具体信息**

| 客户名称 | | 兴业大卖场 | | 库房 | 周巷仓储中心托盘货架区 | | |
|---|---|---|---|---|---|---|---|
| 货品 | 条码 | 托盘标签 | 储位存放数量 | 单位 | 包装规格 / mm × mm × mm | 产品规格 | 储区储位 |
| 电饭煲 | 68986811554 | 2020052601 | 28 | 箱 | 480 × 320 × 200 | 1 × 1 | C0010–A004 |

单证信息员根据客户的提货申请完成仓储管理系统中的出库单处理及打印，并及时通知仓库管理员，由其根据出库通知单内容完成货物的出库准备工作。

**2）任务准备**

教材、仓储管理系统一套。

**3）任务步骤**

步骤一：接收出库通知单

周巷仓储中心单证信息员收到兴业大卖场的出库通知单，如图 5.1.1 所示。

仓库名称：周巷仓储中心　　　　2020 年 5 月 25 日

| 客户名称 | | 兴业大卖场 | | | | | |
|---|---|---|---|---|---|---|---|
| 采购订单号 | | 20200526001 | | | | | |
| 客户指令号 | | 20200526022 | | | | | |
| 出库时间 | | 2020–05–25 8:30 | | 质量 | 正品 | | |
| 出库申请人 | | 李伟 | | 电话 | 13078563213 | | |
| 出库方式 | | 自提 | | 出库类型 | 正常 | | |
| 序号 | 货品编号 | 名称 | 单位 | 包装规格 / mm × mm × mm | 申请数量 | 实收数量 | 备注 |
| 1 | 6831681101228 | 电饭煲 | 箱 | 480 × 320 × 200 | 28 | | |
| | | | | | | | |
| | | | | | | | |
| 合计 | | | | | 28 | | |

提货员：　　　　仓管员：

图 5.1.1 出库通知单

首先，单证信息员确认客户信息是否属实，确认出库通知单上货物的基本信息，主要包括客户名称、客户编码、货物名称、商品编号、提货数量、货物规格及出库日期等。信息核对无误后，再查询货物库存数量是否可以满足本次订单。当所有信息确认无误后，确定制作出库订单。

步骤二：录入出库订单

首先，单证信息员登录仓储管理系统，进入“订单管理”→“订单录入”，点击“新增”按钮后，进入如图 5.1.2 所示界面。

图 5.1.2　订单录入选择界面

在图 5.1.2 所示界面中，点击“出库订单”，进入出库订单录入界面，如图 5.1.3 所示。

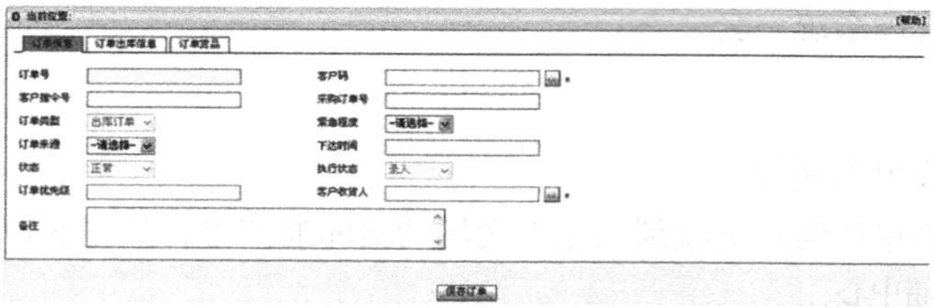

图 5.1.3　出库订单录入界面

在图 5.1.3 所示界面中，单证信息员根据出库通知单内容依次完成 [ 订单信息 ][ 订单出库信息 ] 和 [ 订单货品 ] 的录入。

“订单信息”录入完毕后，如图 5.1.4 所示。

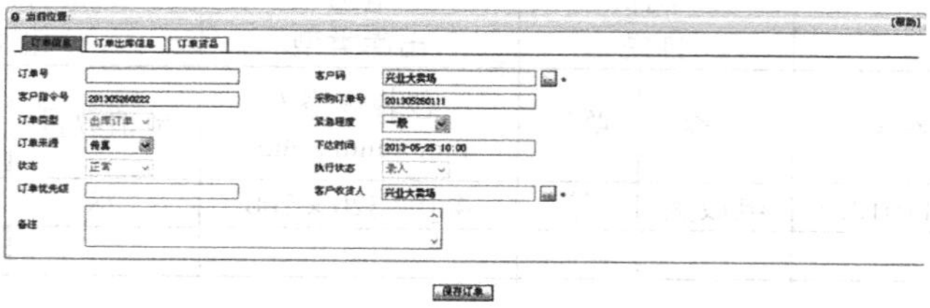

图 5.1.4　订单信息录入

“订单出库信息”录入完毕后，如图 5.1.5 所示。

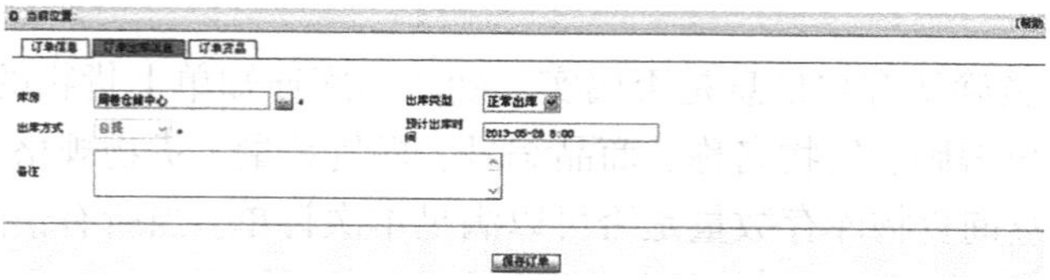

图 5.1.5　订单出库信息录入

“订单货品”录入完毕后，如图 5.1.6 所示。

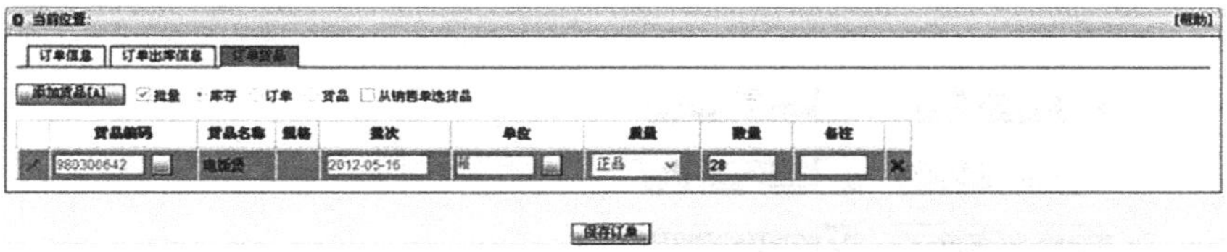


图 5.1.6　订单货品录入

在图 5.1.6 所示界面中，点击“保存订单”，即完成整个出库订单的录入工作。

步骤三：生成作业计划

出库订单录入完毕后，进入如图 5.1.7 所示界面。

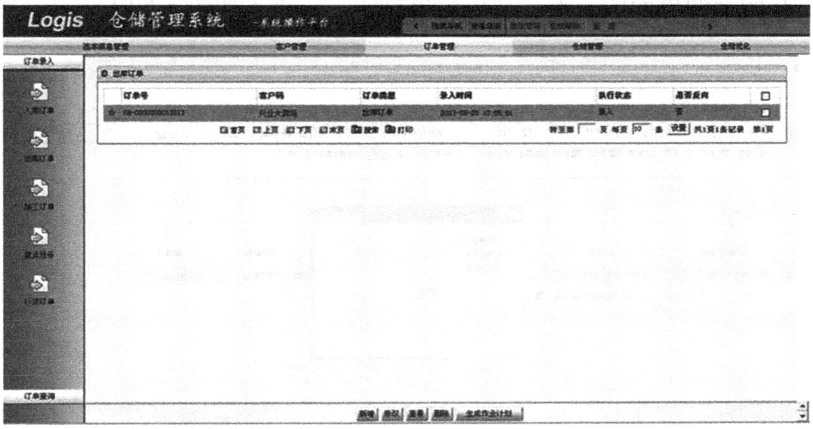


图 5.1.7　生成作业计划

在图 5.1.7 所示的界面中，勾选已录入完毕的订单，点击“生成作业计划”，进入如图 5.1.8 所示界面。

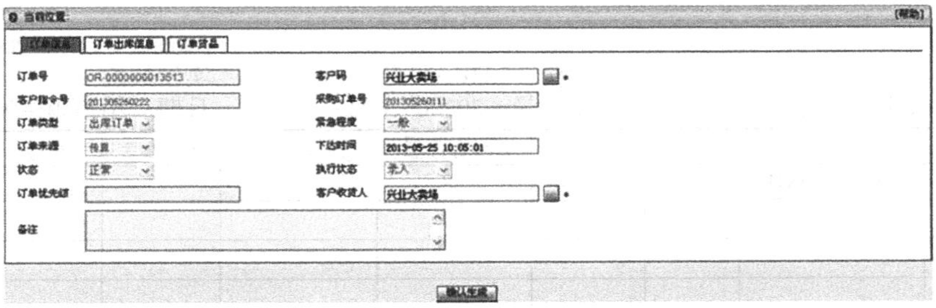


图 5.1.8　确认生成

在图 5.1.8 所示界面中，点击“确认生成”，完成出库订单的生成作业计划工作，单证信息员将该任务下发仓储部门进行相应的出库准备工作。

步骤四：打印出库单

仓库管理员登录到仓储管理系统中的“仓储管理”→“订单管理”界面，如图 5.1.9 所示。

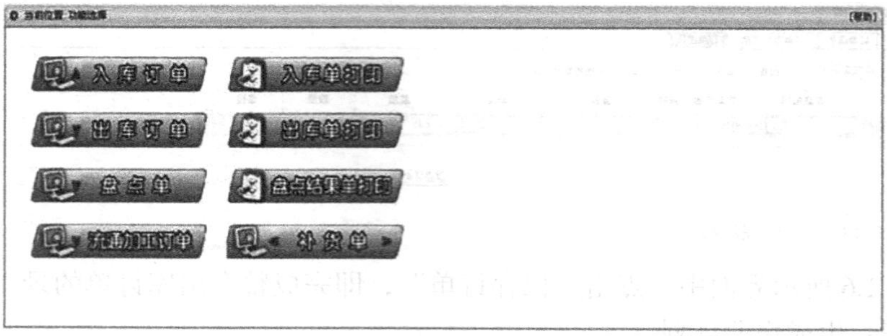


图 5.1.9　出库预处理

在图 5.1.9 所示的界面中，点击“出库单打印”，进入如图 5.1.10 所示的界面。

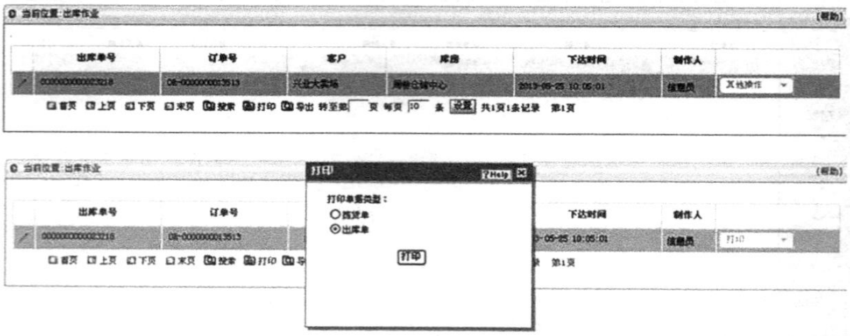


图 5.1.10　选择打印任务

在图 5.1.10 所示界面中，勾选任务后点击“其他操作”→“出库单”，进行纸质版出库单的打印。打印完成的纸质版出库单如图 5.1.11 所示。

**出库单**

作业计划单号
0000000020202

周巷仓储中心　　应发数量：28.0　　实发数量：
客户名称：兴业大卖场　　客户指令号：2020052602　　日期：2020-05-06

| 产品名称 | 条形码 | 规格 | 单位 | 应发数量 | 实发数量 | 货位号 | 批号 | 备注 |
|---|---|---|---|---|---|---|---|---|
| 电饭煲 | 6821681001 | | 箱 | 28 | | | | |
| | | | | | | | | |
| | | | | | | | | |
| | | | | | | | | |
| | | | | | | | | |
| | | | | | | | | |
| | | | | | | | | |
| | | | | | | | | |

制单人：信息员　　仓管员（签字）：　　收货人（签字）：
第一联（白联）：仓库暂存　　第二联（红联）：仓管员暂存　　第三联（黄联）：收货人暂存

图 5.1.11　打印完毕的出库单

步骤五：合理组织人力、物力

仓库管理员根据出库单上的相关内容及提货时间，合理组织人力、协调设备，避免资源浪费。最终，仓库管理员预先确定下架及搬运设备为手动液压搬运车和手动液压堆高车，如图 5.1.12 所示。

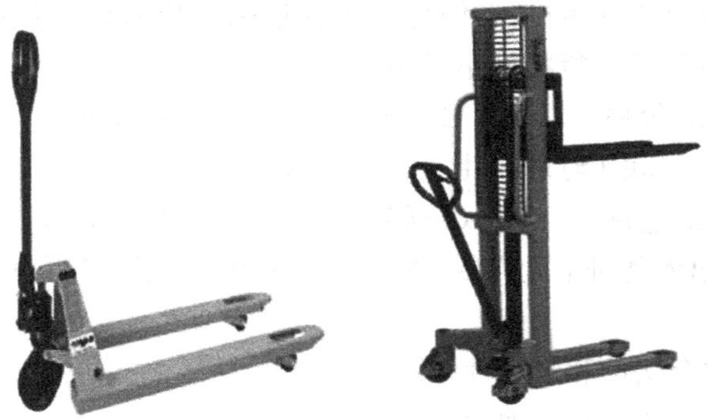

图 5.1.12　手动液压搬运车和手动液压堆高车

步骤六：核对出库凭证的内容

仓库管理员接到出库凭证(提货单)后，如图 5.1.13 所示，必须对出库凭证进行审核。审核的内容包括以下几点：

①审核提货单的合法性和真实性。

②核对货物的品名、型号、规格、单价、数量。

③核对收货单位、到货站、开户行和账号是否齐全和准确。如属收货人自提出库，则要核查提货单有无财务部门准许发货的签章。提货单必须是符合财务制度要求的具有法律效力的凭证。

提货人名称：　　储存凭证号码：　　出货仓库：　　出库日期：

| 品名 | 规格 | 单位 | 计划数 | 实发数 | 单价 | 包装押金 | e 金额 |
|---|---|---|---|---|---|---|---|
| | | | | | | | |
| | | | | | | | |
| 总计金额（人民币大写） | | | | | | | |

主管审批：　　审核：　　仓管员：　　提货人：

图 5.1.13　提货单

## 课后练习

### 选择题

（1）货物出库必须符合有关规定和要求，做到“三不、三核、五查”，其中，“三核”不包括（　　）。

A. 核对实物　B. 核对凭证　C. 核对账卡　D. 核对账单

（2）客户档案应该包括客户名称、（　　）等级、信用额度、付款条件、配送区域、财务账号、配送路径和地址、卸货点特性、是否具备装卸功能以及其他配送要求等。

A. 星级　　B. 信用　　C. 优先　　D. 账户

（3）出库通知单上货物的基本信息，主要包括客户名称、客户编码、货物名称、商品（　　）、提货数量、货物规格及出库日期等。

A. 名称　　B. 价格　　C. 编号　　D. 重量

（4）出库单的第二联（红联）由（　　）保存。

A. 仓管员　　B. 仓库　　C. 送货人　　D. 收货人

（5）仓库接到出库凭证（提货单）后，必须对出库凭证进行审核。审核的内容不包括（　　）。

A. 审核提货单的合法性和真实性

B. 审核提货单的完整性和合理性

C. 核对货物的品名、型号、规格、单价、数量

D. 核对收货单位、到货站、开户行和账号是否齐全和准确

## 技能训练

### 【实训内容】

通过仓储管理系统模拟出库订单处理流程，学习并掌握仓储管理系统的使用方法和技巧。

### 【实训目的】

①根据出库通知单进行出库准备，包括凭证、设备、场地、人员的准备工作。

②掌握 WMS 仓储管理系统中订单录入的操作内容和操作步骤。

③了解第三方物流企业出库订单处理的流程。

### 【实训准备】

①计算机及网络。

② WMS 仓储管理系统。

### 【实训要求】

①能够独立、规范地完成各项任务。

②注意使用礼貌用语。

### 【实训步骤】

①将全班同学分组，每组 4 ~ 6 人，活动以组为单位进行。

②每个小组成员根据仓储管理系统模拟出库订单处理流程，掌握仓储管理系统的使用方法和技巧。

③去仓储实训中心实地学习、模拟。

④各小组选派一名代表对本小组实训情况进行汇报阐述。

## 【实训评价】

各小组组长将本组的结果在全班展示，供同学和教师查验，要求有仓储管理系统的使用方法，出库订单处理流程等内容。

**（1）小组活动评价**

组长负责分配不同的任务给小组成员，每个小组成员完成各个子任务。调研报告要有仓储管理系统的使用方法，出库订单处理流程等内容。完成任务得 40 分，如果有遗漏等情况扣减相应分值。小组成员评价意见表如下。

**小组成员评价意见表**

小组名称：______________　　　　　　　　组长：______________

| 小组成员 | 态度（10 分） | 互助与合作（10 分） | 倾听（10 分） | 展示与效果（10 分） |
|---|---|---|---|---|
| | | | | |
| | | | | |
| | | | | |
| | | | | |
| | | | | |

**（2）教师评价**

教师负责评价每组的任务完成情况，量化评价标准。总分值最高为 60 分。教师对小组进行评价的标准如下表。

**小组学习评价表**

| 序号 | 评价指标 | 分值 / 分 | 打分 |
|---|---|---|---|
| 1 | 能在规定时间内合作完成实训任务，操作规范；顺利展示，报告观点新颖，表述逻辑性强 | 50 ~ 60 | |
| 2 | 能在规定时间内完成实训任务，操作规范；能做展示，有自己的观点，表述清楚 | 40 ~ 49 | |
| 3 | 能在老师和其他同学的帮助下完成实训任务，有展示 | 30 ~ 39 | |
| 4 | 能在老师和其他同学的帮助下基本完成实训任务，没有展示 | 29 以下 | |

**（3）教师点评**

教师进行点评时，汇总小组内评价，然后针对各小组进行总结点评。点评时以鼓励为主，要注意挖掘每个小组的闪光点。每个学生最后得分为所在小组分值加上小组成员评价分值。

# 任务2　拣货作业

## 案例导入

货物分拣是依据顾客的订货要求或配送中心的送货计划，尽可能迅速、准确地将货物从其储位或其他区域拣取出来，并按一定方式进行分类、集中，等待配装送货的作业过程。在物流中心内部所涵盖的作业范围里，分拣作业是其中十分重要的一环，其所扮演的角色相当于人体内的心脏、空调系统中的压缩机，是整个仓储与配送作业系统的核心，而其动力来自客户的订单。分拣作业的目的在于正确且迅速地把顾客订购的货物集中起来。从成本分析的角度来看，物流成本约占货物最终售价的30%，其中包括配送、搬运、储存等成本项目。一般而言，分拣成本约是堆叠、装卸、运输等成本总和的9倍，占物流搬运成本的90%，因此若要降低物流搬运成本，从分拣作业上着手改进可达事半功倍的效果。从人力需求的角度来看，目前大多数的物流企业仍属于劳动力密集的产业，其中与分拣作业直接相关的人力占50%以上，且分拣作业的时间投入也占整个物流企业作业时间的30%～40%。由此可见，规划管理合理的分拣作业方法，对日后物流企业的运作效率具有决定性的影响。

## 任务执行

分拣作业是依据顾客的订货要求或配送中心的送货计划，尽可能迅速、准确地将商品从其储位或其他区域拣取出来，并按一定的方式进行分类、集中，等待配装送货的作业过程。在配送作业的各环节中，分拣作业是非常重要的一环，它是整个仓储与配送作业系统的核心。在仓储与配送中心搬运成本中，分拣作业搬运成本约占90%；在劳动密集型配送中心，与分拣作业直接相关的人力占50%；分拣作业时间约占整个仓储作业时间的30%～40%。因此，合理规划与管理分拣作业，对仓储作业效率具有决定性影响。

从实际运作过程来看，分拣作业是在拣货信息的指导下，通过行走搬运和拣取货物，再按一定的方式将货物分类、集中。因此，分拣作业的主要过程包括四个环节（图5.2.1）。

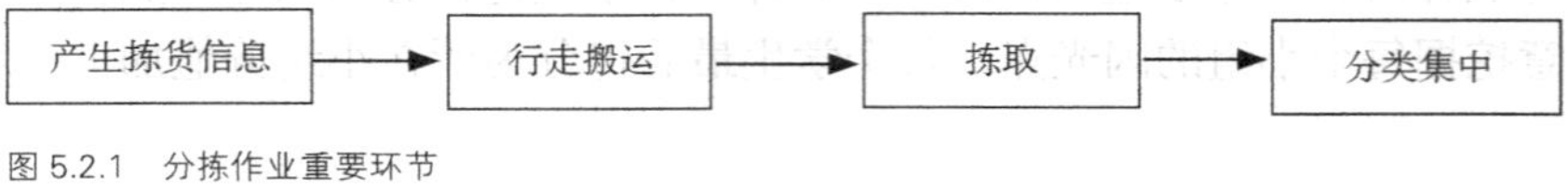


图5.2.1　分拣作业重要环节

分拣作业的速度和质量不仅对仓储与配送作业的效率起决定作用，而且直接影响整个配送中心的信誉和服务水平。特别是对于客户多、商品品种多、需求批量小、需求频率高、送货时间要求高的配送服务，分拣作业的决定作用更大。因此，迅速并准确地将顾客所要求的货物集合起来，并且通过分类配装及时送交顾客，是分拣作业最终的目的及功能。

## 1. 拣货信息的传递

拣货信息是拣货作业的依据，最终来源于客户的订单。拣货信息既可以通过手工单据传递，也可以通过其他电子设备和自动拣货控制系统进行传输。下面介绍几种常见的拣货信息传递方式。

①订单传票方式：直接利用客户订单作为拣货的凭据。这种方式适合于订单订购的品种数较少、批量较小的情况。

②拣货单据传递方式：将原始客户订货信息输入计算机，经过信息处理后，生成并打印出来的拣货单据。一般情况下，拣货单上标明储位，并按储位顺序来安排货物编号，合理设计拣货线路，使拣货路线最短。这种方式的优势在于拣货单上的信息能够更直接、更具体地指导拣货作业，因而能够大大提高拣货作业的效率和准确性。

③显示器拣货方式：在货架上的显著位置安装液晶显示器和拣货指示灯，用来显示拣货信息。当有拣货信息产生时，相应储位上的指示灯亮起，同时显示器上明确显示此货物应拣取的数量；然后，拣货人员根据提示信息将货物拣取出来。这种方式可以使拣货错误率降低、拣货效率提高。

④无线通信传递方式：使用无线终端机，通过无线通信方式来接受拣货信息的方式。仓储管理信息系统通过无线登录将拣货信息发送到便携式手持终端，或者发送到安装于叉车或堆垛机上的电脑终端机上，当终端机接收到拣货信息后，便可依据拣货信息进行相应的拣货作业。

⑤自动拣货系统传递方式：在这种系统中，拣货信息的传递由自动控制系统发送，其发送信息的方式可以是有线方式，也可以是无线方式。当订单信息输入系统后，系统便能自动生成拣货信息，并将拣货信息发送到自动拣货系统，自动拣货装置便按照拣货信息指令自动地将货物拣选出来。这种方式是一种完全自动化的形式，整个过程无人工操作。

## 2. 拣货方式

常见的拣货方式有拣选式、分发式和分拣式三种。

### 1）拣选式拣货作业

拣选式拣货作业是针对每一份订单（或每一位客户）选取所需货物，是作业员巡回于仓库中，按照订单所列种类和数量，将货物逐一由仓库储位或其他作业区取出，放入集货箱内，完成货物配备的方式，是一种较传统的拣货方式，如图 5.2.2 所示。

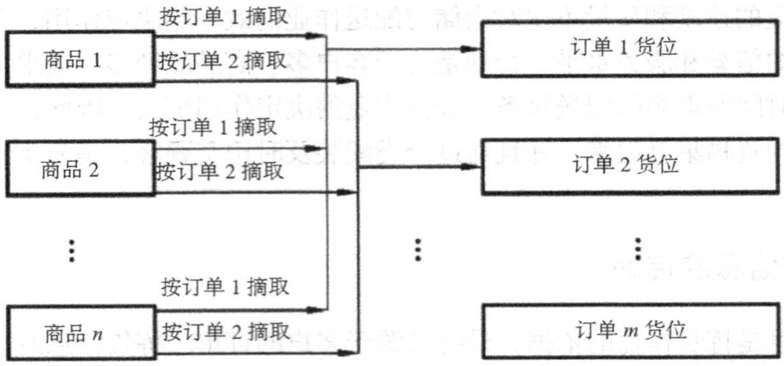


图 5.2.2 拣选式配货作业示意图

拣选式拣货作业中，储物货位相对固定，而拣选人员或工具相对运动，所以又称为人到货前式作业。这种方式类似于人们进果园，在一棵树上摘下成熟的果子后，再转到另一棵树前摘果，所以又形象地称为摘果式或摘取式作业。

**2）分发式拣货作业**

分发式拣货作业是指分货人员或分货工具从储存点集中取出各个客户共同需要的货物，然后巡回于各客户的货位之间，将这一种货物按客户需要量分放，再集中取出共同需要的第二种，如此反复进行直至客户需要的所有货物都分放完毕，同时完成各个客户的拣货工作。如图 5.2.3 所示的分发式拣货作业中，客户的分货位固定，而分货人员或分货工具携货物相对运动，所以又称货到人前式作业。这种方式类似于一个播种者，一次取出几亩地所需的种子，在地中边巡回边播撒，所以又形象地称为播种式作业。

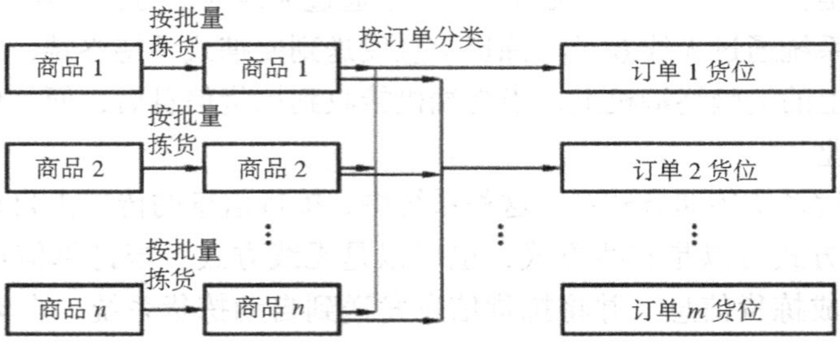


图 5.2.3 分货式配货作业示意图

**3）分拣式拣货作业**

分拣式拣货作业是集分发式、拣选式于一体的配货方式，是两种典型方式的中间方式。分拣式拣货作业是指分拣人员或分拣工具从储存点拣选出各个客户共同或不同需要的多种类货物，然后巡回于各客户的货位之间，按客户需要的种类和数量拣选出来放入货位，直至这一次取出的所有货物都分放完毕，同时完成各个客户的拣货工作。

## 3. 拣货操作

**1）WMS 系统拣选方式**

在 WMS 系统中生成拣选信息，仓管员对拣选信息及拣选货物进行核对后，在电子标签货架进行拣选作业，将拣选完成的货物进行包装并运送至出库理货区。在本案例中，珠江影音 01 号仓库是采用摘果式拣选方式的电子标签拣选。

操作步骤如下：

①仓管员接到拣货出库任务后，进入出库操作界面，如图 5.2.4 所示，点击“出库理货”，点击“开始”作业，此时系统会自动给琉璃货架发指令，点亮拣货货位的指示灯，拣货员根据指示灯作业。

图 5.2.4　出库操作界面

②核对拣选信息。仓管员根据拣货单中的信息，如表 5.2.1 所示，核对拣选单中和拣选货架上的相应货品种类及数量。

**表 5.2.1　拣货单**

| 拣货单<br>操作编号：JH0012110931 | | | | | | | | |
|---|---|---|---|---|---|---|---|---|
| 作业单号： | | | JH | 库房： | 珠江影音 01 号仓库 | | | |
| 制单人： | | | 朱江 | 日期： | 2015 年 9 月 3 日 | | | |
| 货品明细 | | | | | | | | |
| 序号 | 位置 | 货品名称 | 规格 | 批次 | 应拣 | 实拣 | 单位 | 备注 |
| 1 | B2015202 | 《武林外传》 | | | 14 | | 个 | |
| 2 | B2015201 | 《青蛇》 | | | 25 | | 个 | |
| | | | | | | | | |
| | | | | | | | | |

③所有电子标签指示灯都熄灭时，表示订单所需全部货物均已拣选完毕。仓管员利用手车将拣选货物运送至包装理货区进行包装作业。

④在包装理货区，仓管员核对拣选单与实际拣选的货物是否相符，确定无误后，方可在拣货单上签字。

⑤仓管员同时对货物进行打包作业，并在包装箱上粘贴条码、标签等客户信息。仓管员用胶带将包装箱封好后，利用包装机对包装箱机进行十字交叉式打包。

⑥包装完成后，仓管员利用平板手推车将包装完成的货物运送至出库理货区。

**2）其他电子标签拣选方式**

**（1）摘果式拣选**

第一种方式：安排一组拣货人员，并且每个拣货人员负责固定的拣货区域，采用并行工作的方式，将货物拣选到分拣线上，最后将货物集中装入周转箱，如图 5.2.5 所示。

①分拣系统操作员启动分拣系统，检查各设备工作情况，提取订单处理信息。

②工作人员根据订单处理结果将当日分拣所需货物运到相应的补货区。

③补货区工作人员进行补货作业，在流利货架相应位置补货。

④各工作人员就位后，启动皮带输送线，准备分拣。

⑤系统操作人员提取分拣信息，并下发分拣任务。

⑥执行分拣任务开始，第一订单相应电子标签指示灯亮，同时标签打印机打印客户条码标签，操作人员将条码标签放置在订单分隔盒内并将订单分隔盒放置在皮带输送线上。

⑦分拣工作人员根据电子标签显示拣取相应数量的货物并将货物放置在订单分隔盒后的皮带输送线上。

⑧拣选出的货物随皮带输送线向前输送，当所有的电子标签指示灯都熄灭时，表示本订单所需全部货物均已拣选完毕。

⑨拣选好的货物随皮带输送线向前输送，打码完毕的货物被装入周转箱。

⑩装箱完毕的货物运至不同的分拣口输出，分拣完毕。

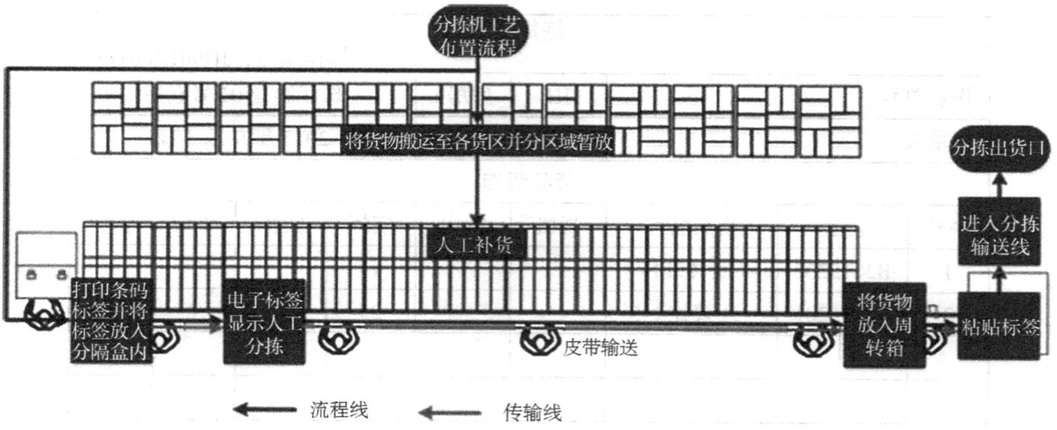


图 5.2.5　摘果式拣选的第一种方式

第二种方式：安排一个拣货人员，依次将所需分拣的货物放入周转箱，如图 5.2.6 所示。

第三种方式（接力方式）：由一组拣货人员采取接力式的作业方式，上游分拣人员将自己负责区域的货物拣出并放入周转箱，完成第一个订单分拣后皮带输送线将周转箱送至下游分拣人员处，由下游分拣人员继续分拣其他货物，直至该订单所有的分拣任务完成。

上游分拣人员分拣完第一个订单后，不用等待下游分拣人员都分拣完成，就可以继续分拣第二个订单，如图 5.2.7 所示。

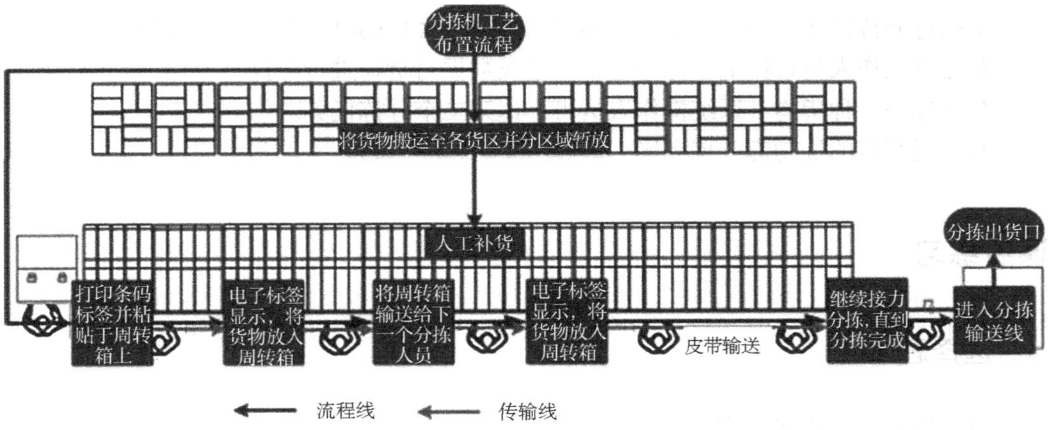


图 5.2.6　摘果式拣选的第二种方式

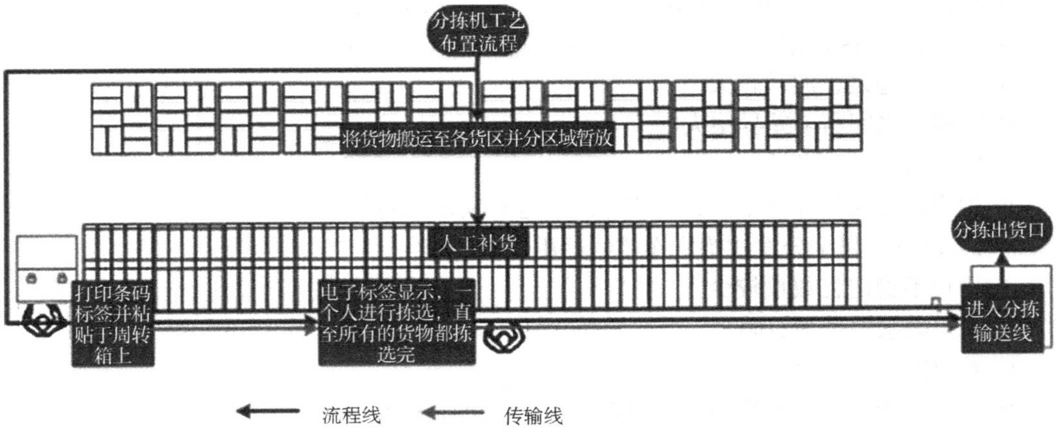


图 5.2.7　摘果式拣选的第三种方式

### （2）播种式拣选

播种式拣选的步骤：

①领取分拣任务。

②分拣系统操作员启动分拣系统，检查各设备工作情况，提取订单处理信息。

③工作人员根据订单处理结果将当日分拣所需货物运到集中拣货区。

④集中分拣人员按订单统计结果集中分拣。

⑤对集中分拣完的货物进行核对。

⑥系统操作人员提取客户分拣信息，并下发分拣任务。
⑦执行分拣任务开始，需要第一种货物的对应客户的电子标签指示灯亮起。
⑧分拣工作人员根据电子标签显示位置及数据对货物进行分拣。
⑨分拣完一种货物，系统操作人员再下达第二个分拣任务。
⑩直至所有的货物都分拣完毕。

## 课后练习

### 选择题

（1）拣货信息传递方式不包括（　　）。
A. 订单传票　　B. 拣货单　　C. 显示器拣货　　D. 手工填单
（2）以下不是常见拣货方式的是（　　）。
A. 拣选式　　B. 分发式　　C. 并行式　　D. 分拣式
（3）拣选式拣货作业不适用于以下哪个场景？（　　）
A. 用户不稳定，波动较大
B. 在用户之间需求差异很大
C. 用户需求的种类单一
D. 用户配送时间要求不一，有紧急的，也有限定时间的
（4）以下不属于分发式拣货作业的适用领域的是（　　）。
A. 用户不稳定且数量较少
B. 用户需求的种类有限
C. 专业性强的配送中心
D. 商业连锁、服务业连锁、大型企业内部的供应配送
（5）以下不适合人工分拣的是（　　）。
A. 药品　　B. 水果　　C. 化妆品　　D. 小百货

## 技能训练

### 【实训内容】

通过仓储管理系统模拟分拣作业流程，掌握 WMS 仓储管理系统的使用方法和技巧。

### 【实训目的】

①能够根据订单特性选择合适的分拣方式。
②掌握 WMS 仓储管理系统中分拣的操作内容和操作步骤。

③了解第三方物流企业出库分拣的操作流程。

## 【实训准备】

①计算机及网络。
② WMS 仓储管理系统。

## 【实训要求】

①能够独立、规范地完成各项任务。
②注意使用礼貌用语。

## 【实训步骤】

①将全班同学分组，每组 4 ～ 6 人，活动以组为单位进行。
②每个小组成员根据仓储管理系统模拟分拣作业流程，掌握 WMS 仓储管理系统的使用方法和技巧。
③去仓储实训中心实地学习、模拟。
④各小组选派一名代表对本小组实训情况进行汇报阐述。

## 【实训评价】

各小组组长将本组的结果在全班展示，供同学和教师查验，要求有仓储管理系统分拣作业流程，WMS 仓储管理系统分拣操作等内容。

**（1）小组活动评价**

组长负责分配不同的任务给小组成员，每个小组成员完成各个子任务。调研报告要有仓储管理系统分拣作业流程，WMS 仓储管理系统分拣操作等内容。完成任务得 40 分，如果有遗漏等情况扣减相应分值。小组成员评价意见表如下。

**小组成员评价意见表**

小组名称：______________　　　　组长：______________

| 小组成员 | 态度（10 分） | 互助与合作（10 分） | 倾听（10 分） | 展示与效果（10 分） |
|---|---|---|---|---|
| | | | | |
| | | | | |
| | | | | |
| | | | | |
| | | | | |

**（2）教师评价**

教师负责评价每组的任务完成情况，量化评价标准。总分值最高为 60 分。教师对小组进行评价的标准如下表：

小组学习评价表

| 序号 | 评价指标 | 分值 / 分 | 打分 |
|---|---|---|---|
| 1 | 能在规定时间内合作完成实训任务，操作规范；<br>顺利展示，报告观点新颖，表述逻辑性强 | 50 ~ 60 | |
| 2 | 能在规定时间内完成实训任务，操作规范；<br>能做展示，有自己的观点，表述清楚 | 40 ~ 49 | |
| 3 | 能在老师和其他同学的帮助下完成实训任务，有展示 | 30 ~ 39 | |
| 4 | 能在老师和其他同学的帮助下基本完成实训任务，没有展示 | 29 以下 | |

**（3）教师点评**

教师进行点评时，汇总小组内评价，然后针对各小组进行总结点评。点评时以鼓励为主，要注意挖掘每个小组的闪光点。每个学生最后得分为所在小组分值加上小组成员评价分值。

# 任务 3　补货作业

## 案例导入

2020 年 2 月 14 日早上 7 点，北京超市发双榆树店理货员小韩，推上自行车从家里出来，到路边的小摊买个煎饼果子，也来不及吃，一路猛蹬自行车，径直奔往单位。7 点 30 分，小韩就到了单位，比上班时间整整早到了 20 分钟。由于离家远，害怕迟到，迟到三次这个月奖金就没了，小韩已经养成了早起、早到的习惯。20 分钟后，超市开门了，打卡签到，更换工作服，佩戴上工作牌后就开始打扫卫生，准备迎接顾客。超市 8 点正式对外营业。按检查记录进行大量补货，保持排面整齐，依次向前递补，把新补充的商品放在后面；做到商品正面面向顾客。缺货时及时补货，补货按照有关补货作业的流程及规章进行。

检查货签是否对位，有变价的商品与价格是否相符，所贴条码是否正确，摆放位置是否正确，货架上商品有无缺货状况，有无破损品或过期变质品，这些都需要做详细检查并记录下来。作为一名老员工，这一流程小韩已驾轻就熟。怎样做好一个超市理货员，工作看似简单，掌握商品陈列方法和技巧，对商品进行正确陈列摆放，其中的学问可不小。商品陈列必须根据季节性商品、促销类商品、畅销商品、毛利率高低等特性，采取合理有效的陈列方法和根据多种商品陈列的原则进行陈列；遵照零售店铺仓库管理和商品发货的有关程序，有秩序地进行领货工作。作为理货员还要对新商品的扩销问题有敏感的认识，如市场流行商品和时令商品。对于折扣、折让销售量大的商品，团购量大的商品，需大批量采购商品，要及时上报主管，搞好市场调查，掌握消费者需求，制订新产品的购销计划。

11 点 40 分，两位先去吃饭的同事回来了。超市用餐时间是在 11 点到 13 点，由于超市要保证不空岗，5 位上班的同事分开轮流用餐，每个人有 45 分钟的吃饭时间。由于集团有食堂，小韩一般都去食堂吃饭，四菜一汤，自助想吃多少吃多少，这对干体力活、饭量大的小韩可谓莫大的补助。

补货工作完成后，小韩开始围着自己的辖区到处转转，看到有碎纸屑及空箱子等都收起来，通道地面要时刻保持清洁。同时他还扮演了保安的角色，当发现有可疑人员，及时报告安保人员并做好跟踪工作，发现偷窃人员交保安处理。另外就是收拾遗弃商品，顾客选好了某样商品，中途又改变主意的情况很多，能把商品放回原处的固然很好，没有放回原处的，需要理货员去归位，有的顾客甚至将楼上、楼下的商品对调。这些被顾客遗弃的商品，理货员要随见随收，不分辖区，像这样的劳动小韩每天都要重复很多次。

临近下班时间，小韩到收银处收起当天顾客未结算的商品并办好有效手续，把未完成的事情和一天遇到的问题向上级领导汇报。

14 点 30 分，小韩结束了一天的工作，晚班人员开始上班。

案例思考：从超市理货员小韩一天的工作，总结归纳补货工作流程的基本内容有哪些？

## 任务执行

在拣选完成后，仓管员检查电子标签拣选货架上不同货位的货品数量，对电子标签拣选货架进行补货作业。

### 1. 补货作业流程

补货作业流程如图 5.3.1 所示。

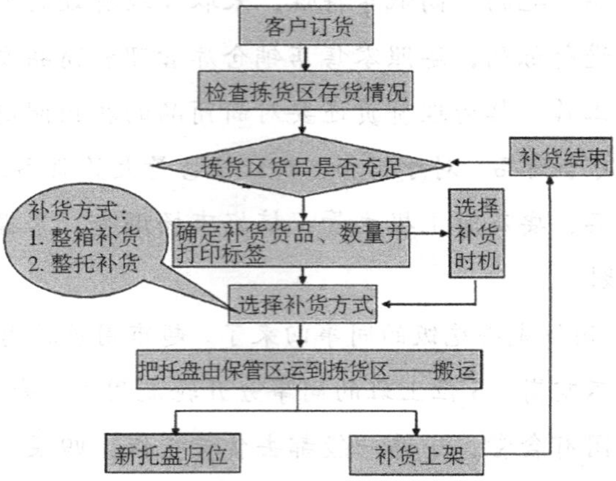


图 5.3.1　补货作业流程

## 2. 补货作业操作

①当货品拣选完毕后，仓管员发现拣选货品目前货位货品数量较少，为了下次拣选出库的顺利进行，特利用手持，点击“查看最新”，进入快捷按钮页面，点击补货单，进入补货单录入页面，点击“新增”按钮，录入补货订单。录入完毕后，点击“补货作业单提交”按钮，下达补货指令。补货作业是从托盘货架下架货品，放到补货缓冲区，然后从补货缓冲区对栈板货架进行补货上架操作。

②补货作业准备。仓管员根据所需补货的数量准备补货所有相关设备。

③补货作业。

④仓管员将下架的货品放入补货缓冲区，从补货缓冲区的相应货品托盘中选取包含相应补货数量货品的包装箱进行开箱，从中取出相应数量的货品，并放置在手推车内，对电子标签拣选货架进行补货作业。

⑤仓管员把货品送到补货区域，利用手持进行补货上架操作，首先仓管员扫描货品条形码，扫描需要补货的货位编码，补货数量最少是一箱。点击“确认补货”，完成补货上架操作。

⑥当货品补货上架完成后，仓管员将补货作业时开箱的包装箱进行数量清点，清点完成后用胶带将包装箱封口，将包装箱标记为“散装包装箱”并标注箱内货品数量。之后利用手动液压拖车将补货缓冲区的相应货品运用托盘运至托盘货架区进行货品上架归位作业。

## 3. 其他补货方式

①托盘补货（整托补货）：由地板堆码保管区补货至地板堆码动管区，如图 5.3.2 所示。

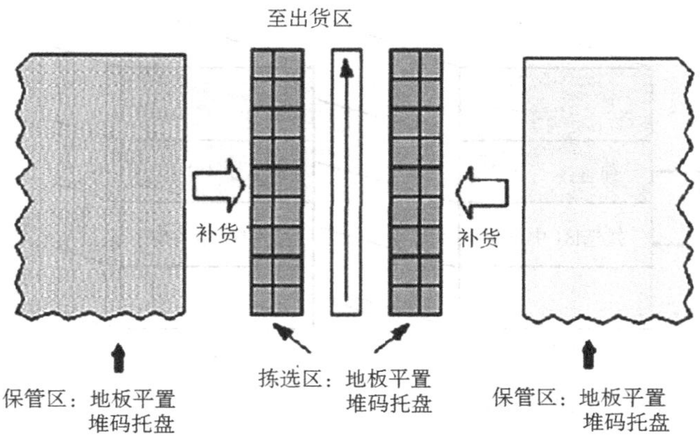


图 5.3.2　托盘补货示意图

②整箱补货：由货架保管区补货到流动货架拣选区，如图 5.3.3 所示。

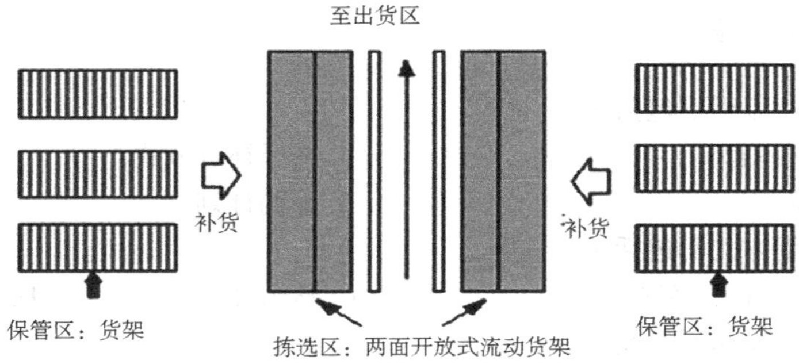


图 5.3.3　整箱补货示意图

③托盘补货（整托补货）：由地板堆码保管区补货至托盘货架拣选区，如图 5.3.4 所示。

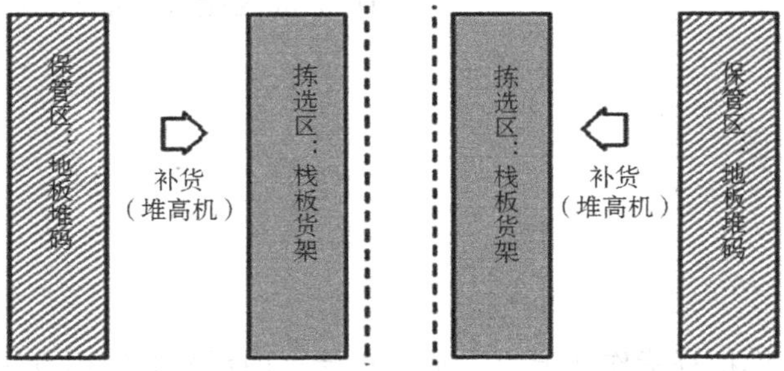


图 5.3.4　托盘补货示意图

④货位补货：主要用于保管区与拣选区处于同一货架的情形，如图 5.3.5 所示。

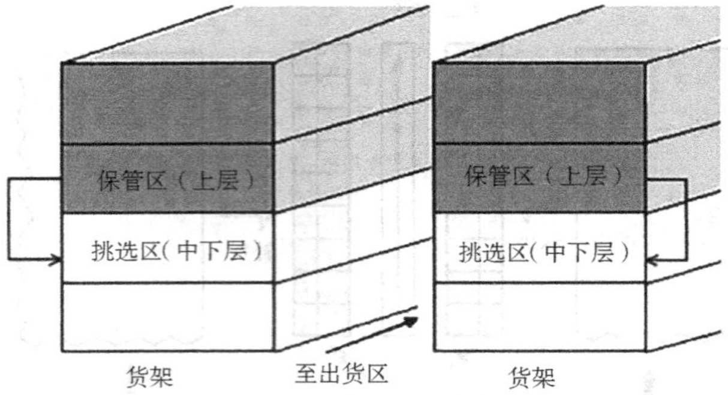


图 5.3.5　货位补货示意图

## 课后练习

### 选择题（单选题）

（1）补货作业流程不包括（　　）。

A. 检查拣货区库存　　B. 选择补货方式

C. 新托盘归位　　D. 采购计划

（2）仓储补货方式不包括（　　）。

A. 托盘补货　　B. 整车补货　　C. 整箱补货　　D. 货位补货

（3）补货上架操作不涉及（　　）。

A. 扫描货品条形码　　B. 扫描需要补货的货位编码

C. 填写商品信息　　D. 点击“补货确认”

（4）以下不属于托盘补货方式的特点的是（　　）。

A. 保管区面积大　　B. 保管区储放物品较多

C. 拣选区面积较小　　D. 拣选区储放货品较多

## 技能训练

### 【实训内容】

通过仓储管理系统模拟补货作业流程，掌握仓储管理系统的使用方法和技巧。

### 【实训目的】

①能够根据库存和订单情况选择合适的补货方式。

②掌握 WMS 仓储管理系统中补货的操作内容和操作步骤。

③了解第三方物流企业补货操作流程。

【实训准备】

①计算机及网络。
② WMS 仓储管理系统。

【实训要求】

①能够独立、规范地完成各项任务。
②注意使用礼貌用语。

【实训步骤】

①将全班同学分组，每组 4 ~ 6 人，活动以组为单位进行。
②每个小组成员能根据库存和订单情况选择合适的补货方式及补货作业流程。
③各小组选派一名代表对本小组实训情况进行汇报阐述。

【实训评价】

各小组组长将本组的结果在全班展示，供同学和教师查验，要求有仓储管理系统补货作业流程等内容。

**（1）小组活动评价**

组长负责分配不同的任务给组员，每个小组成员完成各个子任务。调研报告要有仓储管理系统补货作业流程等内容。完成任务得 40 分，如果有遗漏等情况扣减相应分值。小组成员评价意见表如下。

**小组成员评价意见表**

小组名称：______________ 组长：______________

| 小组成员 | 态度（10 分） | 互助与合作（10 分） | 倾听（10 分） | 展示与效果（10 分） |
|---|---|---|---|---|
| | | | | |
| | | | | |
| | | | | |
| | | | | |
| | | | | |

**（2）教师评价**

教师负责评价每组的任务完成情况，量化评价标准。总分值最高为 60 分。教师对小组进行评价的标准如下表。

小组学习评价表

| 序号 | 评价指标 | 分值 / 分 | 打分 |
| --- | --- | --- | --- |
| 1 | 能在规定时间内组员之间合作完成实训任务，操作规范；<br>顺利展示，报告观点新颖，表述逻辑性强 | 50 ~ 60 | |
| 2 | 能在规定时间内完成实训任务，操作规范；<br>能做展示，有自己的观点，表述清楚 | 40 ~ 49 | |
| 3 | 能在老师和其他同学的帮助下完成实训任务，有展示 | 30 ~ 39 | |
| 4 | 能在老师和其他同学的帮助下基本完成实训任务，没有展示 | 29 以下 | |

**（3）教师点评**

教师进行点评时，汇总小组内评价，然后针对各小组进行总结点评。点评时以鼓励为主，要注意挖掘每个小组的闪光点。每个学生最后得分为所在小组分值加上小组成员评价分值。

# 任务 4　流通加工及包装作业

## 案例导入

随着社会经济的发展和客户要求的不断提高，仓储企业正面临着越来越多的挑战，在这种挑战性的动态环境中核心仓储主管应该如何做出反应？到目前为止，典型的情况是仓储企业对顾客的需求做出被动的反应，但现在需要的是主动而非被动的反应，并且这种提供给顾客的主动的反应必须以不增加成本及提供无限的选择权为条件。因此，仓储企业只有不断地探索，主动提供越来越多的适应客户需要的仓储增值服务项目，才能在日益激烈的市场竞争中获得一席之地。很明显，这种主动追求客户化的仓储企业必将是今天乃至未来的成功者。

FRUIT TREE 公司是一家生产各类果汁及一些水果的企业，随着零售点数目和类型的增加，果汁市场迅速地成长起来。FRUIT TREE 公司所关注的最主要的是果汁生产时的鲜度。因此，有些产品是通过冰冻或浓缩制造的。对于 FRUIT TREE 公司的大部分生产来讲，气候在公司能否生产出某一产品中起着一个很重要的作用。

10 年前，FRUIT TREE 公司的产品线是瓶装果汁和罐装水果的独立包装，所有的标签都是相同的，并且只有两种标准容器，即瓶和罐。如果你需要苹果汁、梨罐头等，FRUIT TREE 公司将会给你提供独立的产品。

然而，在过去十年中发生了许多变化，对果汁产品的要求也越来越多元化，这些多元化要求包括：

①世界各地的顾客需要不同的品牌；

②顾客不再完全为英语语种的消费者，因此需要有新的品牌和标签；

③顾客的消费习惯要求容器大小能有一个可变的空间；

④顾客的包装需要从独立的包装变为24罐的不同包装；

⑤顾客对个性化品牌包装需求呈现上升趋势；

⑥大量商品不再接受标准的托盘式装卸，而要求被重新托盘化。

在这种趋势下，FRUIT TREE 公司的库存和销售出现了一些问题。单一的包装形式很难适应多元化市场需要，从而出现了有些产品库存过多，而同类产品的其他产品却缺货的情况，因此，该公司需要寻求另一种方法来解决问题。

于是，FRUIT TREE 公司认识到，传统的生产、装箱、包装、打包、集合及运输入库的方法并不有效，问题的解决方式是重新设计对仓库的责任。这一战略将生产环节设计成为生产产品并将之放于未包装的罐或瓶上，这种产品被称为“裸装产品”。将与这种“裸装产品”相关的各种瓶和罐一起送入仓库，仓库成为一个托盘化“裸装产品”与瓶和罐的半成品贮存地。当顾客向 FRUIT TREE 公司提交每月的购买意向后，直到产品装车前两天，公司才会确认订单，并立即将订单安排到仓库的四条包装线上的一条，完成最后的包装和发运工作。为了保证包装生产线的利用率，当生产线有闲余的，将生产需求最大的产品投入生产，并将其入库以备后用。

FRUIT TREE 公司通过将包装业务装置到仓储过程中完成，有效地解决了库存不均匀和生产预测的复杂问题。该公司仓库改建包装流水线的总投资约700万美元，另外增加了6名外包装操作员来充实包装线及安排已完工的托盘，但是库存和运输成本的减少带来了26%的额外税后收益。更重要的是，曾认为无法实现的顾客服务的改进和对市场需求反应能力的提高，现在已能顺利完成。

## 任务执行

### 1. 流通加工的定义

流通加工是为了提高物流速度和物品的利用率，在物品进入流通领域后，按客户要求进行的加工活动。即在物品从生产者向消费者流动的过程中，为了促进销售、维护产品质量、实现物流的高效率，所采取的使物品发生物理和化学变化的措施，是物品在从生产地到使用地的过程中，根据其需要施加包装、分割、计量、分拣、组装、价格贴付、商品检验等简单作业的总称。

随着经济增长，国民收入也逐渐增多，消费者的需求出现多样化，促使在流通领域开展流通加工。目前，在世界许多国家和地区的物流中心或仓库经营中都存在大量流通加工业务，在日本、美国等物流发达国家则更为普遍。

### 2. 流通加工的特点

与生产加工相比，流通加工具有以下特点：

①从加工对象看，流通加工的对象是商品，而生产加工的对象不是最终产品，而是原材料、零配件或半成品。

②从加工程度看，流通加工大多是简单加工，而不是复杂加工，是对生产加工的一种辅助及补充，绝不是对生产加工的取消或代替。

③从价值观点看，生产加工的目的在于创造价值及使用价值，而流通加工的目的则在于完善其使用价值，并在不做大的改变的情况下提高价值。

④从加工责任人看，流通加工的组织者是从事流通工作的人员，从加工单位来看，流通加工由商业或物资流通企业完成，而生产加工则由生产企业完成。

⑤从加工目的看，商品生产是为交换、消费而进行的生产，而流通加工是为了消费（或再生产）所进行的加工，这一点与商品生产有共同之处。但是流通加工有时候也是以自身流通为目的，纯粹是为流通创造条件，这种为流通所进行的加工与直接为消费进行的加工在目的上是有所区别的，这也是流通加工不同于一般生产加工的特殊之处。

### 3. 流通加工的作用

流通加工具有以下作用：

**（1）提高原材料利用率**

通过流通加工进行集中下料，可以优材优用、小材大用、合理套裁，明显地提高原材料的利用率，有很好的技术经济效果。

**（2）进行初级加工方便用户**

通过流通加工可以使用户省去进行初级加工的投资、设备、人力，方便了用户。

**（3）提高加工效率及设备利用率**

在分散加工的情况下，设备加工能力不能得到充分发挥。而流通加工面向全社会，加工数量大、加工范围广、加工任务多，可采用一些效率高、技术先进、加工量大的专门机具和设备，一方面提高了加工效率和加工质量，另一方面提高了设备利用率。

**（4）有效地完善了流通**

流通加工虽然不是物流的主要功能要素，但它也是不可轻视的，它具有补充、完善、提高与增强的作用，能提高物流水平，促进流通向现代化发展。

**（5）物流业的重要利润来源**

流通加工是一种低投入、高产出的加工方式，往往以简单加工解决大问题。实践证明，流通加工提供的利润并不亚于从运输和保管中获得的利润，因此流通加工是物流业的重要利润来源。

**（6）在国民经济中也是重要的加工形式**

流通加工在整个国民经济的组织和运行方面是一种重要的加工形式，对推动国民经济的发展、完善国民经济的产业结构具有一定的意义。

### 4. 流通加工的种类

流通加工主要有以下种类：

**（1）为弥补生产领域加工不足的深加工**

有许多产品在生产领域的加工只能到一定程度，这是由于存在许多限制因素限制了生产领域，不能完全实现终极加工。流通加工实际是生产的延续，是生产加工的深化，对弥补生产领域加工不足有重要意义。

**（2）为适应多样化需要进行的流通加工**

生产企业为了实现高效率、大批量生产，其产品往往不能完全满足客户的需求。为了满足客户对产品多样化的需要，同时又保证社会高效率的大生产，将生产出来的单调产品进行多样化的改制加工是流通加工中一种重要的加工形式。

**（3）为保护产品所进行的流通加工**

在物流过程中，直到用户投入使用前都存在对产品的保护问题。流通加工可以防止产品在运输、储存、装卸、搬运、包装等过程中遭受损失，使其使用价值能顺利实现，这种加工主要采取稳固、改装、冷冻、保鲜、涂油等方式。

**（4）为提高物流效率、方便物流进行的流通加工**

有一些产品由于本身的形态使之难以进行物流操作，如鲜鱼的装卸、储存操作困难；过大设备搬运、装卸困难；气体运输、装卸困难等。进行流通加工，可以使物流各环节易于操作，如鲜鱼冷冻、过大设备解体、气体液化等。这种加工往往只改变“物”的物理状态，但并不改变其化学特性，并最终仍能恢复原物理状态。

**（5）为促进销售进行的流通加工**

流通加工可以从几个方面起到促进销售的作用。如将过大包装或散装物分装成适合一次销售的小包装的分装加工；将原以保护产品为主的运输包装改换成以促进销售为主的装潢性包装，起到吸引消费者、指导消费者的作用。这种流通加工可能是不改变“物”的本体，只进行简单改装的加工，也有许多是组装、分块等深加工。

**（6）为提高加工效率进行的流通加工**

许多生产企业的初级加工由于数量有限，其加工效率不高，也难以投入先进的科学技术。流通加工以集中加工形式，解决了单个企业加工效率不高的弊病。以一家流通加工企业代替了若干生产企业的初级加工工序，促进生产水平的新发展。

**（7）为提高原材料利用率进行的流通加工**

流通加工利用其综合性强、用户多的特点，可以采用合理规划、合理套裁、集中下料的办法，提高原材料利用率，减少损失和浪费。

**（8）为衔接不同运输方式，使物流合理化进行的流通加工**

在干线运输及支线运输的结点设置流通加工环节，可以有效地解决大批量、低成本、长距离干线运输与多品种、少批量、多批次末端运输和集货运输之间的衔接问题。在流通加工点与大生产企业间形成大批量、定点运输的渠道。又以流通加工中心为核心，组织对多用户的配送，也可在流通加工点将运输包装转换为销售包装，从而有效衔接不同目的的运输方式。

**（9）为以提高经济效益、追求企业利润为目的进行的流通加工**

流通加工的一系列优点可以形成一种“利润中心”的经营形态，这种类型的流通加工是经营的一环，在满足生产和消费要求的基础上取得利润，同时在市场和利润引导下使流通加工在各个领域中能有效地发展。

**（10）为生产—流通一体化进行的流通加工**

依靠生产企业与流通企业的联合，或者生产企业涉足流通，或者流通企业涉足生产，对生产与流通加工进行合理分工、合理规划、合理组织，统筹进行生产与流通加工的安排，这就是生产—流通一体化的流通加工形式。这种形式可以促成产品结构及产业结构的调整，充分发挥企业集团的经济技术优势，是目前流通加工领域的新形式。

### 5. 包装的概念

包装是在物流过程中保护产品、方便储运、促进销售，按一定技术方法采用容器、材料及辅助物等将产品包封并予以适当的装潢和标志的工作总称。简而言之，包装是包装物及包装操作的总称。

### 6. 包装的功能

包装主要有以下功能：

**（1）对商品储运的保护作用**

包装使商品无损流通，实现所有权转移。包装的保护作用体现在以下几个方面。

①防止商品破损变形。包装能承受在装卸、运输、保管过程中各种外力的作用，如冲击、振动、颠簸、压缩等，形成对外力破坏抵抗的防护作用。

②防止商品发生化学变化。商品的化学变化体现在吸潮发霉、变质、生锈等。包装能在一定程度上阻隔水分、溶液、潮气、光线、空气中的酸性气体等，防止环境、气候对商品的影响。

（2）对装卸搬运的便利作用

包装的大小、形态、材料、重量、标志等便于商品运输、保管、验收、装卸。具体要求是容易区分商品及计量；包装及拆装作业简便、快速；容易处理拆装后的包装材料。

（3）对销售宣传的促进作用

包装是商业交易促销的重要手段。包装外部的形态、装潢，是很好的宣传品，可激起人们的购买欲望。俗话说“包装是不会讲话的推销员”“精美的包装胜过一千个推销员”。

### 7. 商品包装要求

包装的使用是为了使商品在运输途中不受损坏。商品的包装一般要符合以下要求：

①根据商品的外形特点，选择适宜的包装材料，包装尺寸要便于商品的装卸和搬运。

②要符合商品运输的要求。

③包装应牢固，怕潮的商品应垫防潮纸，易碎的商品应垫软质衬垫物。

④包装的外部要有明显标志，标明对装卸、搬运的要求及其他标志，危险品必须严格按规定进行包装，并在包装外部标明危险品有关标志。

⑤同运价号的商品应尽量不包装在一起，以免增加运输成本。

⑥严禁性能抵触、互相影响的商品混合包装。

⑦包装的容器应与被包装商品体积相适应。

⑧要节约使用包装材料。

### 8. 包装的分类

包装的分类主要包括以下几种：

（1）运输包装

运输包装要适应商品的特性及运输的要求，考虑各国的规定和客户的要求，便于各环节有关人员进行操作，在牢固的前提下节省费用。

总之，运输包装是外包装，主要作用是保护商品，便于运输，减少运费，节省仓储。

运输包装有多种形式，可以包括以下内容。

①箱装：木箱、胶合板箱、钙塑箱、纸箱。

②桶装：木桶、胶合板桶、纸板桶、塑料桶。

③袋装：麻袋、棉布袋塑料袋、牛皮纸袋。

④罐装：玻璃罐、塑料罐、金属罐。

⑤筐装：竹编筐、草编筐、塑料筐。

⑥集合包装：托盘、集装箱、吨装集装袋。

（2）销售包装

销售包装是直接接触商品并随商品进入零售店与消费者直接见面的包装。其作用为美化商品、宣传推广、便于销售和使用。

销售包装要便于商品陈列、商品识别及携带和商品使用，要有艺术吸引力，符合民族惯例，有条形码。

总之，其主要作用是促销。销售包装可以采用以下形式。

①瓶类容器：玻璃、塑料。

②罐类容器：三片焊锡罐、二片易开罐、印铁听。

③袋装容器：牛皮纸、玻璃纸、塑料袋。

④盒装容器：黄板纸盒、瓦楞纸盒、白板纸盒。

**（3）中性包装**

实际出口中，许多客户为了便于保密、转售、避税等，常使用中性包装。中性包装是指既不标明生产国别、地名和厂商名称，也不标明商标或品牌的包装。

**（4）其他各类包装**

其他各类包装包括缓冲包装、防锈包装、真空包装、吸塑包装、热收缩包装。

## 9. 包装标志

包装标志主要包括以下几种：

①运输标志：又称唛头。它通常是由一个简单的几何图形和一些英文字母、数字及简单的文字组成。运输标志通常刷在外包装明显部位，也是唯一体现在装运单据上的包装标记。

②指示性标志：是针对易碎、易损、易变质的商品，用醒目的图形和文字提示人们在装卸、运输和保管过程中需要注意的事项，有人称其为注意标志（图 5.4.1）。

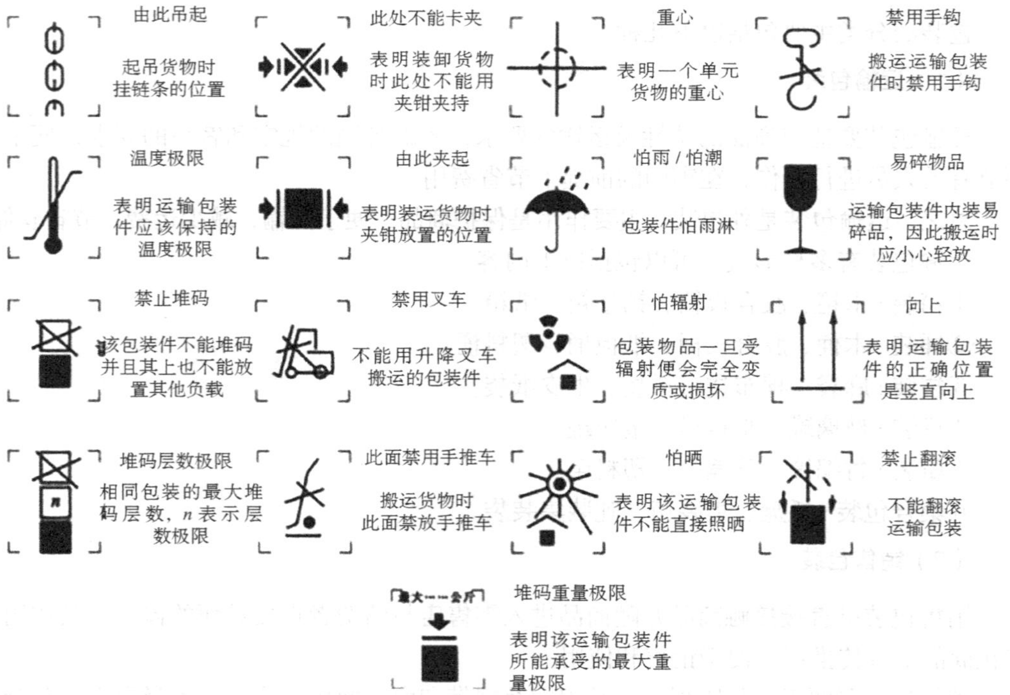


图 5.4.1　指示性标志

③警告性标志：又称危险货物包装标志。凡在运输包装内装有有毒、有害等危险货物时，都必须在运输包装上标明各种危险品的标志，以示警告，使装卸、运输和保管人员按货物特性采取相应的防护措施，以保证物资和人身的安全。

因此，出库货物需注意合同中关于包装的规定，按照规定做好货物的包装作业。

## 课后练习

### 1. 选择题（单选题）

（1）下列关于流通加工的特点表述中，错误的是（　　）。

A. 从加工对象看，流通加工的对象是商品，而生产加工的对象不是最终产品，而是原材料、零配件或半成品

B. 从加工程度看，流通加工大多是复杂加工，而不是简单加工，是对生产加工的一种辅助及补充，绝不是对生产加工的取消或代替

C. 从价值观点看，生产加工的目的在于创造价值及使用价值，而流通加工的目的则在于完善其使用价值，并在不做大的改变的情况下提高价值

D. 从加工责任人看，流通加工的组织者是从事流通工作的人员，从加工单位来看，流通加工由商业或物资流通企业完成，而生产加工则由生产企业完成

（2）流通加工的作用不包括（　　）。

A. 提高原料利用率　　B. 进行初级加工、方便用户

C. 提高加工效率和设备利用率　　D. 提高能源利用率

（3）以下哪项不是合理化流通加工的考虑策略？（　　）

A. 加工和配送相结合　　B. 加工和配套相结合

C. 加工和结构优化相结合　　D. 加工和节约资源相结合

（4）销售包装的形式不包括（　　）。

A. 瓶类容器　　B. 罐类容器　　C. 盒状容器　　D. 箱状容器

（5）以下不属于包装标志的是（　　）。

A. 引导性标志　　B. 指示性标志　　C. 警告性标志　　D. 运输标志

### 2. 判断题

（1）从加工对象看，流通加工的对象是商品，而生产加工的对象不是最终产品，而是原材料、零配件或半成品。（　　）

（2）流通加工之所以能够有生命力，重要优势之一就是有较低的产出投入比。（　　）

（3）流通加工方式包括流通加工对象、流通加工工艺、流通加工技术、流通加工程度等。流通加工方式的确定，实际上是同生产加工的合理分工。（　　）

（4）包装能承受在装卸、运输、保管过程中各种力的作用，如冲击、振动、颠簸、压缩等，形成对外力破坏抵抗的防护作用。（ ）

（5）标准运输标志包含四要素，即收货人或买方名称的英文缩写字母或简称；参考号，如运单号、订单号或发票号；目的地；件号。（ ）

## 技能训练

【实训内容】

通过网络收集流通加工和包装的操作视频，掌握流通加工和包装的相关知识。

【实训目的】

通过本次实训，巩固所学理论知识，掌握流通加工和包装的相关知识。

【实训准备】

①计算机及网络。
②纸、笔。

【实训要求】

①能够独立、规范地完成各项任务。
②注意使用礼貌用语。

【实训步骤】

①将全班同学分组，每组 4 ~ 6 人，活动以组为单位进行。
②每个小组收集至少 2 种打包机的资料。
③列举出打包机的使用方法和技巧。
④每人写出不少于 1 000 字的调研学习总结报告。
⑤小组组长汇总本小组的调研报告并上交。

【实训评价】

各小组组长将本组的结果在全班展示，供同学和教师查验，要求有流通加工和包装等内容。

**（1）小组活动评价**

组长负责分配不同的任务给小组成员，每个小组成员完成各个子任务。调研报告要有快递设备的介绍、各设备的应用场景，各设备的优缺点。完成任务得 40 分，如果有遗漏等情况扣减相应分值。小组成员评价意见表如下：

**小组成员评价意见表**

小组名称：________________　　　　　　　　　　　　　　组长：________________

| 小组成员 | 态度（10 分） | 互助与合作（10 分） | 倾听（10 分） | 展示与效果（10 分） |
|---|---|---|---|---|
| | | | | |
| | | | | |
| | | | | |
| | | | | |
| | | | | |

**（2）教师评价**

教师负责评价每组的任务完成情况，量化评价标准。总分值最高为 60 分。教师对小组进行评价的标准如下表：

**小组学习评价表**

| 序号 | 评价指标 | 分值 / 分 | 打分 |
|---|---|---|---|
| 1 | 能在规定时间内合作完成实训任务，操作规范；<br>顺利展示，报告观点新颖，表述逻辑性强 | 50 ~ 60 | |
| 2 | 能在规定时间内完成实训任务，操作规范；<br>能做展示，有自己的观点，表述清楚 | 40 ~ 49 | |
| 3 | 能在老师和其他同学的帮助下完成实训任务，有展示 | 30 ~ 39 | |
| 4 | 能在老师和其他同学的帮助下基本完成实训任务，没有展示 | 29 以下 | |

**（3）教师点评**

教师进行点评时，汇总小组内评价，然后针对各小组进行总结点评。点评时以鼓励为主，要注意挖掘每个小组的闪光点。每个学生最后得分为所在小组分值加上小组成员评价分值。

# 任务 5　出库交接作业

## 案例导入

销售虚出库车辆是否构成消费欺诈？

2014 年 6 月原告到位于 A 市的被告某 4S 店购买了一辆小型轿车，2014 年 10 月原告在其当地 B 市该车辆品牌特约服务店进行首次保养时，经该公司查询，该车已于2013年11月出售，因此已经超过首保期限，不符合首保条件。原告以此认为其购买的车辆不是新车，并申请法院对该系统查询信息进行了证据保全。后原告在与被告协商未果的情况下向法院起诉，要求解除双方的销售合同，同时要求被告返还其购车款，并基于被告的欺诈行为要求被告进行双倍赔偿，承担原告为此支出的相关费用。我所律师接受了被告的委托，参与了本案的诉讼。

律师意见：

一、被告销售给原告的涉案车辆为新车，而非原告所称的旧车。原告提交的证据不足以证明其主张的事实。

首先，被告与原告于2014年6月2日签订《汽车销售合同》，被告将涉案车辆于2014年6月2日交付给原告。同时，根据被告至B市车管所查询涉案车辆的登记信息，车管所出具的查询信息显示涉案车辆初次登记日期、使用起始日期均为2014年6月17日（即为原告办理车辆登记以及行驶证的注册、发证日期），且不存在转移登记的情形。根据公安部发布的《机动车登记规定》第五条，“初次申领机动车号牌、行驶证的，机动车所有人应当向住所地的车辆管理所申请注册登记。”第十八条，“已注册登记的机动车所有权发生转移的，现机动车所有人应当自机动车交付之日起三十日内向登记地车辆管理所申请转移登记。”因此，若该车在2014年6月2日以前被销售，那么根据前述《机动车登记规定》，车管所查询到的车辆登记信息会显示之前的转移登记信息，且初次登记时间也不应当是原告此次购车后的登记时间。也即该车辆的首次销售时间即为原告此次的购车时间。

其次，关于原告所主张的涉案车辆在2013年11月已经出售的唯一证据即为法院作出的民事裁定书，对于该份证据的真实性我方没有异议。但是，该份证据只能证明B市品牌特约店的系统上显示涉案车辆在2013年11月出售，仅仅是对系统界面这份证据的保全，并不能证明被告事实上已经将涉案车辆出售的事实。律师认为，证明车辆已经出售的事实，应当以车辆销售合同、购车发票、车辆购置税发票、买受人的身份证明等证据形成一个完整的证据锁链，才能得以证实，仅凭某一家4S店的电脑系统显示界面这一孤证，无法达到原告的证明目的。

再次，对于涉案车辆在4S店电脑系统显示销售日期为2013年11月这一情况，被告指出，因该车辆属于虚出库车辆，因而导致出现这一现象。根据被告提交的证据可以证明：①车辆虚出库操作属于厂家明知的销售商为完成厂家的销售任务而采取的行业操作惯例。车辆虚出库后系统上显示车辆的“销售日期”

即为虚出库日期，且一旦登记后便不能修改，但实际虚出库车辆并未销售；②厂家要求对于虚出库车辆在实际销售后，销售商应当在系统内根据客户的购车发票更改“保修适用日期”，确保客户的首保权利；③涉案车辆在2014年6月2日销售后，相关工作人员未及时根据原告的购车发票修改“保修适用日期”，导致原告首保被拒，被告已经对相关工作人员进行了处罚通报。也就是说，虚出库操作导致系统查询显示案涉车辆的销售日期为2013年11月，但事实上该车辆在当时并未实际销售；④原告所称的截图右下方显示“首保”字样证明涉案车辆已做过首保，根据被告提交的证据显示，截图右下方显示的“首保”字样只会出现在还未做过首保的车辆截图信息中，该“首保”字样属于活动提醒，若车辆已做过首保，此处即不会提醒；同时，已做过首保的车辆会在系统“维修履历”一栏显示，具体位置在截图的左下方，而非右下方。也说明该车辆并不存在原告所称的已经做过首保，而事实上，在此次纠纷产生后被告也多次通知原告该车辆尚处于首保期内，可以进行首保。

最后，根据被告提交的证据可以得知，被告须按照厂家的要求每月对库存车辆进行盘点，且被告自身每月也要对库存车辆进行盘点。根据被告每月向厂家上报的盘点记录以及被告自身的盘点记录，均可以证明涉案车辆自2013月11月虚出库起至2014年6月销售给原告之前的期间均为在库状态，并未实际销售，因此原告所购买的车辆为新车。

二、根据前述第一点分析，被告销售给原告的车辆并非旧车，被告不存在欺诈行为，也未对消费者造成任何损失。因此我方认为在此前提下，原告所提出的诉讼请求与事实不符，于法无据，应当全部予以驳回。

在出库交接作业时，应注意哪些方面呢？

## 任务执行

商品在完成分拣、包装作业之后，最后进行出库交接作业最终交付给客户。出库交接作业涉及点交、清理现场、登账等操作。

### 1. 点交

出库商品经复核、包装后，要向提货人点交，同时应将出库商品及随行证件逐笔向提货人员当面点交。在点交过程中，有些重要商品的技术要求、使用方法、注意事项，仓管员应主动向提货人交代清楚，做好技术咨询服务工作。商品移交清楚后，提货人应在出库凭证上签名。商品点交后，仓管员应在出库凭证上填写实发数、发货日期和提货单位等内容，并签名，然后将出库凭证有关联次同有关证件即时送交货主，以便办理货款结算。

**（1）点数**

备货之后仓管员对出库理货区的货品清点数目，确保出库数量正确无误，同时保证仓储服务质量。

**（2）装车**

点数之后，装卸工将理货区待发运商品装到对应车上。

**（3）签单**

付货之后，仓管员签发出库单。在出库单上填上实发数量、姓名、日期等，如表 5.5.1 所示。

**表 5.5.1　出库单**

| | | | | | | | | |
|---|---|---|---|---|---|---|---|---|
| 出库单 | | | | | | | | |
| 作业计划单号 :CKPO012110931 | | | | | | | | |
| 库房 : | 01 | √正常商品口退换货 | | | | | | |
| 客户名称 : | 创新数字影音 | | 发货通知单号 : | ON0012110931 | | 出库时间 : | 2015 年 9 月 03 日 9:00 | |
| 收货单位名称 : | 创新数字影音 | | 应发总数 : | 13 箱 /39 个 | | 实发数量 : | 13 箱 /39 个 | |
| 产品名称 | 产品编号 | 规格 | 单位 | 应发数量 | 实发数量 | 货位号 | 批号 | 备注 |
| 《水浒传》 | | 1 × 100 | 箱 | 5 | 5 | | | |
| 《三国》 | | 1 × 100 | 箱 | 3 | 3 | | | |
| 《创世纪》 | | 1 × 100 | 箱 | 4 | 4 | | | |
| 《红楼梦》 | | 1 × 100 | 箱 | 1 | 1 | | | |
| 《武林外传》 | | | 个 | 14 | 14 | | | |
| 《青蛇》 | | | 个 | 25 | 25 | | | |
| | | | | | | 签章 | | |
| 经核查，出库商品种类、数量无误，包装完好 | | | | | | | | |
| 仓管员 : | | | 提货人 : | | | 制单人 : | | |

仓管员将出库单仓库联留存，其余交给提货人单方。

**（4）出库确认**

提货人持仓管员签字盖模块的出库单到仓储核算部门换取出库凭证，商务人员将司机联交给提货人，其余留存。

## 2. 清理现场

商品出库后，有的货垛被拆开，有的货位被打乱，有的现场还留有垃圾或杂物。仓管员应根据储存规划要求，对剩余商品进行并垛或挪位，并及时清扫发货现场，保持清洁整齐，腾出新的货位和库房，以备新的入库商品使用；清查发货的设备和工具有无丢失或损坏等。同时，一批商品发货完成后，要收集、整理该商品的出入库、保管保养及盈亏数据等情况，然后存入商品档案，妥善保管，以备查用。

### 3. 登账

仓管员办理销卡和登账手续，填写货卡信息表（表 5.5.2）和商品明细账（表 5.5.3）。

**表 5.5.2　货卡信息表**

货物名称：　　　　　　　　　规格：　　　　　　　　　　　单位：

| 年 | | 摘要 | 收入数量 | 发出数量 | 结存数量 |
|---|---|---|---|---|---|
| 月 | 日 | | | | |
| | | | | | |
| | | | | | |

**表 5.5.3　商品明细账**

<table>
<tr><td colspan="4" rowspan="3">货物入库明细账卡</td><td colspan="4">卡号</td><td colspan="4"></td></tr>
<tr><td colspan="4">货主名称</td><td colspan="4"></td></tr>
<tr><td colspan="4">货位</td><td colspan="4"></td></tr>
<tr><td colspan="2">品名</td><td></td><td>规格型号</td><td colspan="8"></td></tr>
<tr><td colspan="2">计量单位</td><td></td><td>供应商单位</td><td colspan="8"></td></tr>
<tr><td colspan="2">应收数量</td><td></td><td>送货单位</td><td colspan="8"></td></tr>
<tr><td colspan="2">实收数量</td><td></td><td>包装情况</td><td colspan="8"></td></tr>
<tr><td colspan="4">年</td><td colspan="2">入库数量</td><td colspan="2">出库数量</td><td colspan="2">结存数量</td><td>备注</td><td>货物验收情况</td></tr>
<tr><td>月</td><td>日</td><td>收发凭证号</td><td>摘要</td><td>件数</td><td></td><td>件数</td><td></td><td>件数</td><td></td><td></td><td rowspan="4"></td></tr>
<tr><td></td><td></td><td></td><td></td><td></td><td></td><td></td><td></td><td></td><td></td><td></td></tr>
<tr><td></td><td></td><td></td><td></td><td></td><td></td><td></td><td></td><td></td><td></td><td></td></tr>
<tr><td></td><td></td><td></td><td></td><td></td><td></td><td></td><td></td><td></td><td></td><td></td></tr>
</table>

### 4. 出库异常处理

#### 1）出库凭证处理

**（1）出库凭证假冒、复制、涂改**

如发现出库凭证有假冒、复制、涂改现象，应及时与仓库保卫部门及领导联系，妥善处理。

凡出库凭证超过提货期限，客户前来提货时，必须先办理手续，按规定缴足逾期仓储保管费后，方可发货。跨年度或超过一个月不来提货的，出库凭证作废。如需要提货，可重新办理开票手续。

（2）出库凭证有疑点或问题

凡发现出库凭证有疑点，或者情况不清楚时，应及时与制票员联系，及时查明或更正；商品虽然已经入库，但因某些原因未检验完毕或期货未到库的，一般可暂缓发货，提货期顺延，仓管员不能以发代验；任何白条都不能作为发货凭证；严禁无证、电话、口授发货；任何人都不能强迫仓管员发货，或借用、试用库存商品；若规格开错或印鉴不符，仓管员不得私自调换规格发货，必须通过制票员重新开票后方可发货；凡出库凭证指定厂家的，仓管员必须照发，未注明的，可按发货原则处理；同型号、同规格、不同颜色的商品，凭证上注明的，按凭证要求发货，未注明的，由仓管员安排。

（3）出库凭证遗失

如果客户将出库凭证遗失，可持证明到制票员处挂失，制票员签字作为旁证，然后到仓库找仓管员挂失；如果挂失不及时，商品已提走，则仓管员不负责任，但要协助破案；如果货还没有提走，经仓管员查实后，凭上述证明，做好挂失登记，将原凭证作废，缓期发货。仓管员必须时刻提高警惕，如发现有人持作废凭证要求发货，应立即与仓库保卫部门联系处理。

2）出库后问题处理

（1）商品品种混串

商品出库后，客户反映商品品种规格混串、数量不符等问题时，如确属仓管员发货差错，应予及时纠正并致歉；如不属仓管员差错，应耐心向客户解释清楚，请客户仔细查找。

（2）商品型号、规格开错

凡属客户原因，使出库商品的型号、规格开错，制票员同意退货的，仓管员应按入库验收程序重新验收入库。如果包装破损，商品损坏，仓管员不予退货。待修好后，按入库质量要求重新入库。

（3）商品内在质量问题

凡属商品内在质量问题，客户要求退货或换货的，应由国家指定的质检部门出具检查证明、试验记录，经商品主管部门同意，可以退货或换货。

（4）易碎商品发货后，客户要求调换

凡属易碎商品，发货后客户要求调换的，应以礼相待，婉言谢绝。如果要求帮助解决易碎配件，要协助联系解决。

（5）仓管员发现账货不符

商品出库后，若仓管员发现账货不符，要派专人及时查找追回，以减少损失，不可久推不决。

**3）退货处理**

退货处理是售后服务的一项任务。商品退还有各种原因，有的是发货人在按订单发货时发生了错误；有的是运输途中商品受到损坏，负责赔偿的运输单位要求发货人确定所需修理费用；有的是客户订货有误。以上三种情况处理起来比较简单。最难的是如何正确处理有缺陷的退货，使相关方面都能有一个满意的结果。退货处理的一般程序如下：

①客户退货时应填写“退货申请表”，仓库在收到同意退货的“退货申请表”后，须按约定的运输方式办理运输手续。

②仓库在收到客户的退货时，应尽快清点完毕，如有异议，必须以书面形式提出。

③退回的商品与退货申请表是否相符，以仓库清点为准。

④仓库应将退入仓库的商品，根据其退货原因，分别存放、标识。对属供应商所造成的不合格品，应与采购部门联系，催促供应商及时提回。对属仓库造成的且不能修复的不合格品，应每月申报一次，及时进行处理。

⑤对于已发放的商品和退回的商品，要及时入账，并按时向其他部门报送有关资料。

## 课后练习

### 1. 选择题（单选题）

（1）点交操作不涉及（　　）。

A. 点数　　B. 装车　　C. 签单　　D. 安全确认

（2）一批商品发货完成后，要收集整理该商品的（　　）、保管保养及盈亏数据等情况，然后存入商品档案，妥善保管，以备查用。

A. 进出账　　B. 出入库　　C. 价格　　D. 库存

（3）跨年度或超过（　　）不来提货的，出库凭证作废。如需要提货，可重新办理开票手续。

A. 一个星期　　B. 一个月　　C. 三个月　　D. 六个月

（4）任何白条都不能作为发货凭证；严禁（　　）、电话、口授发货；任何人都不能强迫仓管员发货，或借用、试用库存商品。

A. 无证　　B. 邮件　　C. 无条　　D. 越权

（5）退货处理流程不包括（　　）。

A. 客户退货时应填写“退货申请表”，仓库在收到同意退货的“退货申请表”后，须按约定的运输方式办理运输手续

B. 仓库在收到客户的退货时，应尽快清点完毕，如有异议，必须以书面形式提出

C. 如发现出库凭证有假冒、复制、涂改现象，应及时与仓库保卫部门及领导联系，妥善处理

D. 仓库应将退入仓库的商品，根据其退货原因，分别存放、标识。对属供应商所造成的不合格品，应与采购部门联系，催促供应商及时提回

2. 判断题

（1）凡出库凭证超过提货期限，客户前来提货时，必须先办理手续，按规定缴足逾期仓储保管费，方可发货。（　）

（2）提货人持仓管员签字盖模块的出库单到仓储核算部门换取出库凭证，商务人员将司机联交给提货人，其余留存。（　）

（3）任何人都不能强迫仓管员发货，或借用、试用库存商品。（　）

（4）如果客户将出库凭证遗失，可持证明到制票员处挂失，制票员签字作为旁证，然后到仓库找仓管员挂失。（　）

（5）仓库在收到客户的退货时，应尽快清点完毕，如有异议，必须以电话的形式提出。（　）

## 技能训练

【实训内容】

通过分组模拟出库交接流程，掌握出库交集的作业流程和注意事项。

【实训目的】

通过本次实训，巩固所学理论知识，理解仓管各项管理规范的作用和意义，掌握仓管员必备的技能技巧。

【实训准备】

①计算机及网络。
②纸、笔、出库单据。

【实训要求】

①能够独立、规范地完成各项任务。
②注意使用礼貌用语。

【实训步骤】

①将全班同学分组，每组 4 ~ 6 人，活动以组为单位进行。

②2 个小组分别模拟出库交接的甲方和乙方。
③按照出库交接流程完成交接流程。
④每人写出不少于 1 000 字的调研学习总结报告。
⑤小组组长汇总本小组的调研报告并上交。

【实训评价】

各小组组长将本组的结果在全班展示，供同学和教师查验，要求有出库管理流程等内容。

（1）小组活动评价

组长负责分配不同的任务给小组成员，每个组员完成各个子任务。调研报告要有出库管理流程等内容。完成任务得 40 分，如果有遗漏等情况扣减相应分值。小组成员评价意见表如下。

小组成员评价意见表

小组名称：______________ 组长：______________

| 小组成员 | 态度（10 分） | 互助与合作（10 分） | 倾听（10 分） | 展示与效果（10 分） |
|---|---|---|---|---|
| | | | | |
| | | | | |
| | | | | |
| | | | | |
| | | | | |

（2）教师评价

教师负责评价每组的任务完成情况，量化评价标准。总分值最高为 60 分。教师对小组进行评价的标准如下表。

小组学习评价表

| 序号 | 评价指标 | 分值 / 分 | 打分 |
|---|---|---|---|
| 1 | 能在规定时间内合作完成实训任务，操作规范；顺利展示，报告观点新颖，表述逻辑性强 | 50 ~ 60 | |
| 2 | 能在规定时间内完成实训任务，操作规范；能做展示，有自己的观点，表述清楚 | 40 ~ 49 | |
| 3 | 能在老师和其他同学的帮助下完成实训任务，有展示 | 30 ~ 39 | |
| 4 | 能在老师和其他同学的帮助下基本完成实训任务，没有展示 | 29 以下 | |

（3）教师点评

教师进行点评时，汇总小组内评价，然后针对各小组进行总结点评。点评时以鼓励为主，要注意挖掘每个小组的闪光点。每个学生最后得分为所在小组分值加上小组成员评价分值。

项目 6

# 特殊货物仓储管理

**教学目标**

知识目标：

①掌握特殊货物分类及特性的基础知识

②掌握危险品仓储管理相关操作要点

③掌握冷藏品仓储管理相关操作要点

能力目标：

①学会特殊货物的分类，掌握危险品、冷藏品的特点

②能进行危险品仓储管理相关操作

③能进行冷藏品仓储管理相关操作

素质目标：

①培养现代仓储的操作规范及职业素养

②培养标准化、制度化管理意识

**教学重难点**

重点：

①危险品仓储管理

②冷藏品仓储管理

难点：

危险品仓储管理

# 任务 1 特殊货物分类

## 案例导入

2004 年 3 月 20 日 19 时，河南省 ×× 市汽运总公司九分公司危险货物运输专业车队的豫 H339XX 解放牌危险货物运输汽车，在执行山西阳城—江苏江阴的运输任务时，行进至京沪高速公路 240 km 处(扬州段)起火，右后轮胎突然爆裂，车厢内放置的 3 个二硫化碳储存罐由于受碰撞、挤压而破裂，泄漏出来的二硫化碳遇到火花，随即发生爆燃。

问题：

①哪些货物是危险货物？

②危险货物的危险程度有哪几类？

## 任务执行

特殊货物在仓储管理中往往有特殊要求，特殊货物通常包括危险品、冷藏货物等。首先能准确识别特殊货物的分类，然后按照特殊货物的管理要求进行存储和转运。

### 1. 危险品的概念及分级

**1）危险品的概念**

危险品又称为危险化学品、危险货物，是指具有爆炸、易燃、毒害、腐蚀、放射性等特性，在运输、装卸和储存过程中，容易造成人身伤亡和财产毁损而需要特别防护的货物。危险货物主要有化工原料、化学试剂、农药、医药用品及石油产品等。

**2）危险品的特性**

根据每种常用危险化学品易发生的危险，综合归纳危险品的危险特性，如表 6.1.1 所示。

表 6.1.1　危险品的危险特性

| 危险品种类 | 特性 | 特性详述 |
|---|---|---|
| 爆炸品 | 爆炸性 | 爆炸是由物质非常迅速的物理或化学变化而形成压力急剧上升的一种现象。爆炸反应主要是分解反应和燃烧反应。有些爆炸品本身含有不同程度的毒性，在引起爆炸时，还会造成中毒的危害 |
| | 吸湿性 | 绝大多数爆炸品具有较强的吸湿性，当吸湿受潮后会降低爆炸性能，甚至失去作用。如黑火药在含水量为 2% 时，就不易引爆 |
| | 不稳定性 | 爆炸品遇酸、碱分解，受日光照射分解，与某些金属接触产生不稳定的盐类等特性，归纳起来，称为不稳定性 |
| 压缩、液化或加压溶解的气体 | 容器爆炸 | 压缩、液化或加压溶解的气体具有因受热、撞击、振动等影响，会引起钢瓶内气体压力增大，使容器炸裂或爆炸。高压气体按气体所处的状态，可分为压缩气体、液化气体和溶解气体。压缩气体是指在常温环境下经加压不能液化的气体 |
| | 气体泄漏 | 高压气体不得泄漏。若泄漏的气体为有毒气体，如氯化氢、磷化氢等，人体吸入后会引起中毒死亡事故。若泄漏的气体为易燃、助燃气体，如氢气、石油气等，遇火星极易引起燃烧事故 |
| | 氧气与油脂类接触易燃烧 | 油脂类可燃物质在高压纯氧的冲击下，极易引起燃烧或爆炸。如果钢瓶上沾有油脂时，应立即用四氯化碳揩去。运输中空氧钢瓶也不得与油脂类货物配装，防止残存氧气外泄引起燃烧事故 |
| | 注意比空气重的高压气体沉积 | 多数高压气体重于空气，泄漏后往往沉积于低洼处或船舱底部，不易散发，增加了潜在危险。某些易燃气体能扩散到相当远距离外的火源处被点燃，并将火焰传播开来引起燃烧事故，如二甲胺、丁二烯等 |
| 易燃液体 | 极易燃烧性 | 液体燃爆前必须先蒸发后燃烧。易燃液体都是一些蒸发热（或汽化热）较小的液体，极易挥发并在空间扩散，同时易燃液体几乎都是有机化合物，其分子组成中含有碳原子和氢原子，极易与空气中的氧气化合，只要极小的火星即可点燃，甚至与火焰相隔一定的距离仍可发生“返闪”现象，将货物点燃而引起燃烧 |
| | 蒸气的易爆性 | 易燃液体挥发出来的蒸气，与空气混合，达到一定的浓度范围时，遇火星即可发生爆炸 |
| | 流动扩散性 | 易燃液体是黏度很小的液体，极易流淌，还因渗透、毛细管引力、浸润等作用，即使容器只有细微裂纹，易燃液体也会渗出容器壁外，扩大其表面积并不断地挥发蒸气，增加了燃烧爆炸的危险性 |
| | 受热膨胀性 | 易燃液体的容器一旦受热，容器内的体积会急剧膨胀，同时蒸气压迅速升高，使密封容器内的压力升高，从而致使容器渗漏、变形或爆裂 |
| | 易积聚静电 | 大部分易燃液体，如脂类、石油及其产品等，都是电的不良导体。在运输、装卸过程中，往往由于与其他物质摩擦接触而产生静电，当静电荷积聚到一定程度时，就会产生放电而出现电火花，引起易燃液体蒸气燃烧爆炸的危险 |
| | 有毒性 | 大多数易燃液体有不同程度的毒性，有的毒性较大，长时间吸入会引起中毒，如二硫化碳等 |
| 易燃固体 | 易烧性 | 易燃固体燃点低，燃烧速度快。在遇火、受热、撞击、摩擦及与氧化剂接触后，会造成剧烈连续的燃烧 |
| | 爆炸性 | 易燃固体中的有些物质，当其处于干燥状态时，被列为爆炸品。这些物质在运输时处于水或其他液体浸湿状态下才较为稳定，被称为减敏爆炸品 |
| | 有毒性 | 许多易燃固体本身有不同程度的毒性，在装卸有破损或渗漏的容器时，接触皮肤或被误吞或吸入都易引起中毒，如三硫化四磷、硫黄等。某些易燃固体在遇热或燃烧时会产生有毒和易燃气体，如赛璐珞、硝化纤维素、苯等 |

续表

| 危险品种类 | 特性 | 特性详述 |
|---|---|---|
| 易自燃物质 | 自燃性 | 自燃是指物质自然地发热，当热量经过一定时间的积蓄达到其燃点时，最终发生起火的现象 |
| | 潮湿或遇水易自燃 | 潮湿空气或水对某些自燃物质会起催化作用，如加快反应的速度，促使自燃。例如，棉花、动植物纤维潮湿后更易自燃 |
| | 有毒性 | 某些物质本身有毒性，如黄磷，吞服量至0.15 g时，即可致人死亡。燃烧时会产生五氧化二磷白色烟雾，被吸入人体内也会造成危害 |
| 遇水放出易燃气体的物质 | 遇水燃烧性 | 此类物质遇水引起化学反应，会出现两种现象：一是遇水会剧烈反应，产生大量的易燃气体和热量，易燃气体可被点燃，如金属钠、金属钾、氢化钠、碳化钙等。二是遇水会剧烈反应，产生大量的易燃气体和少量热量，反应所产生的热量不足以达到易燃气体的燃点，需要接触外部火源才会发生燃烧，如氰氨化钙等 |
| | 爆炸性 | 某些物质由于遇水或潮湿时化学反应异常迅速，产生大量的易燃气体和热量，易燃气体与空气混合形成爆炸性混合物，引起爆炸，如金属钠、钾、铷、锂、钾钠合金及金属钾合金等 |
| | 有毒性 | 某些物质本身具有不同程度的毒性，尤其与水、潮湿空气、酸类接触后会散发出毒性气体，如硅铁、磷化钾、磷化钙等 |
| | 遇酸、氧化剂反应剧烈 | 此类物质大多是较强的还原剂，与氧化剂、强酸接触时会产生剧烈的化学反应，引起燃烧或爆炸，如锌粉、镁粉等 |
| 氧化物质(氧化剂)与有机过氧化物 | 强氧化性 | 在氧化还原反应中，狭义地讲，给出氧的物质就叫作氧化剂；广义地说，凡在化学反应中得到电子的物质，称为氧化剂 |
| | 遇热分解 | 氧化剂都有遇热分解产生氧(或具有氧化性的气体)和高热的特性。例如，硝酸盐类遇热能放出氧化氮和氧气 |
| 氧化物质(氧化剂)与有机过氧化物 | 爆炸性 | 氧化剂的爆炸性也较突出。氯酸盐类、硝酸盐类，尤其是有机过氧化物，当其中混有可燃杂质(尤其是粉末状的物质)或经摩擦、振动、受热等作用后，这种爆炸性更加明显 |
| | 遇酸、遇水分解 | 绝大多数氧化剂遇强酸类液体会发生剧烈反应，放出剧毒性气体，引起燃烧或爆炸 |
| | 有毒性和腐蚀性 | 氧化剂一般都具有不同程度的毒性，有的还有腐蚀性，分解时可散发毒性气体或腐蚀性气体 |
| 有毒的(毒性的)物质和感染性物质 | 毒害性 | 有毒物质少量进入人、畜体内或接触皮肤，即可引起中毒和死亡事故。不同的有毒物质其毒性各不相同，它们的物理性质对毒性的大小有较大的影响 |
| | 遇酸、氧化剂分解 | 有毒物质除了具有强烈的毒害性外，还有一些物质遇酸会发生剧烈反应产生剧毒、易燃的气体，如氰化钠、磷化铝等。有些物质与氧化剂会发生剧烈反应，如乙基苯胺等 |
| | 遇水分解 | 有些有毒物质遇水能发生分解反应，产生易燃、剧毒、腐蚀性的气体，引起燃烧或中毒事故，如磷化铝等 |
| 放射性物质 | 放射性 | 由物质自发地(即不受外界温度、压力影响)、不断地向周围放出肉眼看不见的，但用仪器可测量到的具有很强穿透力，能透过黑纸使未曝光的照相胶卷感光受损的射线就叫作放射线。具有放射这种射线的性质，叫作放射性。放射射线剂量过大会对人体组织产生或大或小的伤害。放射性物质放出的射线有 $\alpha$ 射线、$\beta$ 射线、$\gamma$ 射线和快中子射线等，同一种放射性物质能放射出一种或多种射线 |
| | 内辐照 | 内辐照是指放射性物质侵入人体（吞食或吸入体内）在体内形成照射 |
| | 外辐照 | 外辐照是指由放射性物质放出的射线，在一定的距离之内照射人体而造成对细胞、组织的杀伤和破坏 |

续表

| 危险品种类 | 特性 | 特性详述 |
| --- | --- | --- |
| 腐蚀性物质 | 腐蚀性 | 腐蚀是指物质表面与周围某些介质或接触物之间发生化学反应，并引起物质受破坏的现象。所进行的反应称为腐蚀反应 |
| | 毒害性 | 多数腐蚀性物质都有不同程度的毒性，被误吞或吸入其蒸气可能中毒，其中有些物质甚至可渗入皮肤引起中毒，如发烟硝酸等 |
| | 易燃性 | 有些腐蚀性液体的闪点低于 61 ℃，从定义上说也属于易燃液体，当接触火源时易于燃烧 |
| 杂类危险物质 | 此类物质是指除以上 8 类以外的其他危险货物，包括凡经验已经证明或可以证明，按其危险性质必须应用本类规定的任何其他物质 | |

**3）危险品的分级**

危险品的特征就是具有危害性，但各种危险品的危害性具有不同的表现，根据首要危险特性可将危险品分为 9 大类，分别是：①爆炸品；②压缩气体和液化气体；③易燃液体；④易燃固体；⑤自燃物品和遇湿易燃物品；⑥氧化剂和有机过氧化剂；⑦有毒品；⑧腐蚀品；⑨杂类。具体包括列入国家标准《危险货物品名表》（GB 12268—1990）和国务院经济贸易综合管理部门公布（会同公布）的《剧毒化学品目录》和《其他危险化学品》。危险品还包括未经彻底清洗的盛装过危险品的空容器、包装物。危险品除了具有分类的主要危险特性外，还可能具有其他的危害特性，如爆炸品大都具有毒性、易燃性等。

## 2. 危险品的详细分类

《国际海运危险货物规则》（以下简称《国际危规》）按其主要危险类型将危险品分为 9 大类，各大类分为若干小类，也可称准项。具体分类如下。

第 1 类——爆炸品

1.1 类：具有整体爆炸危险的物质和物品

1.2 类：具有抛射危险但无整体爆炸危险的物质和物品

1.3 类：具有燃烧危险和较小爆炸或较小抛射危险或两种危险兼有，但没有整体爆炸危险的物质和物品

1.4 类：无重大危险的物质和物品

1.5 类：具有整体爆炸危险的很不敏感的物质和物品

1.6 类：无整体爆炸危险的极度不敏感的物质

第 2 类——气体：压缩、液化或加压溶解的

2.1 类：易燃气体

2.2 类：非易燃、无毒气体

2.3 类：有毒气体（有毒气体如果是易燃的，则归入第 2.1 类）

第 3 类——易燃液体

3.1 类：低闪点类液体，即闭杯试验闪点低于 −18 ℃的液体

3.2 类：中闪点类液体，即闭杯试验闪点为 −18 ～ 23 ℃但不包括 23 ℃的液体

3.3 类 : 高闪点类液体，即闭杯试验闪点为 23 ～ 61 ℃但包括 61 ℃的液体
第 4 类——易燃固体；易自燃物质；遇水放出易燃气体的物质
4.1 类 : 易燃固体、自反应物质和固体退敏爆炸品
4.2 类 : 易自燃物质
4.3 类 : 遇水放出易燃气体的物质
第 5 类——氧化物质 ( 氧化剂 ) 与有机过氧化物
5.1 类 : 氧化物质 ( 氧化剂 )
5.2 类 : 有机过氧化物
第 6 类——有毒的 ( 毒性的 ) 物质和感染性物质
6.1 类 : 有毒的 ( 毒性的 ) 物质
6.2 类 : 感染性物质
第 7 类——放射性物质
第 8 类——腐蚀性物质
第 9 类——杂类危险物质和物品

## 3. 危险品的标识标记

**1）危险品的编号**

为了保证危险货物在运输中被迅速识别，将危险货物的潜在危险性充分地告诉给运输过程中可能与该货物接触的所有人员，提高警惕，以防发生危险，并在事故发生时，能迅速识别危险货物并采取应急措施。因此，危险货物的正确标记是一项不可忽视的工作。通常采取的措施是使用特别的包件标记和标志表明货物的危险性、正确的运输名称及联合国编号；把有关的资料填写在运输单证上 ; 在运输装置上挂标牌。

**2）危险品标识**

为了能在一定距离内很容易识别危险货物的危险性质，装有危险货物的包件或集装箱上应以醒目的标志或印刷标志加以标明，但对于包件中装有危险程度低，并在《国际危规》中确定为“限量内危险货物”的可免除标志，还要在包件上标有类别号码，如 4.1 类。危险货物标签式样如图 6.1.1 所示。

图 6.1.1　危险货物标签式样

适当的类别符号和号码应标示在标志上的菱形内。爆炸品类别号码要附加分类号码和配装类别字母。如“1.4F”中第1位数“1”表示第1类别，小数点后的“4”表示爆炸品中的第4小类，“F”表示爆炸品类配装类别。

标牌的规格不小于250 mm×250 mm，使用在货物运输装置上，包括货物集装箱、可移动罐柜、公路和铁路货运车等外表面（图6.1.2）。

图6.1.2　危险货物标牌

## 4. 冷藏品的概念

广义的冷藏品一般分为冷冻食品、冷藏食品、冷鲜食品。2019年8月30日，国家市场监督管理总局、国家标准化管理委员会印发《关于批准发布〈针叶树锯材〉等501项国家标准和6项国家标准修改单的公告》（2019年第10号），正式发布了501项国家标准。

根据《冷藏、冷冻食品物流包装、标志、运输和储存》（GB/T 24616—2019）国家标准定义，冷冻食品是指在≤ –18 ℃条件下储运及销售的食品，通常包括冷冻肉、冷冻鸡、速冻水饺、海鲜等；冷藏食品是指在8 ℃以下、冻结点以上条件下储运及销售的食品，保质期范围比较长（5 ~ 180天不等），主要是食品，包含冷藏鲜奶、冷藏酸奶、冷藏羊奶、冷藏果汁、冷藏饮品、冷藏食品等。蔬菜、水果等属于冷鲜食品，一般在10 ℃以下保鲜。

## 5. 冷藏车的分类和选择

冷藏品在运输过程中需要采用冷藏车运输，为应对不同的冷藏品，冷藏车根据冷藏温度也进行了分级，具体分为A ~ H 8类。

A类：车厢平均温度在0 ~ 12 ℃

B类：车厢平均温度在10 ~ 12 ℃

C类：车厢平均温度在12 ~ 20 ℃

D类：车厢平均低于0 ℃

E类：车厢平均温度≤ –10 ℃

F类：车厢平均温度≤ –20 ℃

G类：车厢平均温度 –2 ~ 8 ℃

H类：车厢平均温度≤ –20 ℃

第一类冷冻食品，如冷冻肉类、水产类、速冻食品等。这些食品一般要求储存的温度在 –18 ℃，可以储存几个月到十几个月不等。这些食品在以小时计的运输过程中，只需要将厢体内的温度设定在 –18 ℃ ，并不需要严格控制温度的波动。这类食品应采用 F 类冷藏车运输。

第二类冷藏食品，如冷鲜肉、水产品、禽蛋等。这类食品的运输温度要求是在保证食品不结冰的前提下，温度越低越好，也就是接近 0 ℃或更低一些，这类食品要求采用 D、E、F 等级的冷藏车运输。一些罐头食品要求的运输温度在 –5 ℃左右，采用 E 或 F 级冷藏车运输。

第三类冷鲜食品，如蔬菜、水果等。这类食品的运输是冷藏运输中比较复杂的，首先，各种蔬菜或水果的温度要求不一样，其次，许多蔬菜、水果在采摘以后仍然要呼吸，会产生呼吸热，因此要求冷藏车制冷机组提供更多的冷量。另外，这类食品对湿度也有要求，所以说从 A 到 F 各级冷藏车都可以用于蔬菜、水果运输，但承运人的技术和经验是非常重要的。

## 课后练习

### 1. 填空题

（1）危险品又称为危险化学品、危险货物，是指具有_______、易燃、_______、腐蚀、放射性等特性。

（2）危险货物品名编号由 5 位阿拉伯数字组成，分别表示危险货物的________、项号和________。

（3）爆炸是由物质非常迅速的物理或化学变化而形成压力急剧上升的一种现象。爆炸反应主要是____反应和____反应。有些爆炸品本身含有不同程度的毒性，在引起爆炸时，还会造成中毒的危害。

（4）冷藏食品是指在_____以下、_____以上条件下储运及销售的食品，保质期范围比较长（5 ~ 180 天不等）主要是食品。

（5）B 类 : 车厢平均温度在____℃至____℃。

### 2. 判断题

（1）高压气体不得泄漏。如泄漏的气体为有毒气体，如氯化氢、磷化氢等，人体吸入后会引起中毒死亡事故。如泄漏的气体为易燃、助燃气体，如氢气、石油气等，遇火星极易引起爆炸事故。（　　）

（2）外辐照是指由放射性物质放出的射线，在一定的距离之内照射人体而引起对细胞、组织的杀伤和破坏。（　　）

（3）国家对危险品实现严格的管理，采取相应管理部门审批、发证、监督、检查的系列管理制度。（　　）

（4）冷冻食品，一般要求储存温度在 –20 ℃以下，可以储存几个月到十几个月。

这些食品在以小时计的运输过程中，只需要将厢体内的设定温度设定在 -20 ℃，并不需要严格控制温度波动的精准，这类食品应采用 F 类冷藏车运输。（ ）

（5）《冷藏、冷冻食品物流包装、标志、运输和储存》（GB/T 24616—2019）国家标准于 2020 年 3 月 1 日正式实施。（ ）

## 技能训练

【实训内容】

通过分组模拟危险品的标识识别和分类，掌握危险品的危害特性和管理原则。

【实训目的】

通过本次实训，巩固所学理论知识，理解危险品的标识识别和分类，掌握危险品的危害特性和管理原则。

【实训准备】

①计算机及网络。
②纸、笔。

【实训要求】

①能够独立、规范地完成各项任务。
②注意使用礼貌用语。

【实训步骤】

①将全班同学分组，每组 4 ~ 6 人，活动以组为单位进行。
②各自收集各自危险品标识，并进行辨识和分类。
③收集危险品管理原则和规范。
④每人写出不少于 1 000 字的调研学习总结报告。
⑤小组组长汇总本小组的调研报告并上交。

【实训评价】

各小组组长将本组的结果在全班展示，供同学和教师查验，要求有危险品的标识识别和分类，危险品的危害特性和管理原则等内容。

**（1）小组活动评价**

组长负责分配不同的任务给小组成员，每个小组成员完成各个子任务。调研报告要有危险品的标识识别和分类，危险品的危害特性和管理原则等内容。完成任务得 40 分，如果有遗漏等情况扣减相应分值。小组成员评价意见表如下：

小组成员评价意见表

小组名称：______________　　　　　　　　　　　　组长：______________

| 小组成员 | 态度（10 分） | 互助与合作（10 分） | 倾听（10 分） | 展示与效果（10 分） |
|---|---|---|---|---|
| | | | | |
| | | | | |
| | | | | |
| | | | | |
| | | | | |

**（2）教师评价**

教师负责评价每组的任务完成情况，量化评价标准。总分值最高为 60 分。教师对小组进行评价的标准如下表：

小组学习评价表

| 序号 | 评价指标 | 分值 / 分 | 打分 |
|---|---|---|---|
| 1 | 能在规定时间内合作完成实训任务，操作规范；顺利展示，报告观点新颖，表述逻辑性强 | 50 ~ 60 | |
| 2 | 能在规定时间内完成实训任务，操作规范；能做展示，有自己的观点，表述清楚 | 40 ~ 49 | |
| 3 | 能在老师和其他同学的帮助下完成实训任务，有展示 | 30 ~ 39 | |
| 4 | 能在老师和其他同学的帮助下基本完成实训任务，没有展示 | 29 以下 | |

**（3）教师点评**

教师进行点评时，汇总小组内评价，然后针对各小组进行总结点评。点评时以鼓励为主，要注意挖掘每个小组的闪光点。每个学生最后得分为所在小组分值加上小组成员评价分值。

# 任务 2　危险品仓储管理

## 案例导入

天津港瑞海公司危险品仓库特别重大火灾爆炸事故

2015 年 8 月 12 日 22 时 51 分 46 秒，位于天津市滨海新区吉运二道 95 号的瑞海公司危险品仓库运抵区（“待申报装船出口货物运抵区”的简称，属于海关监管场所，用金属栅栏与外界隔离。由经营企业申请设立，海关批准，主要用于出口集装箱货物的运抵和报关监管）最先起火，23 时 34 分 06 秒发生第一次爆炸，23 时 34 分 37 秒发生第二次更剧烈的爆炸。事故现场形成 6 处大火点及数十个小火点，直至 8 月 14 日 16 时 40 分，现场明火才被扑灭。此次事故造成 165 人遇难（参与救援处置的公安现役消防人员 24 人，天津港消防人员 75 人，公安民警 11 人，事故企业、周边企业员工和周边居民 55 人），8 人失踪（天津港消防人员 5 人，周边企业员工、天津港消防人员家属 3 人），798 人受伤住院治疗（伤情重及较重的伤员 58 人、轻伤员 740 人）；304 幢建筑物（其中办公楼宇、厂房及仓库等单位建筑 73 幢，居民 1 类住宅 91 幢、2 类住宅 129 幢、居民公寓 11 幢），12 428 辆商品汽车，7 533 个集装箱受损。爆炸后残留的化学品与产生的二次污染物逾百种，对局部区域的大气环境、水环境和土壤环境造成了不同程度的污染。

经国务院事故调查组调查的结果显示：通过调查询问事发当晚现场作业员工、调取分析位于瑞海公司北侧的环发讯通公司的监控视频、提取对比现场痕迹物证、分析集装箱毁坏和位移特征，认定事故最初起火部位为瑞海公司危险品仓库运抵区南侧集装箱区的中部。事发时瑞海公司储存的 111 种危险货物中，确定至少有 129 种化学物质发生爆炸燃烧或泄漏扩散，其中，氢氧化钠、硝酸钾、硝酸铵、氰化钠、金属镁和硫化钠这 6 种物质的重量占到总重量的 50%。

通过对向瑞海公司供应硝化棉的河北三木纤维素有限公司、衡水新东方化工有限公司的调查发现，企业采取的工艺为：先制成硝化棉水棉（含水量 30%）作为半成品库存，再根据客户的需要，将湿润剂改为乙醇，制成硝化棉酒棉，之后采用人工包装的方式，将硝化棉装入塑料袋内，塑料袋不采用热塑封口，而用包装绳扎口后装入纸筒内。据瑞海公司员工反映，在装卸作业中存在野蛮操作的问题，在硝化棉装箱过程中曾出现包装破损、硝化棉散落的情况。对样品硝化棉湿润剂的挥发性进行分析测试，结果表明：如果包装密封性不好，在一定温度下湿润剂就会挥发、散失，且随着温度升高而加快散失速度；如果包装破损，在高温环境中，2 小时内乙醇湿润剂就会全部挥发散失。

事发当天最高气温达 36 ℃，实验证实，在气温为 35 ℃时集装箱内温度可达 65 ℃以上。

以上几种因素的耦合作用引起了硝化棉湿润剂的散失。在高温环境作用下，湿润剂加速分解、反应，产生了大量热量。而集装箱散热条件差，于是热量不断积聚，硝化棉温度持续升高，达到自燃温度后便发生了自燃。

最后，事故调查组认定此次事故的直接原因是瑞海公司危险品仓库运抵区南侧集装箱内的硝化棉由于湿润剂散失出现局部干燥，在高温（天气）等因素的作用下加速分解、放热，积热自燃，引起相邻集装箱内的硝化棉和其他危险化学品长时间大面积燃烧，导致堆放于运抵区的硝酸铵等危险化学品发生爆炸。从事故性质上看天津港“8. 12”瑞海公司危险品仓库火灾爆炸事故是一起特别重大生产安全责任事故。爆炸后的场景如图 6.2.1、图 6.2.2、图 6.2.3 所示。

图 6.2.1　爆炸后的部分明火现场

图 6.2.2　爆炸后的消防救援

图 6.2.3　受损汽车现场照片

思考题

①天津港“8.12”瑞海公司危险品仓库特别重大火灾爆炸事故的原因是什么？造成的损失有多大？

②此次事故对仓储安全工作有什么启示？

## 任务执行

### 1. 危险品的运输包装

危险货物的运输包装质量直接关系到货物在运输、装卸时的质量和数量，也是确保安全的重要条件。由于运输包装不良而造成重大事故，是多年来危险货物运输事故中重要的经验教训。危险货物的运输包装对安全运输危险货物具有重要意义。

**1）第一类危险货物的包装要求**

**（1）一般要求**

①危险货物包装的材质、容器与所装危险货物直接接触时不应发生化学反应或其他作用。

②危险货物的包装应有一定的强度。

③危险货物包装及容器封口应与货物的性质相适应。

④危险货物的包装应有适当的衬垫材料。

⑤危险货物的包装应能经受一定范围的温度、湿度或压力的变化。

**（2）特殊要求**

①如果采用双弯折密封的钢桶，应采取措施，防止爆炸性物质进入接缝缝隙内。

②铝桶或钢桶的封闭装置，应有适宜的垫圈。如果封闭装置有螺纹，应使爆炸性物质不可能进入螺纹内。

③如果使用金属衬里的箱子装爆炸性物质，则这些箱子的结构应使所装爆炸性物质不可能落入衬里与箱底或衬里与箱侧壁的隔缝中间。

④用来运输爆炸性物质的木制琵琶桶，只允许使用硬木制的桶箍。

⑤无包装运输的大件爆炸性物质可固定在框架上或装在板条箱中。

**2）第 2 类危险货物的包装要求**

气体通常以压缩状态、液化状态或在压力下溶解状态运输，这种气体常处于压力之下，需要有特殊的容器（耐压容器）。

容器的种类：

①碳钢或特种钢制造的钢瓶；

②铜合金容器；

③铝合金容器；

④碳钢或特种钢制造的特殊容器，适合用作装在金属衬里的坚实木箱内的小容量的厚壁玻璃管或金属管。

**3）第 7 类危险货物的包装要求**

①防护住放射性物质；

②起屏蔽作用，将辐射减弱到允许的强度；

③防止达到临界状态；

④促进散热。

## 2. 危险品的积载与隔离

危险货物除按普通货物的积载要求外，还有其特殊的积载与隔离要求，在安排积载计划时，应特别引起注意。如果危险货物运输包装是防止货物泄漏危险性的第一道防线，那么，合理的积载与隔离就是第二道防线，它是保证危险货物安全运输的重要措施。

**1）危险品积载的一般要求**

**（1）配、积载**

配载是为船舶的当航次配备货源，确定所装货物的品种、数量、重量、体积，计划如何将货物合理分配在船舶适当的舱位或甲板上。配载是积载的依据，积载是配载的实施。

远洋船舶由大副或委托他人代理负责编制船舶货物配载图，经船长批准后，作为装货工作的依据。

对于危险货物的配载图编制，必须严格按照“危险货物隔离表”的要求进行，配载图编好后，还需向港务监督申报与审核，一经核准，作为装货依据的配载图，不得擅自修改。

船舶申请监装危险货物，应事先直接或通过代理人向港务监督提出，并附送装货配载图，监装合格后，由港务监督签发“危险货物监装证书”，以证明积载正确。

**（2）危险货物积载的一般要求**

积载可分为舱内积载和舱面积载。为严密防护危险货物不受损失，应尽量在舱内积载。特别是纤维板箱应在舱内积载，如在舱面积载应加以防护，切勿使其受气候和海水的侵袭。

危险货物只有在下列情况下才可在舱面积载：

① 需要经常检查的货物；

② 需特别接近检查的货物；

③ 会形成爆炸性混合气体的危险的、产生剧毒蒸气的或对船舶有腐蚀作用的货物。易燃、易爆危险货物的积载应在远离热源、火源、电源、船员卧室及易受振部位。

④ 有毒性货物和放射性货物的积载应远离厨房、驾驶台、卧室等生活区和工作区。

⑤ 装满危险货物的桶和钢瓶可在舱面或具有机械通风设备的舱内积载，但未清洗

处理的、带有毒性气体的空桶和空钢瓶只限舱面积载。

第 1 类爆炸品积载种类和配装的特殊要求：

①积载种类

不同的第 1 类货物，按其特殊要求有不同的积载种类。

积载 I 类（普通货舱）：需要以普通货舱积载的第 1 类货物应积载于船舶的阴凉、清洁、干燥、通风良好的处所，远离一切热源，包括火花、火焰、蒸气管道、加热线圈等。

积载 II 类（弹药舱）：需要以弹药舱积载的第 1 类货物，弹药舱分为 A 型、B 型、C 型。A 型弹药舱除符合积载 I 类（普通货舱）的要求外，在货物的各边应装有密合的木板，并有密合的地板。B 型弹药舱除地板不需以木板密闭，但应加护板或者用木质货板或以上下层交叉放置的双层垫木防护外，其余与 A 型相同。C 型弹药舱要求与 B 型相同，但需建在距船舶任何一侧都不少于 2.5 m 的地方。

积载 Ⅲ 类（烟火材料）：除符合积载 I 类（普通货舱）的要求外，由于烟火材料在运输中易被损坏，还要求包件不应压载（即无不同的货物直接装在它们的上面）。

积载 IV 类（特别项目）：需要这种积载类型的货物基本上包括既含有爆炸物又含有烟雾、催泪或各种毒性化学剂的装置，应防止内容物渗漏而发生火灾或自燃危险。毒性型的货物应在密封或通风良好的处所积载。烟雾或催泪型的货物最好在舱面积载，均应远离居住场所及机舱、锅炉、燃料舱等，包件不应压载。

舱面积载：第 1 类货物可在舱面积载，为防止受大气及浪花、日晒的影响，应加上遮盖物。舱面积载应离开火、出灰机或易燃的船用材料 6 m 以上。

②集装箱和车辆装载第 1 类货物的运送条件

除有现行《国际集装箱安全公约》核准合格牌照的，并证明其构造符合要求的集装箱和车辆能装运第 1 类货物外，其他集装箱和车辆均不能应用于第 1 类货物的运输。

③配装隔离

将每种爆炸性物质或物品分开积载运输可提高安全性，但是这种办法很不经济，实际上也行不通。为了兼顾安全和其他有关因素，在运输中把几种爆炸性物质或物品进行一定程度的混装是必要的。

在运输中，这种混装的程度取决于爆炸品的“相容性”。第 1 类货物根据其具有的危险类型划分为 5 个类型和 12 个配装类，如可安全地合并积载运输，即被认为是相容的。配装类每类以规定的字母自 A 至 L(除去 I) 及 S 表示 ( 表 6.2.1、表 6.2.2)。

**表 6.2.1　第 1 类爆炸品类别符号**

| 配装类 | 类别符号 | 分类物质和物品说明 |
|---|---|---|
| A | 1.1A | 起爆物质 |
| B | 1.1B<br>1.2B<br>1.4B | 含有起爆物质，而不含有两种或两种以上有效保险装置的物品 |
| C | 1.1C<br>1.2C<br>1.3C<br>1.4C | 推进爆炸性物质或其他爆燃爆炸性物质或含有这些物质的物品 |

续表

| 配装类 | 类别符号 | 分类物质和物品说明 |
|---|---|---|
| D | 1.1D<br>1.2D<br>1.4D | 猛炸药、黑火药或含有猛炸药的物品，无引发装置和发射药；或含有起爆物质和两种或两种以上有效保险装置的物品 |
| E | 1.1E<br>1.2E<br>1.4E | 含有猛炸药的物品，无引发装置，带有发射药（含有易燃液体或胶体或自燃液体的除外） |
| F | 1.1F<br>1.2F<br>1.3F<br>1.4F | 含有猛炸药的物品，带有引发装置，带有发射药（含有易燃液体或胶体或自燃液体的除外）或不带有发射药 |
| G | 1.1G<br>1.2G<br>1.3G<br>1.4G | 烟火物质或含有烟火物质的物品及既含有爆炸性物质，又含有照明、燃烧、催泪或发烟物质的物品（水激活的物品或含有白磷、磷化物、自燃物质、易燃液体或胶体、自燃液体的物品除外） |
| H | 1.2H<br>1.3H | 含有爆炸性物质和白磷的物品 |
| J | 1.1J<br>1.2J<br>1.3J | 含有爆炸性物质和易燃液体或易燃胶体的物品 |
| K | 1.2K<br>1.3K | 含有爆炸性物质和毒性化学剂的物品 |
| L | 1.1L<br>1.2L<br>1.3L | 爆炸性物质或含有爆炸性物质并且具有特殊危险（如由于水激活或含有自燃液体、磷化物或自燃物质）需要彼此隔离的物品 |
| S | 1.4S | 对物质或物品进行了这样的包装或设计：除了包件被烧损外，能使事故引起的危险，不波及包件之外；在包件遭到烧损的情况下，爆炸和迸射作用的程度，不太妨碍在包件附近救火或采取其他应急措施 |

**表 6.2.2　第 1 类爆炸品危险分类和配装类组合表**

| 配装类<br>危险分类 | A | B | C | D | E | F | G | H | J | K | L | S |
|---|---|---|---|---|---|---|---|---|---|---|---|---|
| 1.1 | 1.1A | 1.1B | 1.1C | 1.1D | 1.1E | 1.1F | 1.1G | | 1.1J | | 1.1L | |
| 1.2 | | 1.2B | 1.2C | 1.2D | 1.2E | 1.2F | 1.2G | 1.2H | 1.2J | 1.2K | 1.2L | |
| 1.3 | | | 1.3C | | | 1.3F | 1.3G | 1.3H | 1.3J | 1.3K | 1.3L | |
| 1.4 | | 1.4B | 1.4C | 1.4D | 1.4E | 1.4F | 1.4G | | | | | 1.4S |
| 1.5 | | | | 1.5D | | | | | | | | |

**2）危险品的隔离**

由于危险货物之间容易发生化学反应而引起危险事故，因此，必须对会发生危险反应的不相容危险货物采取隔离措施，防止相互接触。根据反应产生的危险程度不同，隔离措施的要求也不一样。为达到有效的隔离，要求货舱、舱室和甲板是钢质的并且能防火、防水，以确保安全。

### 3. 危险品的安全管理

危险货物运输是一项技术性、科学性强，涉及部门广、多环节的工作。要保障安全运输，首先必须从思想上重视，认真执行“安全第一”方针，从根本上采取措施，从严管理，严格按规章制度办事。任何的疏忽、麻痹大意都可能导致危险事故的发生。对易燃、易爆的危险货物应特别注意防火，隔绝作业现场的火种、热源和电源等一切危险隐患。对有毒的货物要严密注意安全操作和个人防护，防止其蒸气扩散、液体泄漏和粉尘洒落而引起对其他货物污染和人身中毒事故。要以预防为主，加强协作，共同把关，确保安全。

**1）防火**

在危险货物作业现场，应严格隔绝以下几种火源：

①明火：敞开的火焰、火星和灼热的物体等，如烟头，使用火柴、打火机、机械等喷出的火焰或火星和电焊作业的明火等。

②撞击火花：物体相互碰撞或摩擦而产生的火花，如装卸金属工具与包装容器相撞、穿带铁钉的鞋子与甲板摩擦、装卸中使用撬杆或进行敲铲作业等所产生的火花。

③电气火花：电气设备由于超负荷、短路、受潮、接触不良等引起的火花，如电动机械的非封闭式马达、闪电雷击、舱（库）内电源短路接触不良、电线陈旧老化等所产生的电火花。

④化学火花：因物质发生化学反应而所产生的火花，如氧化剂接触易燃的液体或固体，以及遇水、空气、热能生成自燃的物质所产生的火花。

⑤聚焦日光：因物品聚集日光所引起的聚焦作用而产生的高温，如甲板上放置或使用蒸馏水瓶、放大镜、老花眼镜等玻璃制品会引起聚焦，遇到易燃气体会导致燃烧。

⑥静电火花：两种不同物质因相互摩擦引起静电荷积聚发生放电现象而产生的火花，如石油产品在装卸时因流动而产生的静电火花，工作人员穿着和更换尼龙、化纤服装而产生静电火花等。

**2）防爆**

在危险货物运输中，应注意防止如下几种爆炸类型：

①易分解的物质爆炸，如雷管、烟火、有机过氧化物等。

②不相容物质接触引起的爆炸，如金属钠遇水、过氧化钠与铝粉、液氯与液氮接触等。

③容器爆炸，如液氯钢瓶、汽油桶、电石桶等。

④与空气形成混合物的气体、蒸气或粉尘引起的爆炸，如乙烷、汽油、铝粉等。

**3）防毒**

在运输、装卸过程中，毒害品对人体的危害主要通过呼吸道、消化道和皮肤侵入体内。作业中，应注意个人防护。在作业前禁止喝酒，作业中不得吸烟或进食，操作时应穿戴好工作服、防护手套等，不要用污手擦汗和赤背作业。发现毒害品洒漏时，应及时谨慎处理。作业完毕要经淋浴、漱口、洗手、更换衣服后才可进食。

在作业现场一旦发生急性中毒事故，必须迅速急救。在中毒原因不清楚时，一般应采用临时急救方法处理。

### 4. 危险品污染处理

**（1）氰化物污染处理**

被氰化物污染时，可用硫代硫酸钠的水溶液浇在污染处，使氰化物与硫代硫酸钠反应，生成毒性很低的硫氰酸盐，先用热水冲洗，再用冷水冲洗干净。也可用硫酸亚铁 ($FeSO_4$)、高锰酸钾 ($KMnO_4$)、次氯酸钠 (NaClO) 及漂粉精代替硫代硫酸钠。

**（2）硫、磷及其他有机磷农药污染处理**

对硫、磷及其他有机磷农药造成的污染，首先用生石灰将洒漏的药剂吸干，然后用碱水湿透污染处，再用热水冲洗，最后用冷水冲洗干净。

**（3）硫酸二甲酯污染处理**

硫酸二甲酯洒漏后，先将氨水洒在污染处，使其起中和作用；也可用漂白粉加 5 倍的水浸湿污染处，再用碱水浸湿，最后用热水和冷水各冲洗 1 次。

**（4）砷污染处理**

砷洒漏后可用碱水和氢氧化铁解毒，再用水冲洗。

**（5）苯胺污染处理**

苯胺洒漏后，可用稀盐酸 (1 体积浓盐酸加 2 体积水稀释而成 ) 溶液浸湿污染处，再用水冲洗干净。

**（6）甲醛污染处理**

甲醛洒漏后，流失在地上的甲醛可用水冲洗，再用纯碱中和，并用水冲洗干净；也可用漂白粉加 5 倍水浸湿污染处，再用水冲洗干净。

**（7）溴污染处理**

溴洒漏时，可在污染处撒上苏打、石灰或硫代硫酸钠、石灰水等，然后用水冲洗；也可用氨水使其与溴生成铵盐，再用水冲洗干净。

**（8）黄磷污染处理**

盛装黄磷的容器发生破漏时，要防止其露出水面引起自燃，应先戴好防毒面具，用工具将黄磷移放到盛满水的容器内，切勿用手接触。污染处用石灰乳浸湿，再用水冲洗。被污染的用具可用 5% 硫酸铜溶液冲洗。

### 5. 危险品的灭火

**1）消灭火灾的基本方法**

物质的燃烧必须同时具备三个条件，即可燃物、助燃物 ( 氧或氧化剂 )、温度达到物质的燃点。因此，灭火的基本方法就是设法消除引起燃烧的部分条件，使燃烧停止，一般有如下几种方法。

① 隔离法：把可燃物与火隔离或转移，使火由于缺少可燃物而终止燃烧。

② 冷却法：降低燃烧物的温度，使燃烧停止或缓和。

③ 窒息法：阻止空气流入燃烧区域或用不燃烧的物质冲淡隔绝空气，使燃烧物得不到足够的氧气而熄灭。

④ 化学中断法：又称抑制法，是用含氟、溴的卤代烷灭火剂（如 1211 灭火剂）喷向火焰，让灭火剂参与燃烧反应的历程中，使游离基（如碳、氢）的连锁反应中断，从而达到灭火的目的。

**2）几种常用的灭火剂**

① 雾状水；

② 化学泡沫；

③ 空气机械泡沫；

④ 二氧化碳；

⑤ 四氯化碳；

⑥ 固体灭火物质；

⑦ 卤代烷灭火剂。

### 6. 危险品的搬运

危险品装卸、搬运安全是仓库安全作业的重要环节，稍有疏忽或违反操作规程，就会发生严重事故，以致发生中毒、燃烧或爆炸等恶性事故。危险品作业必须严格遵守安全操作规程，以保证作业安全。

装卸、搬运危险品时，在操作前预先检查所用工具是否牢固，若有破损应予以修复或更换。如果所用工具曾被易燃物、有机物、酸、碱等污染，须进行清洗后方可使用。操作人员应根据危险品的不同危险特性，分别穿戴相应的防护服装，尤其对毒害、腐蚀和放射性物品更要注意。这些防护服装包括工作服，橡胶制品的服装、胶靴、手套和防毒面具等。

## 课后练习

### 1. 选择题

（1）危险货物运输包装的要求分为一般要求和特殊要求。一般要求适用于第（　　）类危险货物。

A.3.1　　B.4.1　　C.6.1　　D.7.1

（2）下列选项中，不能在舱面积载的是（　　）

A. 不需要经常检查的物质

B. 特别需接近检查的物质

C. 会形成爆炸性混合气体、产生剧毒蒸气的物质

D. 有毒性物质和放射性物质

（3）危险品的安全管理工作不包括（　　）。

A. 防火　　B. 防爆　　C. 防毒　　D. 防盗

（4）以下不属于灭火的基本方法的是（　　）。

A. 隔离法　　B. 冷却法　　C. 窒息法　　D. 氧化还原法

（5）以下不属于常用灭火剂的是（　　）。

A. 化学泡沫　　B. 沙子　　C. 二氧化碳　　D. 固体灭火物质

2. 判断题

（1）积载可分为舱内积载和舱面积载。为严密防护危险货物不受损失，应尽量在舱内积载。（　　）

（2）有效的隔离使互不相容的物质在万一发生意外时不致相互产生危险。但只要在水平距离间隔 3 m(包括上下垂直的空间)及以上，仍不可以装在同一个货舱或舱室之内或者舱面上。（　　）

（3）电气火花是指电气设备由于超负荷、短路、受潮、接触不良等引起的火花，如电动机械的非封闭式马达、闪电雷击、舱(库)内电源短路接触不良、电线陈旧老化等所产生的电火花。（　　）

（4）空气机械泡沫是由一定比例的泡沫液、水和空气，经过水流的机械作用相互混合组成。（　　）

（5）装卸、搬运危险品时，在操作前预先检查所用工具是否牢固，若有破损应予以修复或更换。操作人员应根据不同的危险特性，分别穿戴相应的防护服装，尤其对毒害、腐蚀和放射性物品更要注意。（　　）

## 技能训练

【实训内容】

通过分组模拟危险品的管理，掌握危险品的搬运和管理原则。

【实训目的】

通过本次实训巩固所学理论知识，能够掌握危险品的搬运和管理原则。

【实训准备】

①计算机及网络。

②纸、笔。

【实训要求】

①能够独立、规范地完成各项任务。
②注意使用礼貌用语。

【实训步骤】

①将全班同学分组，每组 4 ~ 6 人，活动以组为单位进行。
②收集危险品搬运和管理原则及规范。
③每人写出不少于 1 000 字的调研学习总结报告。
④小组组长汇总本小组的调研报告并上交。

【实训评价】

各小组组长将本组的结果在全班展示，供同学和教师查验，要求有危险品管理原则、危险品搬运规则、危险品泄漏处理等内容。

**（1）小组活动评价**

组长负责分配不同的任务给小组成员，每个小组成员完成各个子任务。调研报告要有危险品管理原则、危险品搬运原则、危险品泄漏处理等内容。完成任务得 40 分，如果有遗漏等情况扣减相应分值。小组成员评价意见表如下：

**小组成员评价意见表**

小组名称：________　　　　　　组长：________

| 小组成员 | 态度（10 分） | 互助与合作（10 分） | 倾听（10 分） | 展示与效果（10 分） |
|---|---|---|---|---|
| | | | | |
| | | | | |
| | | | | |
| | | | | |
| | | | | |

**（2）教师评价**

教师负责评价每组的任务完成情况，量化评价标准。总分值最高为 60 分。教师对小组进行评价的标准如下表：

**小组学习评价表**

| 序号 | 评价指标 | 分值 / 分 | 打分 |
|---|---|---|---|
| 1 | 能在规定时间内合作完成实训任务，操作规范；<br>顺利展示，报告观点新颖，表述逻辑性强 | 50 ~ 60 | |
| 2 | 能在规定时间内完成实训任务，操作规范；<br>能做展示，有自己的观点，表述清楚 | 40 ~ 49 | |
| 3 | 能在老师和其他同学的帮助下完成实训任务，有展示 | 30 ~ 39 | |
| 4 | 能在老师和其他同学的帮助下基本完成实训任务，没有展示 | 29 以下 | |

**（3）教师点评**

教师进行点评时，汇总小组内评价，然后针对各小组进行总结点评。点评时以鼓励为主，要注意挖掘每个小组的闪光点。每个学生最后得分为所在小组分值加上小组成员评价分值。

# 任务3　冷藏品仓储管理

## 案例导入

随着人们生活水平和消费意识的改变，经销商和终端消费者对生鲜食材品质的追求也在逐渐提高。冷链成为农产品流通环节中必不可少的重要一环。而冷库管理处于冷链产业链中游，直接决定着生鲜农产品的锁鲜程度，但冷库管理受人工成本高、设备要求高、市场变化快等因素制约，导致冷链难以成链，企业服务能力难以达到市场要求。

现在的冷链流通趋势是，生鲜农产品、短保预制食品、冻品等采用低温仓库周转。以果蔬为例，果蔬采摘后仍是一个活体，还会进行新陈代谢损耗营养物质，同时在微生物、酶等作用下分解腐败。在物流的带动下，原产地农产品有效实现了远销和外销。如果农产品采摘后，未能及时正确地做冷库保存处理，那在流通环节的腐损率将造成农产品品质和经济效益的降低。

冷藏品仓储管理就是掌握冷库的使用、冷藏品的出入库、冷货作业、冷库安全等管理知识，确保冷藏品能准确、安全、高效地运送到目的地。

## 任务执行

### 1. 冷藏保管的原理

冷藏是指在保持低温的条件下储存物品的方法。由于在低温环境中，细菌等微生物大大降低繁殖速度，生物体的新陈代谢速度降低，能够延长有机体的保鲜时间，因而鱼肉食品、水果、蔬菜及其他易腐烂物品都采用冷藏的方式存储。另外，对于在低温时能凝固成固态的液体流质品，采取冷藏的方式有利于运输、作业和销售，因此也常采用冷藏的方式存储。此外，在低温环境中一些混合物的化学反应速度会降低，也应采用冷藏方式存储。

常见冷藏货物的冷藏温度、冷冻温度、相对湿度及其储藏时间见表6.3.1。

表 6.3.1 常见冷藏货物的冷藏温度、冷冻温度、相对湿度及其储藏时间

| 货物 | 冷藏温度 /℃ | 相对湿度 /% | 储藏时间 | 冷冻温度 /℃ | 相对湿度 /% | 储藏时间 / 月 |
|---|---|---|---|---|---|---|
| 牛肉 | −1 ~ 0 | 86 ~ 90 | 3 周 | −23 ~ −18 | 90 ~ 95 | 6 ~ 12 |
| 猪肉 | 0 ~ 1.2 | 85 ~ 90 | 3 ~ 10 天 | −24 ~ −18 | 85 ~ 95 | 2 ~ 8 |
| 冻羊肉 | | | | −22 ~ −18 | 80 ~ 95 | 3 ~ 8 |
| 家禽 | 0 | 80 | 1 周 | −30 ~ −18 | 80 | 3 ~ 12 |
| 冻兔肉 | | | | −30 ~ −18 | 80 ~ 90 | 6 |
| 蛋 | −1 ~ −0.5 | 80 ~ 95 | 8 月 | −18 | | 12 |
| 鱼 | −0.5 ~ 4 | 90 ~ 95 | 1 ~ 2 周 | −29 ~ −12 | 90 ~ 95 | 8 ~ 10 |
| 对虾 | | | | −7 | 80 | 1 |
| 苹果 | 0 ~ 1 | 0 ~ 95 | 150 ~ 180 天 | | | |
| 梨 | 0 | 0 ~ 95 | 210 天 | | | |
| 橘子 | 0 ~ 1.2 | 85 ~ 90 | 50 ~ 70 天 | | | |
| 葡萄 | −1 ~ 0 | 90 | 60 ~ 210 天 | | | |
| 青椒 | 9 ~ 12 | 0 ~ 95 | 30 ~ 45 天 | | | |
| 番茄 | 13 ~ 17 | 0 ~ 95 | 30 ~ 45 天 | | | |
| 黄瓜 | 12 ~ 13 | 95 | 15 天 | | | |
| 菠菜 | 0 | 95 ~ 100 | 85 ~ 90 天 | | | |

## 2. 冷库的结构

冷库可以分为生产性冷库和周转性冷库。生产性冷库是指进行冷冻品生产的冷库，是生产的配套设施；周转性冷库则是维持冷冻品低温的流通仓库。

### （1）冷却和结冻间

冷却和结冻间也称为预冷加工库间。货物在进入冷藏或者冷冻库房前，先在冷却或者结冻间进行冷处理，将货物均匀地降到预定的温度。

### （2）冷冻库房

冷冻库房是对达到冷冻保存温度的货物进行长期保存的场所。

### （3）冷藏库房

冷藏库房是对冷藏货物进行存储的场所。货物在预冷后达到均匀的保藏温度时，送入冷藏库房码垛存放，或者将少量货物直接存入冷藏间冷藏。

### （4）分发间

由于冷库的低温不便于货物分拣、成组、计量、检验等人工作业，另外为了便于冷冻库和冷藏库保冷、湿度控制，减少冷量耗损，需要尽量缩短开门时间和减少开门次数，以免造成库内温度波动太大。因此货物出库时应迅速地将货物从冷藏或冷冻库房转移到分发间，在分发间进行作业，从分发间装运。分发间尽管温度也低，但其直接向库外作业，温度波动较大，因而分发间不能存放货物。

### 3. 冷库仓库管理

作为一种专业化的仓库，冷库具有较为特殊的布局和结构、用具，货物也较为特殊。冷库的管理技术、专业水平要求较高。冷库存放的大多数为食品，若管理不善，不仅会造成货损事故，还会发生食品安全事故，影响人们的身体健康。

**1）冷库使用**

冷库分为冷冻库、冷藏库，应按库房的设计用途使用，两者不能混用。库房改变用途时，必须按照所改变的用途进行制冷能力、保冷材料、设施设备改造，以确保完全满足新的用途。

冷库要保持清洁、干燥，经常清洁、清除残留物和结冰，库内不得出现积水。冷库在投入使用后，除非进行空仓维修保养，否则必须保持制冷状态。即使没有存货，冷冻库也应保持在 –5℃，冷藏库控温在露点以下。要按照货物的类别和保管温度不同，分类使用库房。食品库不得存放其他货品，食品也不能存放在非食品库房。控制温度不同的货物不能存放在同一库房内。

**2）货物出入库**

货物入库时，除了通常仓储所进行的查验、点数外，还要对送达货物的温度进行测定，查验货物内部状态，并进行详细的记录，对于已霉变的货物不接受入库。货物入库前要进行预冷，保证货物均匀地降到预定的温度。未经预冷冻结的货物不得直接进入冷冻库，以免高温货物大量吸冷造成库内温度升高，影响库内其他冻货。

货物出库时应认真核对，由于冷库内大都储存相同的货物，要核对货物的标志、编号、所有人、批次等区别项目，防止错取、错发。对出库时需要升温处理的货物，应按照作业规程进行加热升温，不得采用自然升温。

**3）冷货作业**

为了减少冷耗，货物出入库作业应选择在气温较低的时间段进行，如早晨、傍晚、夜间。出入库作业时集中仓库内的作业力量，尽可能缩短作业时间。要使装运车辆离库门距离最近，缩短货物露天搬运距离；防止隔车搬运。在货物出入库中出现库温升温较高时，应停止作业，封库降温。出入库搬运应采用推车、叉车、输送带等机械搬运，采取托盘等成组作业，提高作业速度。作业中不得将货物散放在地坪，避免货物、货盘冲击地坪、内墙、冷管等，吊机悬挂质量不得超过设计负荷。

常见冷藏货物二氧化碳的含量控制如表 6.3.2 所示。

**表 6.3.2　冷藏货物二氧化碳含量控制表**

| 货品 | 梨 | 青香蕉 | 柑橘 | 苹果 | 柿子 | 番茄 |
|---|---|---|---|---|---|---|
| $CO_2$ 含量 /% | 0.2 ~ 2 | 1.6 | 2 ~ 3 | 8 ~ 10 | 5~10 | 5 ~ 10 |

当货物存期届满、保存期即将到期，货物出现性质变化、变质等时，应及时通知存货人来处理。

### 4. 冷库安全

虽说冷库不会发生爆炸、燃烧等恶性危险事故，但冷库的低温、封闭的环境对工作人员还是可能产生伤害，低温还会造成设备性能、材料强度降低，需引起足够的重视。

**（1）防止冻伤**

进入库房的人员必须进行保温防护，穿戴手套和工作鞋，身体裸露部位不得接触冷冻库内的物品，包括货物、排管、货架、作业工具等。

**（2）防止人员缺氧窒息**

由于冷库特别是冷藏库内的植物和微生物的呼吸作用，使二氧化碳浓度增加或者冷媒泄漏入库内，会使冷库内氧气不足，造成人员窒息。人员在进入冷库前，尤其是长期封闭的冷库，需进行通风，避免出现氧气不足的情况。

**（3）避免人员被封闭库内**

库门应设专人开关，限制无关人员进库。人员入库时，应在门外悬挂告示牌。作业工班需明确核查人数的责任承担人，在确定人员都出库后，才能摘除告示牌。

**（4）妥善使用设备**

库内作业应使用抗冷设备，且需要进行必要的保温防护。不使用会发生低温损害的设备和用具。

## 课后练习

### 选择题（单选）

（1）以下不属于固定的冷库组成部分的是（　　）。

A. 冷藏库房　　B. 冷冻库房　　C. 分发间　　D. 制冷设备机房

（2）冷藏是将温度控制在（　　）进行保存，在该温度下水分不致冻结，不会破坏食品的细胞组织，具有保鲜的作用。

A. 0 ~ 5 ℃　　B. 5 ~ 10 ℃　　C. 5 ~ 15 ℃　　D. 5 ~ 18 ℃

（3）冷冻库房改变用途时，无须考虑的因素是（　　）。

A. 制冷能力　　B. 保冷材料　　C. 设施设备改造　　D. 防火能力

（4）苹果冷藏中二氧化碳含量应控制在（　　）。

A. 2% ~ 5%　　B. 4% ~ 6%　　C. 6% ~ 8%　　D. 8% ~ 10%

（5）以下不属于冷库安全管理工作的是（　　）。

A. 防火　　B. 防冻伤　　C. 防窒息　　D. 防被困

## 技能训练

### 【实训内容】

通过分组模拟冷库的管理，掌握冷库的使用，冷藏品的入库、出库操作注意事项。

### 【实训目的】

通过本次实训巩固所学理论知识，能够掌握冷库的使用，冷藏品的入库、出库操作注意事项。

### 【实训准备】

①计算机及网络。
②纸、笔。

### 【实训要求】

①能够独立、规范地完成各项任务。
②注意使用礼貌用语。

### 【实训步骤】

①将全班同学分组，每组 4 ~ 6 人，活动以组为单位进行。
②各自收集冷藏品的管理规范，并进行辨识和分类。
③收集冷库管理原则和规范。
④每人写出不少于 1 000 字的调研学习总结报告。
⑤小组组长汇总本小组的调研报告并上交。

### 【实训评价】

各小组组长将本组的结果在全班展示，供同学和教师查验，要求有冷库的使用，冷藏品的入库、出库操作注意事项等内容。

**（1）小组活动评价**

组长负责分配不同的任务给小组成员，每个小组成员完成各个子任务。调研报告要有冷库的使用，冷藏品的入库、出库操作注意事项等内容。完成任务得 40 分，如果有遗漏等情况扣减相应分值。小组成员评价意见见下表。

**小组成员评价意见表**

小组名称：________________ 组长：________________

| 小组成员 | 态度（10 分） | 互助与合作（10 分） | 倾听（10 分） | 展示与效果（10 分） |
|---|---|---|---|---|
| | | | | |
| | | | | |
| | | | | |
| | | | | |
| | | | | |

**（2）教师评价**

教师负责评价每组的任务完成情况，量化评价标准。总分值最高为 60 分。教师对小组进行评价的标准见下表。

**小组学习评价标准表**

| 序号 | 评价标准 | 分值 / 分 | 打分 |
|---|---|---|---|
| 1 | 能在规定时间内合作完成实训任务，操作规范；<br>顺利展示，报告观点新颖，表述逻辑性强 | 50 ~ 60 | |
| 2 | 能在规定时间内完成实训任务，操作规范；<br>能做展示，有自己的观点，表述清楚 | 40 ~ 49 | |
| 3 | 能在老师和其他同学的帮助下完成实训任务，有展示 | 30 ~ 39 | |
| 4 | 能在老师和其他同学的帮助下基本完成实训任务，没有展示 | 29 以下 | |

**（3）教师点评**

教师进行点评时，汇总小组内评价，然后针对各小组进行总结点评。点评时以鼓励为主，要注意挖掘每个小组的闪光点。每个学生最后得分为所在小组分值加上小组成员评价分值。

项目 7
# 认识配送

**教学目标**

知识目标：

①理解配送与配送中心的含义
②了解配送和配送中心的分类
③掌握配送和配送中心的作用
④理解配送中心的功能
⑤掌握配送中心的一般作业流程
⑥了解我国配送业务发展现状和存在的问题
⑦了解全球配送业务发展现状
⑧理解我国配送业务存在的问题和差距

能力目标：

①能运用配送管理的相关知识进行配送案例分析
②能分析我国配送业务存在的问题和差距

素质目标：

①培养现代配送管理意识
②培养标准化、制度化管理意识

**教学重难点**

重点：

①配送和配送中心的含义
②配送和配送中心的作用

难点：

配送和配送中心的作用

# 任务 1 配送及配送中心概述

## 案例导入

沃尔玛百货有限公司由美国零售业的传奇人物山姆·沃尔顿先生于 1962 年在阿肯色州成立。沃尔玛是一家美国的世界性连锁企业，沃尔玛主要涉足零售业，经过近 60 年的发展，沃尔玛公司已经成为美国最大的私人雇主和世界上最大的连锁零售企业。沃尔玛是世界上雇员最多的企业，连续三年在美国《财富》杂志全球 500 强企业中位居榜首。目前，沃尔玛在全球 27 个国家开设了超过 10 000 家商场，下设 69 个品牌，员工总数 220 多万人，每周光临沃尔玛的顾客约 2 亿人次。随着连锁店铺数量的增加和销售额的增长，物流配送逐渐成为企业发展的瓶颈。1970 年沃尔玛公司在公司总部所在地——阿肯色州的班顿威尔镇建立了第一个配送中心。目前，该公司已建立了 62 个配送中心，为全球 4 000 多个店铺提供配送服务。那么什么是配送？什么是配送中心？配送中心又有哪些功能呢？

## 任务执行

### 1. 配送的概述

#### 1）配送的概念

配送是指在经济合理区域范围内，根据用户要求，对物品进行拣选、加工、包装、分割、组配等作业，并按时送达指定地点的物流活动。

具体来说，配送是指在规定的时间内将货物迅速送到区域内最终客户手中的活动。作为配送活动的全过程，不仅包括最后阶段的货物送达作业，而且还包括按照要求在物流节点设施内开展流通加工、订单处理、货物分拣等作业活动。

#### 2）配送的种类

**（1）按配送组织者分类**

按配送组织者分类，配送可分为配送中心配送、商店配送、仓库配送和生产企业配送。

①配送中心配送：规模较大，能储存各种商品，储藏量大，覆盖面宽，配送设施较

为完备，但存在一定的局限性，难以改变规模，灵活机动性差，投资高。

②商店配送：主要是经营零售，规模一般小，但经营品种较为齐全，一般的最终客户为消费者。

③仓库配送：直接以仓库为据点进行配送。

④生产企业配送：不经过中间环节，直接从商品的起点开始进行配送。

**（2）按配送时间和数量分类**

按配送时间和数量分类，配送可分为定时配送、定量配送、定时定量配送、定时定路线配送和即时配送。

①定时配送：以时间为基准的配送方式。

②定量配送：以一定的批量在规定的时间内进行配送的方式。

③定时定量配送：按照规定的时间和配送数量进行配送。

④定时定路线配送：在规定的运行路线上制定到达的时间表，按运行时间表进行配送，用户可以按规定路线站及规定时间接货及提出配送要求。

⑤即时配送：完全按照用户突然提出的配送要求的时间和数量随即进行配送的方式。

**（3）按配送商品种类和数量分类**

按配送商品种类和数量分类，配送可分为单（少）品种大批量配送、多品种少批量配送和配套成套配送。

①单（少）品种大批量配送：专业性强，一般是整车起运，一般用在工业、企业较多，配送工作简单，成本较低。

②多品种少批量配送：按照用户的要求进行配送的方式，水平高，设备复杂，难度大。

③配套成套配送：按照企业生产的需要进行整套的配送方式。

**（4）按配送经营形式分类**

按配送经营形式分类，配送可分为销售配送、供应配送、销售供应一体化配送和代存代供配送。

①销售配送：面向广大的最终消费者的配送方式，一般品种较多，较复杂，难度大。

②供应配送：面向生产企业的生产零件的配送方式，一般品种较为整齐，专业性强。

③销售供应一体化配送：既面向消费者又面向生产商的方式，配送一般是中间型的配送方式。

④代存代供配送：根据用户的需求起代理者的作用，既负责储存又负责配送供应。一般较为复杂和烦琐，难度大。

**3）配送的作用**

配送的作用包括以下几个方面。

①完善输送及整个物流系统；

②提高了末端物流的效益；

③配送通过集中库存使企业实现低库存或零库存；

④配送简化了手续、方便用户；

⑤配送企业提高了供应保证程度。

## 2. 配送中心的概述

### 1）配送中心的概念

根据中华人民共和国的《国家标准物流术语》，配送中心被定义为从事配送业务且具有完善信息网络的场所或组织，应基本符合下列要求：

①主要为特定的客户或末端客户提供服务；

②配送功能健全；

③辐射范围小；

④提供高频率、小批量、多批次配送服务。

### 2）配送中心的分类

配送中心可按照不同的标准分为以下几种类型。

#### （1）按经营主体划分

按经营主体划分，配送中心划分为厂商主导型配送中心、批发商主导型配送中心、零售商主导型配送中心、物流企业主导型配送中心和共同型配送中心五种类型。

①厂商主导型配送中心：以生产企业为主体建立的配送中心。

②批发商主导型配送中心：以批发企业为主体建立的配送中心。

③零售商主导型配送中心： 零售企业为了减少流通环节，降低物流成本，把来自不同进货者的货物在配送中心集中分拣、加工等，然后按其所属的店铺进行配送的配送中心。

④物流企业主导型配送中心 ：由物流企业建设的面向货主、企业提供配送服务的配送中心。

⑤共同型配送中心：用来开展共同配送的中心。

#### （2）按服务对象划分

按服务对象划分，配送中心划分为面向最终消费者的配送中心、面向制造企业的配送中心和面向零售商的配送中心三种类型。

①面向最终消费者的配送中心：在商、物分离的交易模式下，消费者在店铺看样品挑选购买后，物品由配送中心直接送达消费者手中。

②面向制造企业的配送中心。

③面向零售商的配送中心。

#### （3）按配送物品的性质划分

按配送物品的性质划分，配送中心划分为商业物品配送中心和非商业物品配送中心两种类型。

①商业物品配送中心：与商流活动直接联系的伴随着商流活动发生的物品。

②非商业物品配送中心：以非商业物品为对象。

（4）按社会化程度划分

按社会化程度划分，配送中心可划分为个别企业配送中心和公共配送中心两种类型。

①个别企业配送中心：为满足企业自身经营的需要建设的配送中心，如大型零售企业的配送中心。

②公共配送中心：为货主企业或物流企业从事物品配送业务提供物流设施及有关服务的配送中心。

（5）按配送中心的功能划分

按配送中心的功能划分为专业型配送中心、柔性配送中心、供应型配送中心、销售型配送中心、城市型配送中心、区域型配送中心、储存型配送中心、流通型配送中心、加工型配送中心和特殊型配送中心十种类型。

①专业型配送中心：专业型配送中心大体上有两个含义，一是配送对象、配送技术属于某一专业范畴，即在某一专业范畴对具有一定综合性、专业性的多种物资进行配送，如多数制造业的销售配送中心，二是以配送为专业化职能，基本不从事经营的服务型配送中心。

②柔性配送中心：在某种程度上是与专业型配送中心对立的一种配送中心类型。

③供应型配送中心：专门为某个或某些用户组织物料和商品等供应的配送中心。

④销售型配送中心：以销售经营为目的，以配送为手段的配送中心。建立销售型配送中心大体有三种情况：第一种是生产企业为将自身的产品直接销售给消费者而建立的配送中心；第二种是流通企业作为自身经营的一种方式建立配送中心以扩大销售的范围，我国目前拟建的配送中心大多属于这种类型；第三种是流通企业和生产企业综合建立的协作性配送中心。

⑤城市型配送中心：一种以城市范围作为配送范围的配送中心。

⑥区域型配送中心：一种以较强的辐射能力和库存准备向省（州）际、全国乃至国际范围的客户配送的配送中心。

⑦储存型配送中心：一种有很强的储存功能的配送中心。

⑧流通型配送中心：基本上没有长期储存功能仅以暂存或随进随出方式进行配货、送货的配送中心。

⑨加工型配送中心：以加工商品为主，因此在其配送作业流程中储存作业和加工作业居主导地位。

⑩特殊型配送中心：某类配送中心进行配送作业时所经过的程序是特殊的，包括不设储存库的配送中心和分货型配送中心。

3）配送中心的功能

配送中心实际上是集货中心、分货中心、加工中心功能的综合。具体而言，配送中心有如下几种功能。

（1）储存功能

配送中心的服务对象是为数众多的企业和商业网点（如超级市场和连锁店），配送中心的职能和作用是，按照用户的要求及时将各种配装好的货物送交到用户手中，满足生产需要和消费需要。

（2）分拣功能

作为物流节点的配送中心，其服务对象（即客户）是为数众多的企业（在国外，配送中心的服务对象少则有几十家，多则有数百家）。在这些为数众多的用户中，彼此之间存在着较大差别，不仅各自的性质不尽相同，而且其经营规模也不一样。将储存货物按用户要求分拣配齐以后，送到指定配货场，经配装送至客户。

（3）集散功能

在物流实践中，配送中心凭借其特殊的地位和其拥有的各种先进的设施和设备，能够将分散在各个生产企业的产品（即货物）集中到一起，而后，经过分拣、配装，向多家用户发运。

（4）衔接功能

通过开展货物配送活动，配送中心能把各种工业品和农产品直接运送到用户手中，客观上可以起到媒介生产和消费的作用。这是配送中心衔接功能的一个重要表现。

（5）加工功能

为了扩大经营范围和提高配送水平，目前，国内外许多配送中心都配备了各种加工设备，由此形成了一定的加工（系初加工）能力。这些配送中心能够按照用户提出的要求和根据合理配送商品的原则，将组织进来的货物加工成一定的规格、尺寸和形状，由此形成了加工功能。

**4）配送中心作业流程**

配送中心的作业项目包括订货、收货、验货入库与存储管理、订单处理、货物分拣、出货、理货、包装、配装送货、送达服务及退货处理等作业，如图 7.1.1 所示。

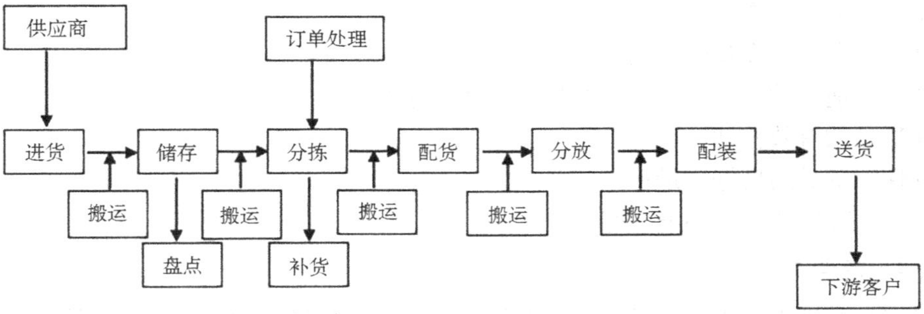


图 7.1.1 配送中心一般作业流程

（1）收货作业程序和要求

配送中心收货环节是商品从生产领域进入流通领域的基本环节，包括从货运卡车上卸货、点数、分类、验收、搬运到配送中心的存储地点。收货操作程序和要求如下：

①当供应商送货卡车停放收货站台时，收货员接单，对于没有预报的商品办理有关手续后方可收货。

②卸货核对验收，验收商品条形码、件数、质量、包装等。

③在核对单货相符的基础上签字，在收货基础联上盖章并签注日期；对于一份收货单的商品分批配送的，应将每批收货件数记入收货检查联，待整份单据的商品件数收齐后，方可盖章回单给送货车辆带回。

④在货堆齐后，每一托盘标明件数，并标明这批商品的总件数，以便于保管员核对接收。在货运操作过程中，为做到单货相符、不出差错，送货与复核最好由两人进行。

**（2）订单处理**

订单处理指的是从接到门店订货到准备出货之间的作业阶段，包括订单确认、存货查询、库存分配和出货配送等。

①订单品项数量及日期确认。配送中心对门店的订单资料进行检查，发现要求送货时间有问题或出货有时间延迟时，需要与门店再次确认订单内容或更正要求的进货时间。

②订货价格确认。核对送货单的价格与采购单的价格是否相符。若价格不符，系统加以锁定，以便主管审核。

③包装确认。对订购的商品，是否有特殊的包装、分装或贴标等要求，或是有关赠品的包装等资料都应详加确认记录，并将出货要求在订单上注明。

④订单号码。每一订单必须有唯一的订单和号码，可以根据经营合同或成本单位来确定。便于计算成本、采购结算、配送等整个商品流转过程，所有工作说明及进度报告均以此号码作为标准号码。

⑤建立和维护客户主档。更新客户的详细记录，包括供方名称、代号、等级，负责本企业产品供应的业务员、车辆形态、送货地点、配送要求等。

**（3）储位管理**

储位管理的重点从静态的存储作业“保管”向配送作业“动管”转移。

管理内容如下：

①空间最大化作用；

②人力资源及设备的有效作用；

③维护适当的库存，保证所有品项能随时存取；

④货品的有效移动；

⑤保持货品的良好质量；

⑥保证存储作业的环境良好。

**（4）盘点作业**

盘点是配送中心工作人员定期对仓储的商品进行数量、质量、状态等数据的记录工作，是配送中心工作流程中的一个重要环节。

**（5）拣选作业**

拣货作业采用少数自动化设备，大多仍然靠人力劳动密集作业。分拣作业就是仓管人员按照采购部门的配货单要求，按门店汇总制作拣货单，从储存的商品中拣出一定品种和数量的商品，同时制作拣货单。拣货单原则上以配货单上的数量为准，对于与实际库存有出入的商品以库存实数为准并核实，实拣数不能大于配货单的数字。

**（6）出货作业**

出货作业包括补货作业和出货作业。

①补货作业：以托盘为单位，从保管区向拣货区补货，保证拣货作业的需求。

②出货作业：将拣选的商品按订单或配送路线进行分类，再进行出货检查，做好相应的包装、标识和贴印标签工作，根据门店或行车路线等将商品送到出货暂存区，最后装车配送。

**（7）配送作业**

配送中心为了提高每次输配送量、提高车辆运行的周转率、减少车辆使用台数、缩短配送距离等，将货物送到订货门店。

**（8）库存管理**

库存管理的目标是更好地满足客户需求，更好地实现物流成本与客户满意度之间的有效权衡。这个目标是通过物流活动在供应链上保持合适的库存水平，为实现库存水平合理化，我们要做三个工作。首先，要制订客户的服务策略；其次，根据政策来理解客户需求并确定具体的活动策略；最后，执行该策略。它们分别对应着制定客户服务标准、信息流动及订单处理、运输和库存管理。

合理的库存，可提高采购的规模效应，降低采购成本。通过控制库存，确保交货期，预测误差补救，避免销售损失。

## 课后练习

### 选择题

（1）配送中心的业务活动是以（　　）发出的订货信息作为驱动源。

A. 生产订单　　B. 客户订单　　C. 采购订单　　D. 内部订单

（2）配送中心收货作业不包括（　　）。

A. 订货　　B. 盘点　　C. 接货　　D. 验收入库

（3）配送中心在物流系统中处于（　　）物流过程。

A. 准备　　B. 末端　　C. 干线　　D. 首端

（4）（　　）不属于配送中心客户服务组的工作职责。

A. 处理客户投诉　　B. 受理客户退货请求

C. 核对配送完成表单　　D. 负责接受和传递客户信息

（5）（　　）是配送活动的核心，也是备货和理货工序的延伸。

A. 物流　　B. 送货　　C. 储运　　D. 装卸

## 技能实训

**【实训内容】**

①配送作业流程。
②进货、订单处理、货物上架、包装等作业。

**【实训目的】**

通过本次实训，能够熟悉配送作业的流程，熟练地开展进货、订单处理、货物上架、包装等作业。

**【实训准备】**

①物流实训中心。
②计算机及网络。
③配送中心作业实训手册。
④仓储管理系统、手持终端、堆高车、叉车等。

**【实训要求】**

①能够独立、规范地完成各项任务。
②能够掌握配送中心作业流程中订单处理、货物上架、包装等操作。

**【实训步骤】**

①将全班同学分组，每组 4 ~ 6 人，活动以组为单位进行。
②每个小组在教师的指导下，根据配送中心作业流程完成订单录入处理、货物上架、包装货物等操作。
③小组组长汇总展示本小组的完成情况。

**【实训评价】**

各小组组长将本组的操作结果在全班展示，供同学和教师查验，要求有订单处理、货物上架、包装等操作。

**（1）小组活动评价**

组长负责分配不同的任务给小组成员，每个小组成员完成各个子任务。要求有订单处理、货物上架、包装等操作。完成任务得 40 分，如果有遗漏等情况扣减相应分值。小组成员评价意见见下表。

**小组成员意见评价表**

小组名称：__________　　　　　　　　　　　　　　　　组长：__________

| 小组成员 | 态度（10 分） | 互助与合作（10 分） | 倾听（10 分） | 展示与效果（10 分） |
|---|---|---|---|---|
| | | | | |
| | | | | |
| | | | | |
| | | | | |
| | | | | |

**（2）教师评价**

教师负责评价每组的任务完成情况，量化评价标准。总分值最高为 60 分。教师对小组进行评价的标准见下表。

**小组学习评价标准表**

| 序号 | 评价标准 | 分值 / 分 | 打分 |
|---|---|---|---|
| 1 | 能在规定时间内合作完成实训任务，操作规范；<br>顺利展示，报告观点新颖，表述逻辑性强 | 50 ~ 60 | |
| 2 | 能在规定时间内完成实训任务，操作规范；<br>能做展示，有自己的观点，表述清楚 | 40 ~ 49 | |
| 3 | 能在老师和其他同学的帮助下完成实训任务，有展示 | 30 ~ 39 | |
| 4 | 能在老师和其他同学的帮助下基本完成实训任务，没有展示 | 29 以下 | |

**（3）教师点评**

教师进行点评时，汇总小组内评价，然后针对各小组进行总结点评。点评时以鼓励为主，要注意挖掘每个小组的闪光点。每个学生最后得分为所在小组分值加上组员评价分值。

# 任务 2　配送业务现状调查

## 案例导入

国家邮政局邮政业安全监管信息系统实时监测数据显示，截至 2 月 7 日，2021 年我国第 100 亿件快件诞生。这一成绩的达成仅用了 38 天，而达到这一数量，2019 年用了 79 天，2020 年因受疫情影响用了 80 天。快递百亿业务量所用时间的记录再次被刷新，不仅彰显了快递行业的蓬勃朝气，也凸显了快递行业在促进消费和畅通经济循环中的重要作用。

一份寄往老家的礼品，带回了游子的牵挂和乡愁；一份从故乡寄来的年货，承载了家人的思念和祝福。与往年不同，在各地倡导“就地过年”的背景下，网络拜年、快递带货成为过年新方式，一件件快递包裹寄托了亲朋之间最诚挚的祝福。流动的年货催生了新的消费需求，激活了庞大的内需市场，也为快递行业的2021年开局带来新机遇。数据显示，仅从1月20日“网上年货节”启动以来，全国网络零售额已超过5 100亿元，全国快递业务量同比平均增长三成。

在物流和电子商务迅猛发展的背景下，我国和全球物流配送业务的发展情况又如何呢？特别是我国物流配送起步较晚，配送业务的发展又有什么问题呢？

## 任务执行

### 1. 全球现代物流的配送现状

全球现代物流配送呈现出以下特点：

①配送规模日趋扩大，配送中心数量明显增加。

②配送技术和设备更加先进：由于发达国家的物流设备的更新周期比较短，因此其配送技术和设备非常先进，在发达国家中，主要采取的新技术有条形码识别技术、自动存货和补货技术、自动分拣技术等。

③配送方式多样化：转承包配送，发挥了承包企业专业化程度高的优势，有利于更好地完成配送任务；减轻配送中心的资金压力和经营风险；提高大型配送中心的应变能力，为顾客提供更好的服务。

④配送服务质量明显提高。

### 2. 美国现代物流配送的发展现状

20世纪60年代以来，为了提高流通领域的效益，货物配送的合理化在美国受到了普遍重视，并采取了一系列有效措施，将老式仓库改为配送中心；引进计算机网络管理，对装卸、搬运、保管实行标准化操作，提高作业效率；连锁店共同组建配送中心，促进连锁店效益的增长。美国的配送中心有很多且各有特色，以连锁业为例，主要有批发型、零售型和仓储型三种。

①批发型：主要靠计算机管理，业务部通过计算机获取会员店的订单信息，及时向生产厂家和储运部发出定货指示单。

②零售型：以美国沃尔玛的配送中心为代表，该类型的配送中心一般为某零售商独

资建立，专为本公司的连锁店按时提供商品，确保各店稳定经营。

③仓储型：以美国福来明公司的食品配送中心为代表，该配送中心的主要任务是接受独立杂货商联盟的委托任务，负责为该联盟在该地区的若干家联盟店配送货物。

### 3. 欧洲现代物流配送的发展现状

在欧洲，尤其是德国，物流配送是指按照用户的订货要求，在物流据点进行分货、配货以后，将配好的货物送交收货人的活动。

随着现代科技的兴起和经济的高速发展，近 10 年来，德国的物流配送基本上摒弃了商品从产地到销地的传统配送模式，形成了商品从产地到集散中心、从集散中心到达最终客户的现代模式。可以说，德国的物流配送已经形成了以最终需求为导向，以现代化交通和高科技信息网络为桥梁，以合理分布的配送中心为枢纽的完备的运行系统。

发达国家物流配送业发展较快的主要原因有：第一，以高科技为依托；第二，以规模效益为核心；第三，以灵活多样的形式为基础。

### 4. 我国现代物流配送的发展现状

20 世纪 70 年代以前，我国经济研究中几乎没有使用过“物流”一词，但物流各环节的运作很早就存在于国民经济的各个领域。自从 20 世纪 80 年代初，北京物资学院的王之泰教授在《物资经济研究通讯》刊登了“物流浅谈”一文，物流在我国才逐渐得到了关注和重视。20 世纪 90 年代以来的流通实践证明，配送是一种非常好的物流方式。我国很多城市的物资部门都建立了配送中心，配送得到了很大程度的发展。

但是，在看到配送在我国发展的同时，也要认识到，配送在我国的发展也是近十几年的事，进展缓慢、设备落后、信息化程度低是目前的一个基本状况，突出表现在以下两个方面：

**（1）配送的服务核心作用难以发挥**

配送的核心作用是服务，但是我国现阶段的物流配送方式基本上是以单兵作战的分散型配送为主，导致规模小，物流网点没有统一布局，配送中心现代化程度低，机械化程度低，整体物流技术水平落后；配送中心功能不健全，信息没有得到充分的加工和利用，离信息化还有很大的差距。

**（2）配送操作过程现代化程度低**

技术落后是我国配送发展滞后的一个重要因素，主要表现在以下三个方面：

①配送中心的计算机应用程度仍然比较低，大多数情况下，计算机主要是用来处理日常事务管理，对于物流中许多重要的决策问题，如配送中心的选址、货物组配方案、运输的最佳路径、最优库存控制等方面还处于半人工化决策阶段，适应具体操作的物流信息系统的开发滞后。

②物流设施的技术和设备都比较陈旧，与国外的机电一体化、无纸化的配送自动化、现代化相比，差距很大。

③整体物流技术，如运输技术、储存保管技术、流通加工技术及各环节都密切相关的信息处理技术等都是比较落后。

## 课后练习

（1）简述我国配送业务存在的问题。
（2）简述欧美发达国家配送业务的发展现状。

## 技能实训

【实训内容】

①我国配送业务发展现状及趋势。
②全球配送业务发展现状及趋势。

【实训目的】

通过本次实训，能够充分了解我国配送业务的发展现状及趋势、全球配送业务发展现状及趋势，了解我国配送业务存在的问题和差距。

【实训准备】

①物流实训中心。
②计算机及网络。
③配送中心作业实训手册。

【实训要求】

①能够独立、规范地完成各项任务。
②能够充分了解我国配送业务的发展现状及趋势、全球配送业务发展现状及趋势，了解我国配送业务存在的问题和差距。

【实训步骤】

①将全班同学分组、每组 4 ~ 6 人，活动以组为单位进行。
②每个小组在教师的指导下，完成我国配送业务和全球配送业务发展现状及趋势的调查。
③小组组长汇总展示本小组的调查情况并形成调查报告。

## 【实训评价】

各小组组长将本组的操作结果在全班展示，供同学和教师查验，要求有我国配送业务和全球配送业务发展现状及趋势、我国配送业务存在的问题和差距等内容。

**（1）小组活动评价**

组长负责分配不同的任务给小组成员，每个小组成员完成各个子任务。要求有我国配送业务和全球配送业务发展现状及趋势、我国配送业务存在的问题和差距等内容。完成任务得 40 分，如果有遗漏等情况扣减相应分值。小组成员评价意见见下表。

**小组成员评价意见表**

小组名称：______________ 组长：______________

| 小组成员 | 态度（10 分） | 互助与合作（10 分） | 倾听（10 分） | 展示与效果（10 分） |
|---|---|---|---|---|
| | | | | |
| | | | | |
| | | | | |
| | | | | |
| | | | | |

**（2）教师评价**

教师负责评价每组的任务完成情况，量化评价标准。总分值最高为 60 分。教师对小组进行评价的标准见下表。

**小组学习评价标准表**

| 序号 | 评价标准 | 分值 / 分 | 打分 |
|---|---|---|---|
| 1 | 能在规定时间内合作完成实训任务，操作规范；<br>顺利展示，报告观点新颖，表述逻辑性强 | 50 ~ 60 | |
| 2 | 能在规定时间内完成实训任务，操作规范；<br>能做展示，有自己的观点，表述清楚 | 40 ~ 49 | |
| 3 | 能在老师和其他同学的帮助下完成实训任务，有展示 | 30 ~ 39 | |
| 4 | 能在老师和其他同学的帮助下基本完成实训任务，没有展示 | 29 以下 | |

**（3）教师点评**

教师进行点评时，汇总小组内评价，然后针对各小组进行总结点评。点评时以鼓励为主，要注意挖掘每个小组的闪光点。每个学生最后得分为所在小组分值加上小组成员评价分值。

# 项目 8
# 配送中心规划

**教学目标**

知识目标:

①了解配送中心选址的概述和重要意义

②理解配送中心选址的原则和影响因素

③掌握配送中心的布局形式

④掌握配送中心的选址程序和方法

⑤理解配装作业流程

⑥掌握配送需求计划的概念和原理

⑦理解配送作业计划制订的主要依据

⑧理解配送作业计划制订的主要内容

⑨掌握编制配送作业计划的主要步骤

能力目标:

①具备配送中心选址的能力

②具备编制配送作业计划的能力

③具备撰写配送方案的能力

素质目标:

①培养现代配送管理意识

②培养标准化、制度化管理意识

**教学重难点**

重点:

①配送中心选址程序和方法

②制订配送需求计划的主要依据
③制订配送需求计划的主要内容
④编制配送作业计划的主要步骤
⑤配送方案的主要内容
难点：
①配送中心选址程序和方法
②制订配送需求计划的主要内容
③配送方案的主要内容

# 任务 1 配送中心选址

## 案例导入

物流配送中心是物流系统的重要组成部分，其选址是否合理将直接影响物流系统的运作效率和经济效益。科学合理的位置分布，能够有效降低运输成本、节约配送时间、提高物流服务质量。因此，物流配送中心选址已经成为一个企业重要的战略决策问题。A 公司京津冀区域的配送中心要重新选址，除了要结合企业的实际问题外，还要考虑哪些因素呢？又有哪些选址方法呢？

## 任务执行

### 1. 配送中心选址的概念

配送中心选址是以提高物流系统的经济效益和社会效益为目标，根据供货状况、需求分布、运输条件、自然环境等因素，用系统工程的方法，对配送中心的地理位置进行决策的过程，对物流系统的合理化具有决定性的意义。

## 2. 配送中心选址的重要意义

配送中心选址属企业战略层的决策问题，对物流系统的合理化具有决定性意义。

配送中心选址合理与否会直接影响配送系统的服务水平、作业效率和经济效益。配送中心选址的目标是服务好、效率高、费用低。

配送中心数量与库存成本之间的关系如图 8.1.1 所示。

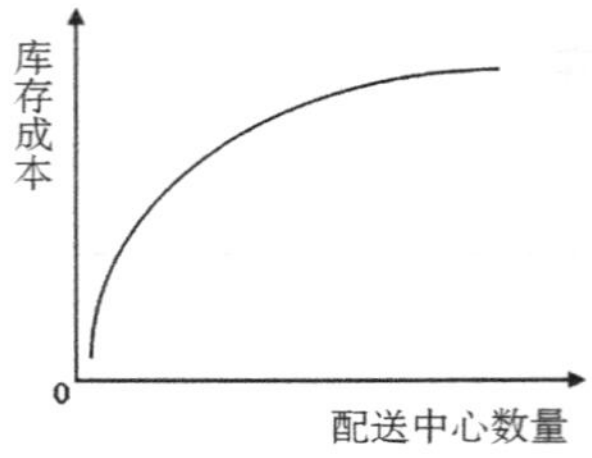


图 8.1.1　配送中心数量与库存成本之间的关系

配送中心数量与运输成本之间的关系如图 8.1.2 所示。

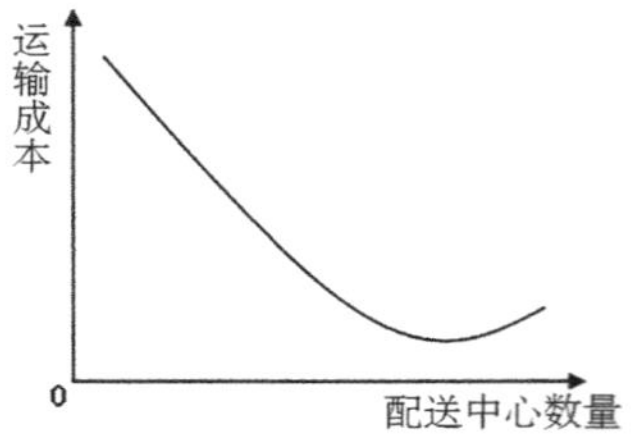


图 8.1.2　配送中心数量与运输成本之间的关系

由图可以看出，配送中心的数量对库存成本和运输成本的影响是互相矛盾的。这就有一个合理性问题。配送中心的合理选址是物流系统中具有战略意义的投资决策问题，配送中心选址是否合理，对整个系统的物流合理化和商品流通的社会效益有着决定性影响。

## 3. 配送中心的选址原则和影响因素

在现代物流系统中，配送中心是物流经营或运转所依托的生产力。这种生产力的建设是否符合经营的需要，是否能够满足服务、成本方面的要求，在一定程度上取决于配送中心的规划与设计。因此，配送中心的规划与设计也是非常重要的，它必须体现出专业化、现代化和合理化。

**1）配送中心选址原则**

配送中心的规划与设计是对拟建配送中心的长远的、总体的发展计划，配送中心一旦建成就很难再做大的改动。通常应遵循以下几个原则：

①适应性原则：配送中心的选址必须与国家以及省市的区域经济发展方针、政策相适应，与国家物流资源分布和需求分布相适应，与国民经济和社会发展相适应。

②协调性原则：配送中心的选址应将国家的物流网络作为一个大系统来考虑，使配送中心的设施设备在地域分布、物流作业生产力、技术水平等方面互相协调。

③经济性原则：配送中心的发展过程中，有关选址的费用，主要包括建设费用以及经营费用两个部分，配送中心的选址定在市区还是郊区，其未来物流辅助设施的建设规模以及建设费用、物流运输费用等是不同的，选址应当以总的费用最低作为配送中心选址的经济性原则。

④战略性原则：配送中心的选址，应具有战略眼光。一是要考虑全局，二是要考虑长远。局部要服从全局，目前利益要服从长远利益，既要考虑目前的实际需要，又要考虑日后发展的可能。

**2）配送中心选址影响因素**

配送中心选址影响因素包括社会因素和自然因素。社会因素有交通运输、产业布局、货物流向、人力资源、城市规划和发展、政策法规、社会影响；自然因素包括用地、地质条件、气候影响等。

## 4. 配送中心的布局

与配送中心的选址同时进行的另一项工作是配送中心宏观的合理布局，配送中心的布局一般分为以下几种形式。

**1）辐射形**

辐射形是指辐射中心位于众多客户中，商品由配送中心向四周配送，形成辐射状，如图 8.1.3 所示。

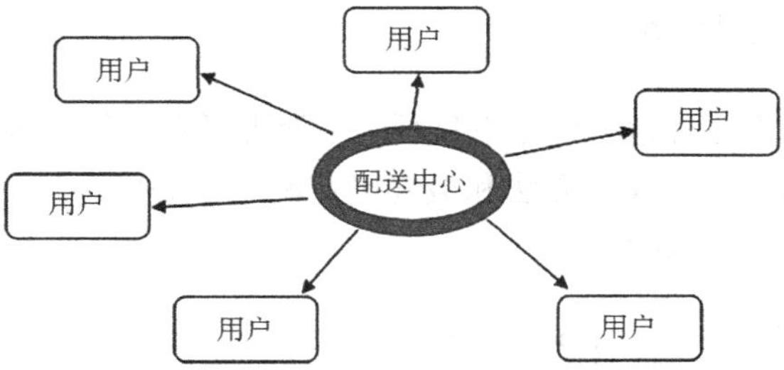


图 8.1.3　辐射形配送中心

以这种形式布局的配送中心要具备以下条件：

①配送中心附近是客户相对集中的经济区域。

②配送中心靠近主要运输干线，利用干线运输将货物运达配送中心，然后再配送到各个客户。

**2）扇形**

扇形是指商品从配送中心向一个方向配送，形成扇形，如图 8.1.4 所示。

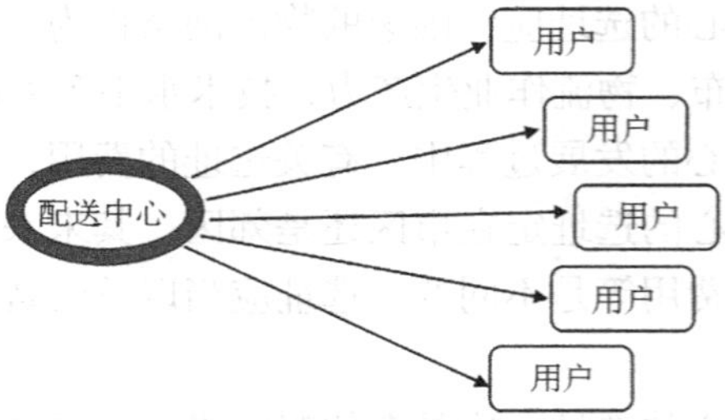

图 8.1.4　扇形配送中心

扇形配送中心的特点：商品有一定的流向，配送中心位于主要运输干线的中途或终端，配送中心的商品配送方向与干线运输方向一致或在运输干线侧面。

**3）双向辐射形**

双向辐射形是指当客户集中在配送中心的两侧时，商品从配送中心向两个相反方向配送，形成双向辐射形，如图 8.1.5 所示。

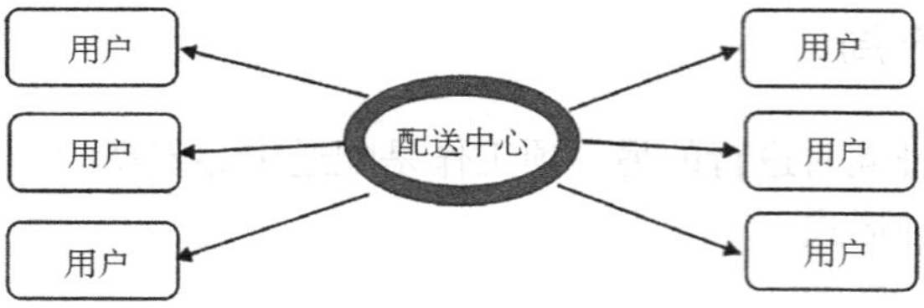

图 8.1.5　双向辐射形配送中心

以这种布局出现的配送中心要靠近主要运输干线，配送中心的商品向运输干线两侧配送。

## 5. 配送中心的选址程序

配送中心选址的基本流程包括确定选址任务、列出影响选址的因素、明确选址目标、确定多个备选地址、确定选址评价方法和最终确定配送中心的地址六个基本环节。配送中心选址的基本流程如图 8.1.6 所示。

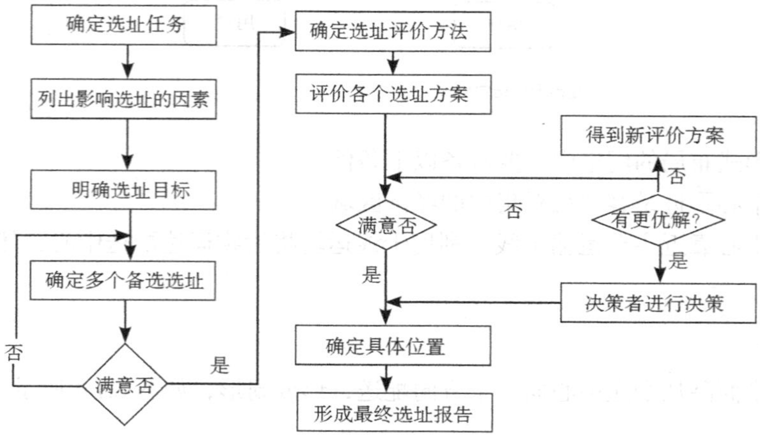

图 8.1.6　配送中心选址基本流程

## 课后练习

### 1. 选择题

（1）以下哪项不属于配送中心选址的原则？（　　）

A. 适应性　　B. 经济性　　C. 协调性　　D. 可行性

（2）配送中心选址的基本流程包括（　　）个环节。

A. 5　　B. 6　　C. 7　　D. 8

（3）配送中心的布局形态包括（　　）。

A. 辐射形　　B. 扇形　　C. 双向辐射形　　D. 周边形

### 2. 简答题

（1）简述配送中心选址的常用方法。

（2）简述编制配送作业计划的步骤。

## 技能实训

### 【实训内容】

①配送中心的选址原则。

②配送中心的布局形态。

③配送中心的选址程序和方法。

### 【实训目的】

通过本次实训，能够理解配送中心的选址原则、配送中心的布局形态，掌握配送中心的选址程序和方法。

### 【实训准备】

①物流实训中心。

②计算机及网络。

③配送中心作业实训手册。

### 【实训要求】

①能够独立、规范地完成各项任务。

②能够充分理解配送中心的选址原则、配送中心的布局形态，掌握配送中心的选址程序和方法。

【实训步骤】

①将全班同学分组，每组 4 ~ 6 人，活动以组为单位进行。

②每个小组在教师的指导下，完成配送中心的选址。

③小组组长汇总展示本小组的配送中心选址情况并形成情况报告。

【实训评价】

各小组组长将本组的操作结果在全班展示，供同学和教师查验，要求有配送中心的选址原则、布局动态，配送中心的选址程序和方法等内容。

**（1）小组活动评价**

组长负责分配不同的任务给小组成员，每个小组成员完成各个子任务。要求有配送中心的选址依据和选址方案等内容。完成任务得 40 分，如果有遗漏等情况扣减相应分值。小组成员评价意见见下表。

**小组成员评价意见表**

小组名称：______________ 组长：______________

| 小组成员 | 态度（10 分） | 互助与合作（10 分） | 倾听（10 分） | 展示与效果（10 分） |
|---|---|---|---|---|
| | | | | |
| | | | | |
| | | | | |
| | | | | |
| | | | | |

**（2）教师评价**

教师负责评价每组的任务完成情况，量化评价标准。总分值最高为 60 分。教师对小组进行评价的标准见下表。

**小组学习评价标准表**

| 序号 | 评价标准 | 分值 / 分 | 打分 |
|---|---|---|---|
| 1 | 能在规定时间内合作完成实训任务，操作规范；<br>顺利展示，报告观点新颖，表述逻辑性强 | 50 ~ 60 | |
| 2 | 能在规定时间内完成实训任务，操作规范；<br>能做展示，有自己的观点，表述清楚 | 40 ~ 49 | |
| 3 | 能在老师和其他同学的帮助下完成实训任务，有展示 | 30 ~ 39 | |
| 4 | 能在老师和其他同学的帮助下基本完成实训任务，没有展示 | 29 以下 | |

**（3）教师点评**

教师进行点评时，汇总小组内评价，然后针对各小组进行总结点评。点评时以鼓励为主，要注意挖掘每个小组的闪光点。每个学生最后得分为所在小组分值加上小组成员评价分值。

# 任务 2　配送中心作业规划

## 案例导入

随着业务量的增加，××配送中心刘经理又喜又忧，喜的是订单不断增加，忧的是对订单的配送忙不过来，甚至开始出现无法及时到货的情况，虽然有些老客户能理解，但是这并不是长久之计，配送中心刘经理为此一筹莫展。刘经理该如何解决配送订单多与配送时间要求的矛盾呢？

## 任务执行

### 1. 配装作业

**1）装车配载作业的目标**

配送车辆一般为中小型货柜车，配送的货物有轻泡货和重货之分，装车时既要考虑车辆的载质量，又要考虑车辆的容积，尽可能使配送车辆满载，降低配送成本。

装车配载的目标是在保证货物质量完好与数量准确的前提下，尽可能提高车辆的装载率和车辆的利用率，节省运力，降低配送成本。

**2）配装作业流程**

配装作业流程如图 8.2.1 所示。

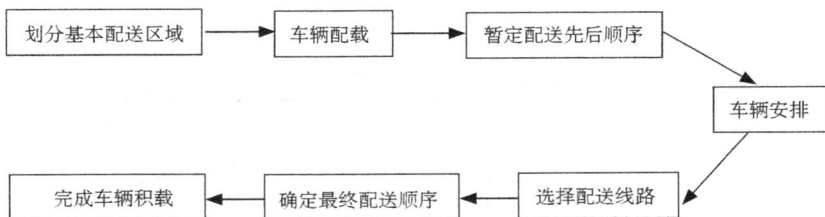

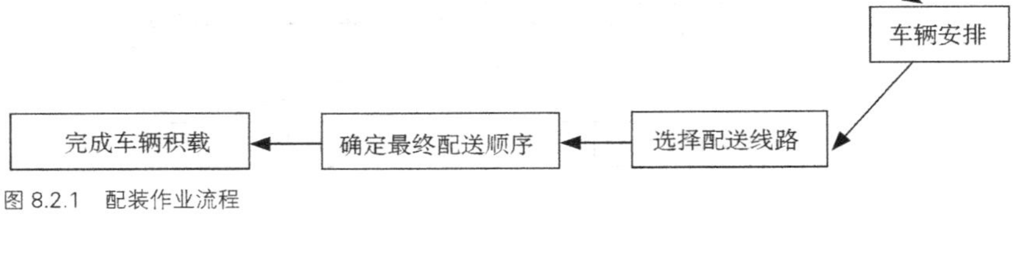


图 8.2.1　配装作业流程

3）配装作业的注意事项

配装作业的注意事项如图 8.2.2 所示。

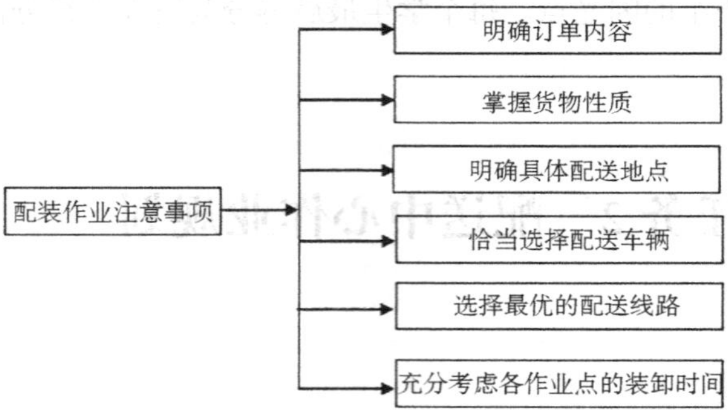


图 8.2.2　配装作业注意事项

## 2. 配送需求计划

1）配送需求计划的概念

配送需求计划（distribution requirement planning，DRP），是一种既保证有效地满足市场需要，又使得物流资源配置费用最少的计划方法，是 MRP 原理与方法在物资配送中的运用。它是流通领域中的一种物流技术，是 MRP 在流通领域应用的直接结果。它主要解决分销物资的供应计划和调度问题，达到保证既有效地满足市场需要又使得配置费用最省的目的。

2）配送需求计划的原理

配送需求具有三个层次。

①作业层：功能性需求。

②管理层：配送规划与管理。

③决策层：策略性需求，包括策略目标（如成本、品质、速度、柔性等），建立信息共享机制，以实现配送信息的共享与沟通。

配送需求计划由输入文件和生成文件两部分组成，具体运作原理如图 8.2.3 所示。

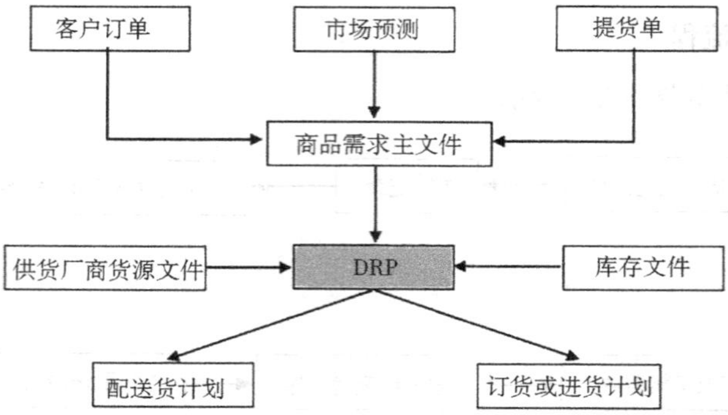


图 8.2.3　配送需求计划运作原理

**（1）配送需求计划的输入文件**

①商品需求文件：客户的订货单、提货单或者供货合同，是进行DRP处理的主要依据。

②供货厂商货源文件：货物生产厂或供应商的可供货源文件，包括可供物资品种、数量、时间、地理位置，主要为DRP制订订货计划使用。

③库存文件：配送系统的仓库里所有库存物资品种和数量的列表，是制订DRP计划的必需文件。

**（2）配送需求计划的生成文件**

①配送货计划：根据供货厂商或源文件和库存文件确定从仓库提货送货或者订货进货再送货，否则会发生缺货。

②订货或进货计划：配送中心对供货厂商的订货或进货计划。

## 3. 制订配送作业计划

### 1）制订配送作业计划的主要依据

制订配送作业计划的主要依据有：

①客户订单：一般客户订单对配送商品的品种、规格、数量、送货时间、送达地点、收获方式等都有要求。

②客户分布、运输路线距离：客户分布是指客户的地理位置分布。客户位置离配送据点的距离远近、客户收货地点的路径选择等都直接影响到配送成本。

③配送货物特征：配送货物的体积、形状、重量、性能、运输要求等特性是决定运输方式、车辆种类、载质量、容积、装卸设备的重要因素。

④运输装卸条件：运输道路交通状况、运送地点及其作业地理环境、装卸货时间、天气等对配送作业的效率也起相当大的约束作用。

### 2）制订配送作业计划的主要内容

制订配送作业计划的主要内容有：

①配送作业计划是按日期排定用户所需商品的品种、规格、数量、送达时间、送达地点、送货车辆和人员等的安排规划。

②配送作业计划首先对客户所在地的具体位置作系统统计，并作区域上的整体规划，再将每一客户包括在不同的基本送货区域中，以作为配送决策的基本参考。在区域划分的基础上再作弹性调整，根据客户订单的送货时间要求确定送货的先后次序。

③最终形成的配送作业计划包括两部分：一份是一定时期内综合配送作业计划表；另一份是依据综合制订配送作业计划的每一车次的单车作业计划表（单），该表（单）交给送货驾驶员执行，执行完毕后交回。

### 3）编制配送作业计划的步骤

编制配送作业计划的步骤如图8.2.4所示。

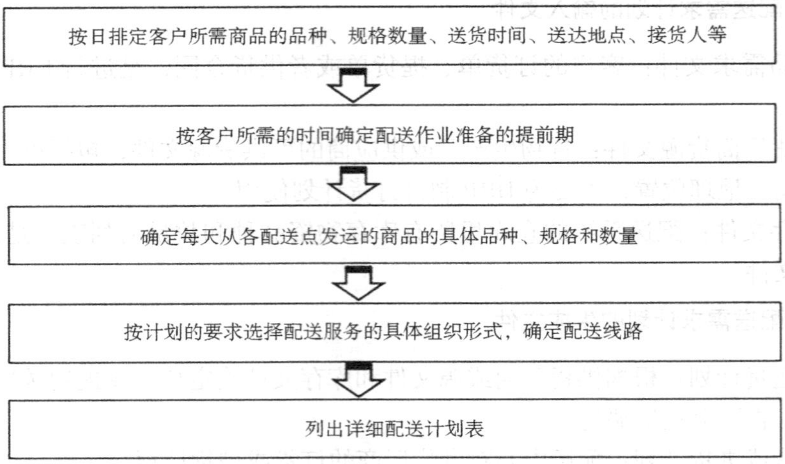
按日排定客户所需商品的品种、规格数量、送货时间、送达地点、接货人等
按客户所需的时间确定配送作业准备的提前期
确定每天从各配送点发运的商品的具体品种、规格和数量
按计划的要求选择配送服务的具体组织形式，确定配送线路
列出详细配送计划表

图 8.2.4　编制配送作业计划的步骤

**4）配送方案的主要内容**

配送方案的撰写包含的主要内容见表 8.2.1。

**表 8.2.1　配送方案的主要内容**

| 序号 | 主要内容 | 说明 |
|---|---|---|
| 1 | 分配地点、数量与配送任务 | 使配送业务达到配送路线最短、所用车辆最少、总成本最低、服务水平最高 |
| 2 | 决定配送批次和配送先后顺序 | 当配送中心的货品性质差异很大，有必要分开配送时，需要决定不同的配送批次 |
| 3 | 确定车辆数量 | 企业需要在提高客户的服务水平与减轻企业的负担之间进行权衡，确定合适的车辆数量 |
| 4 | 合理搭配不同类型、不同来源的车辆 | 在车辆安排上，调度人员要熟悉不同类型车辆的积载量和重量限制，根据成本的计算来考虑是选用外雇车辆进行配送还是利用自有车辆多次巡回配送比较划算 |
| 5 | 确定车辆装载方式 | 最好绘制出详细的车辆配载图 |
| 6 | 确定配货作业指标 | 分拣配货率 = 库存种类数 / 分拣种类数 |
| 7 | 控制车辆最长行驶里程 | 需要考虑配送完毕之后的返程路途、车辆的油耗和司机的精力 |
| 8 | 时间范围的确定 | 确定是夜间配送、凌晨配送或假日配送 |
| 9 | 与客户作业层面的衔接 | 配送方案应该对门店的收货方面进行沟通，做好衔接安排。如托盘货物，门店要有接货的月台以及相关操作设备 |
| 10 | 达到最佳化目标 | 所用车辆最少、配送线路最短、作业总成本最低、服务水平最高 |

## 课后练习

### 简答题

（1）简述配装作业流程。
（2）配送需求计划的原理是什么？
（3）简述编制配送作业计划的步骤。
（4）简述配送方案的主要内容。
（5）配送需求计划的运作原理。

## 技能实训

### 【实训内容】

①制订配送作业计划的主要依据。
②制订配送作业计划的主要内容。
③制订配送作业计划表。

### 【实训目的】

通过本次实训，能够掌握制订配送作业计划的主要依据、主要内容，能够合理制订配送作业计划表。

### 【实训准备】

①物流实训中心。
②计算机及网络。
③配送中心作业实训手册。

### 【实训要求】

①能够独立、规范地完成配送作业计划表。
②能够掌握制订配送作业计划的主要依据、主要内容，能够合理制订配送作业计划表。

### 【实训步骤】

①将全班同学分组，每组 4 ~ 6 人，活动以组为单位进行。
②每个小组在教师的指导下，完成配送作业计划表。
③小组组长汇总展示本小组的配送作业计划表。

## 【实训评价】

各小组组长将本组的配送作业计划表在全班展示，供同学和教师查验，要求有制订配送作业计划的主要依据、主要内容。

**（1）小组活动评价**

组长负责分配不同的任务给小组成员，每个小组成员完成各个子任务。要求完成配送作业计划表。完成任务得 40 分，如果有遗漏等情况扣减相应分值。小组组员评价意见见下表。

**小组成员评价意见表**

小组名称：______________　　　　组长：______________

| 小组成员 | 态度（10 分） | 互助与合作（10 分） | 倾听（10 分） | 展示与效果（10 分） |
|---|---|---|---|---|
| | | | | |
| | | | | |
| | | | | |
| | | | | |
| | | | | |

**（2）教师评价**

教师负责评价每组的任务完成情况，量化评价标准。总分值最高为 60 分。教师对小组进行评价的标准见下表。

**小组学习评价标准表**

| 序号 | 评价标准 | 分值 / 分 | 打分 |
|---|---|---|---|
| 1 | 能在规定时间内合作完成实训任务，操作规范；<br>顺利展示，报告观点新颖，表述逻辑性强 | 50 ～ 60 | |
| 2 | 能在规定时间内完成实训任务，操作规范；<br>能做展示，有自己的观点，表述清楚 | 40 ～ 49 | |
| 3 | 能在老师和其他同学的帮助下完成实训任务，有展示 | 30 ～ 39 | |
| 4 | 能在老师和其他同学的帮助下基本完成实训任务，没有展示 | 29 以下 | |

**（3）教师点评**

教师进行点评时，汇总小组内评价，然后针对各小组进行总结点评。点评时以鼓励为主，要注意挖掘每个小组的闪光点。每个学生最后得分为所在小组分值加上小组成员评价分值。

# 项目 9
# 配送作业管理

**教学目标**

知识目标：

①理解车辆调度的原则、技巧

②掌握图上作业法、经验调度法和运输定额比法等车辆调度的方法

③掌握节约里程的线路设计思路和核心思想

④了解直送式配送线路选择和分送式配送线路选择

⑤了解车辆积载的概念

⑥掌握车辆运输生产率和吨位利用率的计算

⑦了解配送服务的重要性

⑧理解配送服务和成本之间的关系

⑨掌握配送服务与成本合理化策略

⑩掌握配送服务管理的常用方法

能力目标：

①会根据配送中心的实际情况利用节约里程线路设计方法设计合理的配送方案

②会计算车辆运输生产率和吨位利用率

③会分析配送服务与成本，并根据配送中心的实际需要来提升配送服务管理质量

④会为配送中心合理调度车辆

素质目标：

①培养现代配送服务管理意识

②培养标准化、制度化管理意识

**教学重难点**

重点：

①图上作业法、经验调度法和运输定额比法等车辆调度的方法

②节约里程的线路设计思路和核心思想

③车辆运输生产率和吨位利用率的计算

④配送服务管理的常用方法

难点：

①图上作业法、经验调度法和运输定额比法等车辆调度的方法

②节约里程的线路设计思路和核心思想

# 任务 1　调度作业

## 案例导入

某配送中心有 10 辆大货车、20 辆厢式小货车，存放在不同的地点，配送中心负责人要派出其中的 7 辆大货车和 16 辆厢式小货车去 12 个不同的地点送货。各车从存放处调到装货地点所需费用已知的情况下，配送中心负责人应该如何调度车辆？在调度车辆时要考虑哪些因素？怎么做到配送总费用最少呢？

## 任务执行

### 1. 车辆调度的概念

车辆调度是指制订行车路线，使车辆在满足一定的约束条件下，有序地通过一系列装货点和卸货点，达到诸如路程最短、费用最小、耗时最少等目标。

### 2. 车辆调度的原则

配送车辆的调度主要是对可利用的运能、运力的合理调剂与使用，车辆调度的一般

原则包括：

①根据商品特性选择最合适的车型。应根据待运商品的重量、体积、数量、物理特性、化学及生化特性，确定大小和结构最适宜的车辆进行运送，尤其要注意冷冻、冷藏物品和危险物品的运送车辆特性。

②根据运送道路状况充分考虑车辆的使用性能。

③固定司机、固定路线。在条件许可的情况下，对送往同一送货地点且车型合适的商品，尽量让同一位司机按照同样的路线送货，由于条件熟悉，商品交接作业会更顺利，行驶安全性更高。

④兼顾返程车辆。有时候将商品送达配送中心的车辆，可以用来运送在其返程途中的送货点的商品，这样既可节省运力也可以适当降低运送费用。

⑤计划性与机动性相结合。

⑥自有车辆和合作协议车辆优先。

### 3. 车辆调度的技巧

为了达到路程最短、费用最小、耗时最少的目标，在车辆调度时有以下技巧：

①将相互临近的送货点的商品装在一辆车上配送，即将相互邻近的送货点串起来。

②将在一起的送货点安排在同一天送货，尽量避免不是同一天送货的送货点在配送路线上的重叠。

③在第 1 辆车满载后，用另一辆车装载第二个最远送货点的商品（从最远的送货点开始配送）。

④同一辆车途经各个送货点的路线呈凸状。

⑤最好能使提货在返程中进行。

⑥对偏离聚集送货点路线的可租车送货。

⑦尽量避免接货点工作时间过短的限制。

## 课后练习

### 简答题

（1）简述车辆调度的原则。

（2）简述车辆调度的技巧。

（3）车辆调度有哪些方法？

## 技能实训

### 【实训内容】

①车辆调度的原则。

②车辆调度的方法。

【实训目的】

通过本次实训，能够掌握车辆调度的原则和车辆调度的方法。

【实训准备】

①物流实训中心。
②计算机及网络。
③配送中心作业实训手册（含车辆调度需求说明）。

【实训要求】

①能够独立、规范地完成车辆调度。
②能够掌握车辆调度的原则和车辆调度的方法。

【实训步骤】

①将全班同学分组，每组 4 ~ 6 人，活动以组为单位进行。
②每个小组在教师的指导下，掌握车辆调度原则和车辆调度方法。
③小组组长汇总展示本小组的车辆调度方案。

【实训评价】

各小组组长将本组的车辆调度方案在全班展示，供同学和教师查验，要求有车辆调度的分析和结论。

**（1）小组活动评价**

组长负责分配不同的任务给小组成员，每个小组成员完成各个子任务。要求完成车辆调度方案。完成任务得 40 分，如果有遗漏等情况扣减相应分值。小组成员评价意见表如下：

**小组成员评价意见表**

小组名称：______________　　　　组长：______________

| 小组成员 | 态度（10 分） | 互助与合作（10 分） | 倾听（10 分） | 展示与效果（10 分） |
|---|---|---|---|---|
| | | | | |
| | | | | |
| | | | | |
| | | | | |
| | | | | |

**（2）教师评价**

教师负责评价每组的任务完成情况，量化评价标准。总分值最高为 60 分。教师对小组进行评价的标准见下表。

**小组学习评价标准表**

| 序号 | 评价标准 | 分值 / 分 | 打分 |
|---|---|---|---|
| 1 | 能在规定时间内组员之间合作完成实训任务，操作规范；顺利展示，报告观点新颖，表述逻辑性强 | 50 ~ 60 | |
| 2 | 能在规定时间内完成实训任务，操作规范；能做展示，有自己的观点，表述清楚 | 40 ~ 49 | |
| 3 | 能在老师和其他同学的帮助下完成实训任务，有展示 | 30 ~ 39 | |
| 4 | 能在老师和其他同学的帮助下基本完成实训任务，没有展示 | 29 以下 | |

**（3）教师点评**

教师进行点评时，汇总小组内评价，然后针对各小组进行总结点评。点评时以鼓励为主，要注意挖掘每个小组的闪光点。每个学生最后得分为所在小组分值加上小组成员评价分值。

# 任务 2　配送线路设计与选择

## 案例导入

美国沃尔玛商品公司下属的配送中心建筑面积为 12 万 $m^2$，投资额 7 000 万美元，职工人数为 1 200 名。该配送组织拥有 200 辆车，400 节载货车厢，13 条配货传送带。配货场内设有 170 个接货口，每天为 6 个州的 100 家连锁店配送商品，经营的商品多达 4 万种。某天，该配送中心新上任了一位负责人，觉得可以对该配送中心的线路进行重新设计与优化，这样可以进一步提高配送效率和降低配送费用。那么新上任的负责人该如何对配送线路进行设计和优化呢？

## 任务执行

### 1. 配送线路设计

**1）线路设计的意义**

对配送线路进行设计时，需要考虑很多因素，如现有的道路网络分布、配送客户的地理分布等。除了考虑这些因素之外，还应考虑配送时遇到的本地流量、道路施工、政府对某些线路的管制等情况。各种因素互相影响，很容易造成送货不及时、服务水平下降、配送成本高等问题。配送线路设计就是整合影响配送运输的各种因素，适时适当地利用现有的运输工具和道路状况，及时、安全、方便、经济地将客户所需的不同物资准确地送到客户手中，提供优良的物流配送服务。在运输线路设计中，需根据不同客户群的特点和要求，选择不同的线路设计，最终达到节省时间、缩短运输距离和降低运输费用的目的。

**2）最短路径设计**

由于配送中心每次的配送活动一般都面对多个、非固定客户，并且这些客户的地点各不相同，配送时间和配送数量也都不尽相同。如果配送中心不进行运输路线的合理规划，往往会出现不合理的运输现象，如迂回运输、重复运输等。在对运输路线进行规划时，应根据不同的配送目标设计不同的配送路线。配送目标主要有：以成本最低为目标；以准时性最高为目标；以路径最短为目标；以吨公里最小为目标。本任务主要以路径最短为目标来设计路径。

**（1）最短路径设计的适用范围**

在配送路线设计中，当由一个配送中心向一个特定的客户进行专门送货，而客户的需求量接近或大于可用车辆的额定载质量时，需专门派一辆车一次或多次送货。如果送货成本和配送路线有较强的相关性，而与其他因素关联度不大时，可以路径最短为设计目标。因为这种设计方法忽略了许多不易计算的影响因素，所以容易掌握。

**（2）最短路径设计的步骤**

计算网络中两点间最短路线的方法有许多种，目前公认的最好的方法是由 Dijkstra 于 1959 年提出来的，该种方法称为标号法。

用 $D_{ij}$ 表示运输线路中点 $i$ 与点 $j$ 相邻时的距离，用 $L_{si}$ 表示从点 $s$ 到点 $i$ 的最短路线的长度。

现要求从点 $P_s$ 到点 $P_t$ 的最短路线，该算法步骤如下：

①从初始点 $P_s$ 出发，逐一地给其他点标号，给点 $P_i$ 标上（$\alpha_i$，$\beta_i$），其中 $\alpha_i$ 为初始点到点 $P_i$ 的最短路长，即 $\alpha_i=L_{si}$；$\beta_i$ 为点 $P_i$ 在最短路线上来源点（亦即 $P_i$ 是从哪一点来的）的代号；$L_{si}$ 的数值标注在点 $P_i$ 旁边的小方框内；至此表示点 $P_i$ 已标号。首先给初始点标号：（0，0），$L_{ss}=0$。

②找出与点 $P_s$ 相邻点中路长最小的一个，若几个点同时达到最小，就都找出来。设找出的点为 r，将（$\alpha_r$，$\beta_r$）（其中 $\beta_r=s$）和 $L_{sr}=L_{ss}+D_{sr}$ 的值标注给点 $P_r$，表明点 $P_r$ 也已标号。

③从已标号的点出发，找出这些点相邻的所有点。把每个已标号点（如点 $P_i$）旁标注的数字 [ 如（$\alpha_i$，$\beta_i$）和 $L_{si}$] 和与之相邻的点（如点 $P_j$）到这个已标号点（如点 $P_i$）间的距离 $D_{ij}$[ 边（$P_s$，$P_j$）的长度 ] 加起来，从所有这些和中选出一个最小的，如这个最小的和是 $L_{sk}+D_{kq}$。再找出最小和对应的末标号点，如 q（当有几个都为最小时，把它

们对应的不同的末标号都找出来），然后给这个点（如 q 点）标号：（$\alpha_q$，$\beta_q$）（其中 $\beta_q$=k）和 $L_{sq}=L_{sk}+D_{kq}$。

④重复第③步，直到给点 $P_t$ 标上号（$\alpha_t$，$\beta_t$）和 $L_{st}$ 为止。

⑤从点 $P_t$ 开始根据各点的标号（$\alpha_i$，$\beta_i$）反向寻找点 $P_s$ 到点 $P_t$ 的最短路线所关联的边（$P_i$，$P_j$），并将其加粗。

上面得到的由加粗边构成的点 $P_s$ 到点 $P_t$ 的路径即为点 $P_s$ 到点 $P_t$ 间的最短路线，其长度为 $L_{st}$。

**3）节约里程的线路设计**

当由一个配送中心向多个客户进行共同送货，在一条线路上的所有客户的需求量总和不大于一辆车的额定载质量时。由这一辆车配装着所有客户需求的货物，按照一条预先设计好的最佳路线依次将货物送到每一客户手中，这样既可保证按需将货物及时送交，同时又能节约行驶里程，缩短整个送货时间，节约费用，还能在客观上减少交通流量，缓解交通紧张的压力。节约里程法正是用来解决这类问题的较成熟的方法。

节约里程法的核心思想是依次将运输问题中的两个回路合并为一个回路，每次使合并后的总运输距离减小的幅度最大，直到达到一辆车的装载限制时，再进行下一辆车的优化。优化过程分为并行方式和串行方式两种。

**（1）节约里程法的基本思路**

节约里程法的基本思路如图 9.2.1 所示，已知 O 点为配送中心，它分别向用户 A 和 B 送货。

设 O 点到用户 A 和用户 B 的距离分别为 $a$ 和 $b$。用户 A 和用户 B 之间的距离为 $c$，现有两种送货方案，如图 9.2.1（a）和（b）所示。

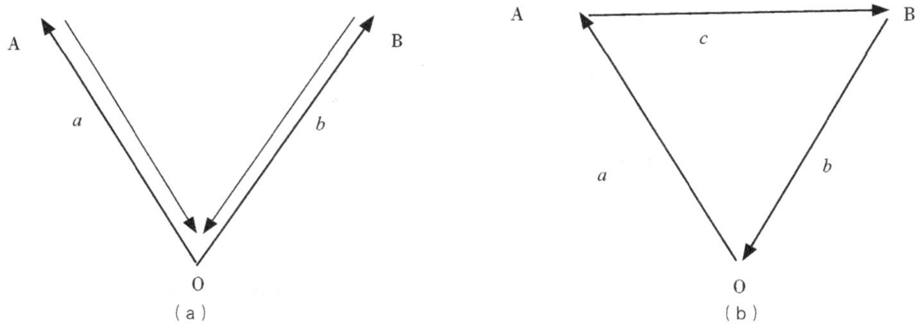


图 9.2.1　节约里程法理解图

在图 9.2.1（a）中配送距离为 2（$a+b$）；在图 9.2.1（b）中，配送距离为 $a+b+c$。对比这两个方案，哪个更合理呢？这就要看哪个配送距离最短，配送距离越短，则说明方案越合理。由图 9.2.1（a）中的配送距离，减去图 9.2.1（b）中的配送距离可得出：

$$2(a+b)-(a+b+c)=(2a+2b)-a-b-c=a+b-c \quad (1)$$

如果把图 9.2.1（b）看成一个三角形，那么 $a$、$b$、$c$ 则是这个三角形三条边的长度。由三角形的几何性质可知，三角形中任意两条边的边长之和，大于第三条边的边长。因此，可以认定（1）式中结果是大于零的。

即：$a+b-c>0$　　　　　　　　　　　　　　　　　　　　　　　　　　　　　　（2）

由（2）式可知，（b）方案优于（a）方案，节约了（$a+b-c$）的里程，这种分析方案的优劣式的思想，就是节约里程法的基本思想。

**（2）节约里程法的核心思想**

节约里程法的核心思想是依次将运输问题中的两个回路合并为一个回路，每次使合并后的总运输距离减小的幅度最大，达到一辆车的装载限制时，再进行下一辆车的优化。优化过程分为并行方式和串行方式两种。

**（3）节约里程法案例**

已知配送中心 $P_0$ 向 5 个用户 $P_j$ 配送货物，其配送路线网络、配送中心与用户的距离以及用户之间的距离如图 9.2.2 所示。图中括号内的数字表示客户的需求量（单位：t），线路上的数字表示两结点之间的距离（单位：km），配送中心有 3 台 2 t 卡车和 2 台 4 t 卡车两种车辆可供使用。

①试利用节约里程法制订最优的配送方案。

②设卡车行驶的速度平均为 40 km/h，试比较优化后的方案比单独向各用户分送可节约多少时间？

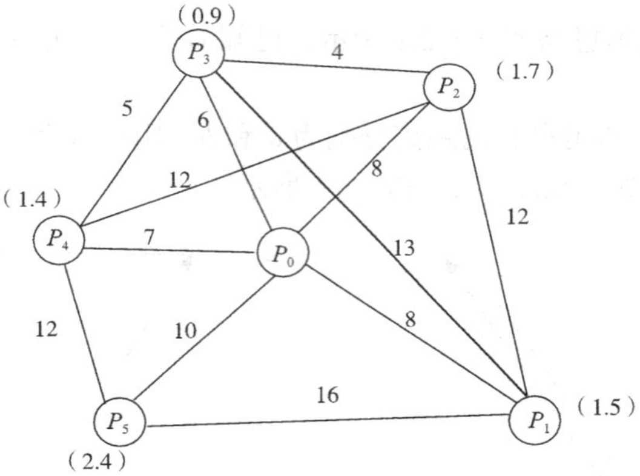


图 9.2.2　节约里程法例题用图

第（1）步：作运输里程表，列出配送中心到用户及用户间的最短距离。

| 需求量 /t | $P_0$/km | | | | | |
|---|---|---|---|---|---|---|
| 1.5 | 8 | $P_1$ | | | | |
| 1.7 | 8 | 12 | $P_2$ | | | |
| 0.9 | 6 | 13 | 4 | $P_3$ | | |
| 1.4 | 7 | 15 | 9 | 5 | $P_4$ | |
| 2.4 | 10 | 16 | 18 | 16 | 12 | $P_5$ |

第（2）步：由运输里程表，按节约里程公式，求得相应的节约里程数，如下表（　）内。

| 需求量 /t | $P_0$/km | | | | | |
|---|---|---|---|---|---|---|
| 1.5 | 8 | $P_1$ | | | | |
| 1.7 | 8 | （4）12 | $P_2$ | | | |
| 0.9 | 6 | （1）13 | （10）4 | $P_3$ | | |
| 1.4 | 7 | （0）15 | （6）9 | （8）5 | $P_4$ | |
| 2.4 | 10 | （2）16 | （0）18 | （0）16 | （5）12 | $P_5$ |

第（3）步：将节约里程进行分类，按从大到小顺序排列。

| 序号 | 路线 | 节约里程 /km | 序号 | 路线 | 节约里程 /km |
|---|---|---|---|---|---|
| 1 | $P_2P_3$ | 10 | 6 | $P_1P_5$ | 2 |
| 2 | $P_3P_4$ | 8 | 7 | $P_1P_3$ | 1 |
| 3 | $P_2P_4$ | 6 | 8 | $P_2P_5$ | 0 |
| 4 | $P_4P_5$ | 5 | 9 | $P_3P_5$ | 0 |
| 5 | $P_1P_2$ | 4 | 10 | $P_1P_4$ | 0 |

第（4）步：根据载质量约束与节约里程大小，顺序连接各客户结点，确定单独送货的配送线路。

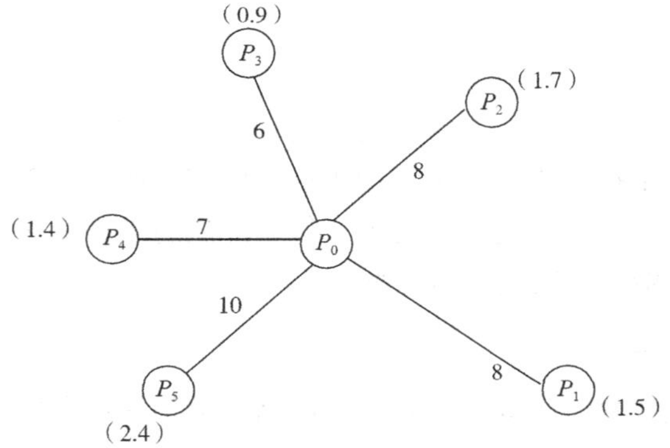


得初始方案配送距离 =39 × 2=78 km

第（5）步：根据载质量约束与节约里程大小，将各客户结点连接起来，形成两个配送路线，即 A、B 两配送方案。

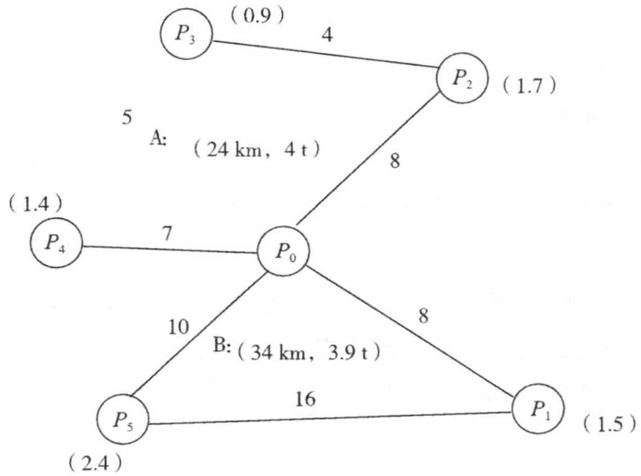

①配送线路 A：$P_0 \to P_2 \to P_3 \to P_4 \to P_0$

运量 $q_A = q_2+q_3+q_4$

$= 1.7$ t$+0.9$ t$+1.4$ t

$= 4$ t

用一辆 4 t 车运送

节约距离 $S_A$ =10 km+8 km=18 km

②配送线路 B: $P_0 \to P_5 \to P_1 \to P_0$

运量 $q_B = q_5+q_1$=2.4 t+1.5 t=3.9 t<4 t 车

用一辆 4 t 车运送

节约距离 $S_B$=2 km

第（6）步：与初始单独送货方案相比，计算总节约里程与节约时间

总节约里程：$\Delta S = S_A + S_B$= 20 km

与初始单独送货方案相比，可节约时间：$\Delta T = \Delta S/V = \frac{20 \text{ km}}{40 \text{ km/h}}$ =0.5 h

## 2. 配送线路选择

### 1）直送式配送线路选择

#### （1）直送式配送的概念

直送式配送是指由一个供应点对一个客户的专门送货。从物流优化的角度看，直送式客户的基本条件是其需求量接近于或大于可用车辆的额定载质量，需专门派一辆或多辆车一次或多次送货。因此，直送式配送情况下，货物配送追求的是多装快跑，选择最短配送线路，以节约时间、费用，提高配送效率。

#### （2）直送式配送线路的选择

直送式配送问题的物流优化，主要是寻找物流网络中的最短线路问题。目前解决最短线路问题的方法有很多，解决物流网络中的最短线路问题常用位势法。寻找最短线路的方法步骤如下：

第一步，选择货物供应点为初始结点，并取其位势值为零，即 $V_i$=0。

第二步，考虑与 i 点直接相连的所有线路结点。设其初始结点的位势值为 $V_i$，则其终止结点 j 的位势值可按下式确定：

$$V_j=V_i+L_{ij}$$

式中，$L_{ij}$ 为 i 点与 j 点之间的距离。

第三步，从所得到的所有位势值中选出最小者，此值即为从初始结点到该点的最短距离，将其标在该结点旁的方框内，并用箭头标出该连线 i–j，以此表示从 i 点到 j 点的最短线路走法。

第四步，重复以上步骤，直到物流网络中所有结点的位势值均达到最小为止。

最终，各结点的位势值表示从初始结点到该点的最短距离。带箭头的各条连线则组成了从初始结点到其余结点的最短线路。分别以各点为初始结点，重复上述步骤，即可

得各结点之间的最短距离。

**2）分送式配送线路选择**

**（1）分送式配送的概述**

分送式配送是指由一个供应点对多个客户的共同送货。其基本条件是同一条线路上所有客户的需求量总和不大于一辆车的额定载质量。送货时，由这一辆车装着所有客户的货物，沿着一条精心选择的最佳线路依次将货物送到各个客户手中，这样既保证按时、按量将用户需要的货物送到，又节约了车辆，节省了费用，缓解了交通紧张的压力，并减少了运输对环境造成的污染。但随着配送限制条件的增加，如时间窗口限制、车辆的载质量和容积限制、司机途中总驾驶时间的上限要求、不同线路对行车速度的限制等，使最优线路的设计越来越复杂。

**（2）分送式配送线路选择的原则**

在对物流配送进行物流路径优化之前，首先应该明确路径选择的原则。路径选择的原则包括以下几个方面。

①安排车辆负责相互距离最接近的站点的货物运输。车辆的行车路线围绕相互靠近的站点群进行计划，以使站点之间的行车时间最短。

②从距仓库最远的站点开始设计路线。要设计出有效路线，首先要划分出距仓库最远的站点周围的站点群，然后逐步找出仓库附近的站点群。一旦确定了最远的站点，就应该选定距该核心站点最近的一些站点形成站点群，分派载货能力可以满足该站点群需要的车辆。然后，从还没有分派车辆的其他站点中找出距仓库最远的站点，分派另一车辆。如此往复，直到所有站点都分派有车辆。

③安排行车路线时，各条路线之间应该没有交叉。应该注意的是，时间窗口和送货之后才能取货的限制可能会造成线路交叉。

④尽可能使用最大的车辆进行运送，这样设计出的路线是最有效的。理想状况是用一辆足够大的车辆运送所有站点的货物，这样将使总的行车距离或时间最短。因此，在车辆可以实现较高的利用率时，应该首先安排车队中载质量最大的车辆。

⑤取货送货应该混合安排，不应在完成全部送货任务之后再取货。应该尽可能在送货过程中安排取货以减少线路交叉的次数（如果在完成所有任务之后再取货，就会出现线路交叉的情况）。线路交叉的程度取决于车辆的结构、取货数量和货物堆放对车辆装卸出口的影响程度。

⑥过于遥远而无法归入群落的站点，可以采用其他配送方式。那些孤立于其他站点群的站点，为其提供服务所需的运送时间较长，运送费用较高。考虑到这些站点的偏僻程度和货运量，采用小型车单独为其进行服务可能更经济。此外，利用外包的运输服务也是一个很好的选择。

⑦避免时间窗口过短。各站点的时间窗口过短会使行车路线偏离理想模式，所以如果某个站点或某些站点的时间窗口限制导致整个路线偏离期望的模式，就应该重新进行时间窗口的限制，或重新优化配送路线。

这些原则较为简单，而且按照这些原则在物流配送中可以较快地找到比较合理的方案。但是，随着配送限制条件的增加，如时间窗口限制、车辆的载质量和容积限制、司机途中总驾驶时间的上限要求、不同线路对行车速度的限制等，使最优路线的设计越来越复杂。

## 课后练习

### 简答题

（1）简述线路设计的意义。

（2）节约里程线路设计的基本思路是什么？

（3）节约里程线路设计的核心思想是什么？

## 技能实训

### 【实训内容】

①最短路径设计。

②节约里程线路设计。

### 【实训目的】

通过本次实训，能够掌握最短路径设计的方法、节约里程法线路设计的基本思路和核心思想，会应用节约里程法线路设计来设计最优路径。

### 【实训准备】

①物流实训中心。

②计算机及网络。

③配送中心作业实训手册（含线路设计案例）。

### 【实训要求】

①能够独立、规范地完成线路设计。

②能够掌握最短路径设计的方法、节约里程线路设计的基本思路和核心思想，会应用节约里程线路设计来设计最优路径。

【实训步骤】

①将全班同学分组，每组 4 ～ 6 人，活动以组为单位进行。
②每个小组在教师的指导下，应用节约里程线路设计方法完成线路设计。
③小组组长汇总展示本小组的线路设计方案。

【实训评价】

各小组组长将本组的线路设计方案在全班展示，供同学和教师查验，要求有节约里程法线路设计的步骤和结论。

**（1）小组活动评价**

组长负责分配不同的任务给小组成员，每个小组成员完成各个子任务。要求完成线路设计方案。完成任务得 40 分，如果有遗漏等情况扣减相应分值。小组成员评价意见表如下：

**小组成员评价意见表**

小组名称：______________ 组长：______________

| 小组成员 | 态度（10 分） | 互助与合作（10 分） | 倾听（10 分） | 展示与效果（10 分） |
|---|---|---|---|---|
| | | | | |
| | | | | |
| | | | | |
| | | | | |
| | | | | |

**（2）教师评价**

教师负责评价每组的任务完成情况，量化评价标准。总分值最高为 60 分。教师对小组进行评价的标准见下表。

**小组学习评价标准表**

| 序号 | 评价标准 | 分值 / 分 | 打分 |
|---|---|---|---|
| 1 | 能在规定时间内合作完成实训任务，操作规范；<br>顺利展示，报告观点新颖，表述逻辑性强 | 50 ～ 60 | |
| 2 | 能在规定时间内完成实训任务，操作规范；<br>能做展示，有自己的观点，表述清楚 | 40 ～ 49 | |
| 3 | 能在老师和其他同学的帮助下完成实训任务，有展示 | 30 ～ 39 | |
| 4 | 能在老师和其他同学的帮助下基本完成实训任务，没有展示 | 29 以下 | |

**（3）教师点评**

教师进行点评时，汇总小组内评价，然后针对各小组进行总结点评。点评时以鼓励为主，要注意挖掘每个小组的闪光点。每个学生最后得分为所在小组分值加上小组成员评价分值。

# 任务3　车辆积载作业

## 案例导入

某物流公司需配送两种货物，A类货物容重为10 kg/m³，A类货物单件体积为2 m³/件；B类货物容重为7 kg/m³，B类货物单件体积为3 m³/件；车辆载质量为103 kg，车最大容积为13 m³。此时该如何对此两类货物进行配装，又如何提高车辆运输生产率呢？

## 任务执行

### 1. 什么是车辆积载

车辆积载是指在具体装车时，为充分利用车厢载质量、容积而采用的方法，积载是根据所配送货物的性质和包装来确定堆积的行、列和层数及码放的规律，如图9.3.1所示。

图9.3.1　车辆积载

### 2. 车辆运载的特性

#### 1）车辆运输生产率

车辆运输生产率是车辆在运输生产活动中的效率，它是综合反映车辆在时间、速度、里程、载质量和拖挂等5个方面利用情况的指标，如图9.3.2所示。一个综合性指标是一系列效率指标的综合表现。

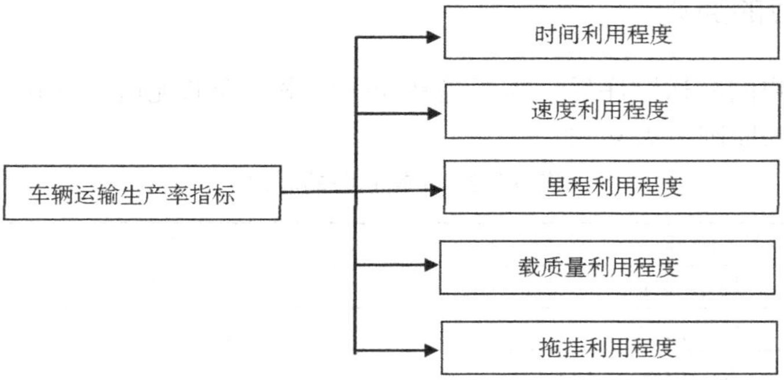


图 9.3.2 车辆运输生产率指标

**2）吨位利用率**

如果车辆按核定吨位满载运行时，就表示车辆的载运能力得到充分利用，即吨位利用率为百分之百。配送运输车辆的吨位利用率应该保持在 100%，即按照核定吨位装足货物，既不亏载，也不超载或超限。

$$\text{吨位利用率}=\frac{\text{实际完成周转量}}{\text{载运行程载质量}}\times 100\%$$

载运行程载质量 Σ（总行程 × 核定吨位），是指载重运行的全部车辆在满载时能够完成的运输工作量（吨公里）。

吨位利用率反映了车辆在重载运行中载运能力的利用程度，以 100% 为界来判断车辆是否超载或亏载。

**3）影响配送车辆积载因素**

影响配送车辆积载的因素主要有货物特性、货物包装情况、不能拼装运输和装载技术等，如表 9.3.1 所示。

**表 9.3.1 影响配送车辆积载的因素**

| 序号 | 影响因素 | 说　明 |
|---|---|---|
| 1 | 货物特性 | 轻泡货物吨位利用率降低 |
| 2 | 货物包装情况 | 如车厢尺寸数与货物包装容器的尺寸不成整数、倍数关系，则无法装满车厢 |
| 3 | 不能拼装运输 | 比如有些危险品必须减载运送才能保证安全 |
| 4 | 装载技术 | 出于装载技术的原因，造成不能装足吨位 |

**4）提高车辆装载效率（吨位利用率）的具体办法**

提高车辆装载效率（吨位利用率）的具体办法包括以下几个方面。

①研究各类车厢的装载标准，根据不同货物和不同包装体积的要求，合理安排装载顺序，努力提高装载技术和操作水平，力求装足车辆核定吨位。

②根据客户所需要的货物品种和数量，调派适宜的车型承运，这就要求配送中心根据经营货物的特性，配备合适的车型结构。

③凡是可以拼装运输的，尽可能拼装运输，但要注意防止差错。

## 3. 车辆积载的原则

在明确了客户的配送顺序后，为了提高配送效率，降低配送成本和减少货损货差，车辆积载应遵循的原则见表 9.3.2。

表 9.3.2　车辆积载的原则

| 序号 | 内容 | 原则 |
| --- | --- | --- |
| 1 | 装车顺序 | 先送后装 |
| 2 | 轻重搭配 | 重不压轻 |
| 3 | 大小搭配 | 大不压小 |
| 4 | 货物性质 | 货物性质相搭配 |
| 5 | 相同地点 | 到达同一地点、适合配载的货物应尽可能一次积载 |
| 6 | 货物堆码 | 确定合理的堆码层次与方法 |
| 7 | 最大载质量 | 不允许超过车辆所允许的最大载质量 |
| 8 | 质量分布 | 车厢内货物的质量应分布均匀 |
| 9 | 防止碰撞、玷污 | 应防止车厢内货物的相互碰撞、相互玷污 |

## 4. 车辆装载与卸载

**1）车辆装卸的基本要求**

车辆装卸的总要求：省力、节能、减少损失、快速、低成本，具体包括以下几个方面。

①装车前应对车厢进行检查和清扫。

②确定最恰当的装卸方式。

③合理配置和使用装卸机具。

④力求减少装卸次数。

⑤防止货物装卸时的混杂、散落、漏损、砸撞等情况。

⑥装车的货物应数量准确，捆扎牢靠，做好防丢措施。卸货时应清点准确，码放、堆放整齐，标志向外，箭头向上。

⑦提高货物集装化或散装化作业水平。

⑧做好装卸现场组织工作。

**2）装车堆积**

**（1）装车堆积方式**

装车堆积的方式有行列式堆码方式和直立式堆码方式。

**（2）堆积应注意的事项**

①堆码方式要有规律、整齐。

②堆码高度不能太高。

③货物横向不得超出车厢宽度，前端不得超出车身，后端不得超出车厢的长度为：大货车不超过 2 m；载质量 1 000 kg 以上的小型货车不得超过 1 m；载质量 1 000 kg 以下

的小型货车不得超过 50 cm。

④堆码时应重货在下，轻货在上；包装强度差的应放在包装强度好的上面。

⑤货物应大小搭配，以利于充分利用车厢的载容积及核定载质量。

⑥按顺序堆码，先卸车的货物后码放。

**3）装车绑扎与封盖**

绑扎是配送发车前的最后一个环节，也是非常重要的环节。绑扎是在配送货物按客户订单全部装车完毕后，为了保证货物在配送过程中完好，以及为避免车辆达到各客户点卸货时或开箱时发生货物倾倒，而必须进行的一道工序。

**（1）绑扎时要考虑的问题**

①绑扎端点要易于固定而且牢靠。

②可根据具体情况选择绑扎形式。

③应注意绑扎的松紧度，避免货物或其包装损坏。

**（2）绑扎的形式**

①单件捆绑。

②单元化、成组化捆绑。

③分层捆绑。

④分行捆绑。

⑤分列捆绑。

**（3）绑扎的方法**

绑扎的方法如图 9.3.3 所示。

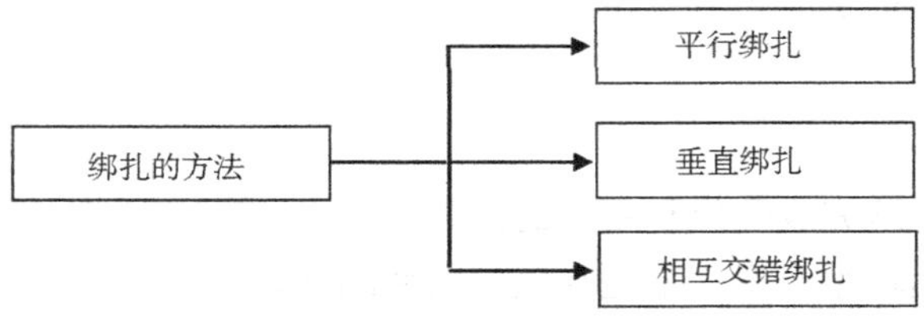


图 9.3.3　绑扎的方法

**（4）货车封盖**

为了防止雨雪、日晒等损坏货物，货物装车后应封盖，如采用帆布封盖严密。

## 课后练习

### 1. 简答题

（1）简述车辆积载的原则。

（2）简述提高车辆装载效率的方法。

2. 计算题

9 月份，A 车（核定吨位为 5 t），总行程为 6 400 km，共完成货物周转量 22 160 t · km；B 车（核定吨位为 5 t），总行程为 6 300 km，共完成货物周转量 18 160 t · km；C 车（核定吨位为 10 t），总行程为 6 000 km，共完成货物周转量 36 000 t · km。计算 A、B、C 以及总的吨位利用率。

## 技能实训

【实训内容】

①车辆运输生产率。
②吨位利用率。

【实训目的】

通过本次实训，能够理解车辆运输生产率，掌握吨位利用率的计算。

【实训准备】

①物流实训中心。
②计算机及网络。
③配送中心作业实训手册（含线路设计案例）。

【实训要求】

①能够独立、规范地完成吨位利用率的计算。
②能够理解车辆运输生产率，掌握吨位利用率的计算。

【实训步骤】

①将全班同学分组，每组 4 ~ 6 人，活动以组为单位进行。
②每个小组在教师的指导下，计算吨位利用率。
③小组组长汇总展示本小组的计算情况。

【实训评价】

各小组组长将本组的吨位利用率的计算情况在全班展示，供同学和教师查验，要求有吨位利用率的计算。

**（1）小组活动评价**

组长负责分配不同的任务给小组成员，每个小组成员完成各个子任务。要求完成吨位利用率的计算情况。完成任务得 40 分，如果有遗漏等情况扣减相应分值。小组成员评价意见表如下：

**小组成员评价意见表**

小组名称：________　　　　　　组长：________

| 小组成员 | 态度（10 分） | 互助与合作（10 分） | 倾听（10 分） | 展示与效果（10 分） |
|---|---|---|---|---|
| | | | | |
| | | | | |
| | | | | |
| | | | | |
| | | | | |

**（2）教师评价**

教师负责评价每组的任务完成情况，量化评价标准。总分值最高为 60 分。教师对小组进行评价的标准见下表。

**小组学习评价标准表**

| 序号 | 评价标准 | 分值 / 分 | 打分 |
|---|---|---|---|
| 1 | 能在规定时间内合作完成实训任务，操作规范；<br>顺利展示，报告观点新颖，表述逻辑性强 | 50 ~ 60 | |
| 2 | 能在规定时间内完成实训任务，操作规范；<br>能做展示，有自己的观点，表述清楚 | 40 ~ 49 | |
| 3 | 能在老师和其他同学的帮助下完成实训任务，有展示 | 30 ~ 39 | |
| 4 | 能在老师和其他同学的帮助下基本完成实训任务，没有展示 | 29 以下 | |

**（3）教师点评**

教师进行点评时，汇总小组内评价，然后针对各小组进行总结点评。点评时以鼓励为主，要注意挖掘每个小组的闪光点。每个学生最后得分为所在小组分值加上小组成员评价分值。

# 任务4 配送服务管理

## 案例导入

某公司位于A城市的配送中心，每年要处理900万笔订货，平均每天约25 000笔订货。该中心为264家地区零售店装运货物，无论是零售商还是消费者的家，该配送中心都能做到48小时之内把货物送到所需地点。该公司位于A城市的配送中心有200万$m^2$，雇用了1 300名全日制员工，旺季时还有500名兼职雇员。该公司接着在其位于B、C和D城市的其他三个配送中里成功地实施了质量创新活动，能够连续24小时为全国90%的地区提供服务。

该公司是如何做到配送质量创新的呢？配送服务管理要考虑哪些因素呢？

## 任务执行

### 1. 配送服务概述

#### 1）配送服务的含义和要素

**（1）配送服务的含义**

配送服务就是物流配送过程中为满足客户需求所实施的一系列配送活动过程及其产生的结果。配送服务包括配送业务活动密切相连的基本服务和针对客户需要提供的其他服务。它是有效连接供应商、制造商、批发商和零售商的重要手段。

配送服务的目的是不断提高配送服务质量水平，让客户满意和降低配送服务成本。

**（2）配送服务的要素**

物流配送活动是对客户商品利用可能性的物流保证，因此配送服务包括三个最基本的要素内容即备货保证、品质保证、输送保证，如图9.4.1所示。

#### 2）配送服务的重要性

一般来讲，配送的距离较短，位于物流系统的最末端，处于支线运输、二次运输和末端运输的位置，即到最终消费者的物流。作为直接与客户接触的末端运输来讲，其重要性主要体现在以下方面。

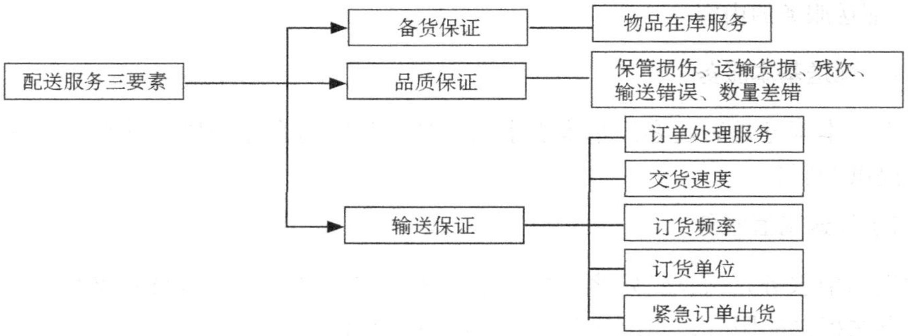


图 9.4.1　配送服务三要素

**（1）配送服务成为企业差别化战略的重要内容**

在大批量生产时期，由于消费呈现出单一、大众化的特征，企业经营是建立在大规模经济基础上的大量生产、大量销售，物流从属于生产消费，是企业经营中的附属职能。

**（2）配送服务水平的确定对企业经营绩效具有重大影响**

企业经营绩效受到很多因素的影响，物流成本的降低会增加企业经营绩效，配送作为物流的一项重要活动，成本的降低可直接增加企业利润。

**3）配送服务的特点和作用**

**（1）配送服务的特点**

围绕配送实现的目标和配送活动过程，配送服务的特点集中体现在时间性、可靠性、沟通性与灵活性四个方面，具体如表 9.4.1 所示。

**表 9.4.1　配送服务的特点**

| 序号 | 特点 | 说　明 |
| --- | --- | --- |
| 1 | 时间性 | 即速度，以最短的时间将货物送给客户 |
| 2 | 可靠性 | 准确可靠，准确交货 |
| 3 | 沟通性 | 保持信息的畅通，与客户进行充分沟通 |
| 4 | 灵活性 | 满足不同客户的不同要求，紧急订单等 |

**（2）配送服务的作用**

配送服务的作用如表 9.4.2 所示。

**表 9.4.2　配送服务的作用**

| 序号 | 配送服务的作用 |
| --- | --- |
| 1 | 服务的好坏直接影响配送活动的效率和效果 |
| 2 | 配送服务有利于提高物流的整体服务水平 |
| 3 | 配送服务会影响客户对企业的忠诚度和满意度 |
| 4 | 配送服务是区别竞争对手的重要手段，能吸引新客户 |

#### 4）配送服务的内容

（1）配送基本服务

配送基本服务是满足客户基本需求的服务，是配送企业为建立基本业务管理，对所有客户提供的服务。

（2）配送增值服务

配送增值服务是根据特定客户的需求，为客户提供超出基本服务或者采用超出常规的服务方法提供的服务，是配送基本服务的发展和延伸。

配送增值服务涉及的范围很广，包括仓储、分拣、运输、加工、代理、信息处理等方面，具体如图 9.4.2 所示。

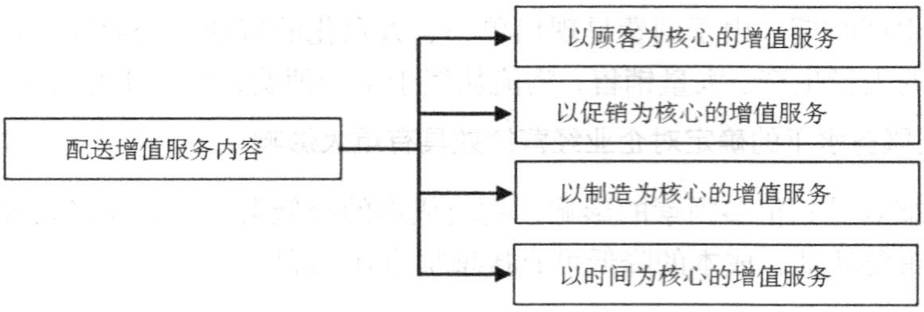


图 9.4.2　配送增值服务内容

配送增值服务主要有以下功能：

①增加便利性。简化手续、简单操作、方便消费者，原来由消费者做的事情现在由物流企业来做。

②加快反应速度。提高运输速度，减少物流环节，简化过程，加快反应速度。

③降低配送成本。寻找降低物流成本的解决方案，如共同配送、规模效益、准时制配送、提高运输效率。

④业务延伸。延伸到上下游企业，如市场调研、订单处理、物流咨询、系统设计、方案规划、教育培训。

### 2. 配送服务成本

#### 1）配送服务与成本之间的二律背反

物流服务与物流成本之间存在效益背反规律。在物流功能之间，一种功能成本的削减会使另一种功能的成本增多。因为各种费用互相关联，必须考虑整体的最佳成本。

客户总希望少付费用而满足自己所有的服务要求，而供应商则希望在提供高质量服务的同时能够得到高效益回报。这两个矛盾逻辑上服从二律背反规律。一般来讲，高质量商品一定是与较高的价格相关，提高质量要求，价格随之上升；优质的物流服务与物流成本相关，提高物流服务水平，物流成本随之上升。既要充分考虑压价对服务质量的影响，又要充分考虑物流成本对价格的影响；否则，有可能导致服务水平下降，最终损害客户和企业双方的整体利益。

**2）配送服务和配送成本的关系**

一般来讲，客户的要求是多种多样和不断变化的，如果完全按照这些要求来运作，从成本角度来考虑是很不经济的。同样地，为了满足这些要求而增加的成本会部分转嫁给客户，物流服务提供商和客户都要承担相应的损失。

配送服务和配送成本之间的关系主要体现在以下四个方面。

①在配送服务水平不变的情况下，考虑降低成本；不改变配送服务水平，通过改变配送系统来降低配送成本，这是一种追求效益的方法。

②在成本不变的情况下提高服务质量，这是一种追求效益的办法，也是一种有效利用配送成本特性的方法。

③为提高配送服务，不惜增加成本，这是企业在特定客户或其特定商品面临竞争时，所采取的具有战略意义的做法。

④用较低的配送成本，实现较高的配送服务，这是增加销售、提高效益、具有战略意义的办法。

**3）配送服务与成本合理化策略**

如前所述，配送服务与配送成本之间存在二律背反关系，要想获得较高服务，势必增加配送成本。这就要求物流企业在服务水平和服务成本之间寻求平衡，在一定的配送成本下尽量提高服务水平，或在一定的服务水平下使配送成本最小。一般来说，要想在一定的服务水平下使配送成本最小可考虑如图 9.4.3 所示的策略。

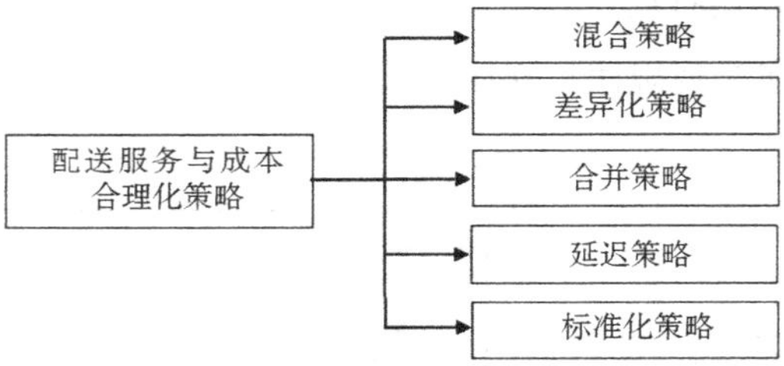


图 9.4.3　配送服务与成本合理化策略

## 3. 配送服务质量管理

**1）服务质量的概念**

服务是伴随着供方与客户之间的接触而产生的无形产品。而服务质量是指服务固有的特性满足客户和其他相关要求的能力。由于服务是一种无形产品，而且客户的消费与服务的生产同时进行，因此，对服务质量不可能像有形产品那样在销售或消费之前进行控制。

配送服务质量是指反映配送服务活动过程中满足客户明确和隐含需要能力的总和。

**2）配送服务质量的要素及度量**

在配送服务质量管理中，有四个传统的客户服务要素，即时间、可靠性、灵活性和信息的沟通。这些要素是配送服务质量管理中需要考虑的基本因素，也是制定配送服务质量标准的基础。表 9.4.3 为配送服务质量的几个要素及对应的衡量内容。

**表 9.4.3　配送服务质量要素及对应的衡量**

| 序号 | 因素 | 含义 | 典型的度量单位 |
|---|---|---|---|
| 1 | 产品的可得性 | 它是配送服务最常用的度量，一般以百分比表示存货量 | 百分比 |
| 2 | 备货时间 | 从下达订单到收到货物的时间长度，一般可得性与备货时间结合成一个标准，如 90% 的订单 6 天到达 | 速度 |
| 3 | 配送系统的灵活性 | 系统对特殊及未预料的客户需求的反应能力，包括加速与替代的能力 | 对特殊要求的反应时间 |
| 4 | 配送系统信息 | 配送信息系统对客户的信息需求反应的及时性与准确性 | 配送信息的准确性与详细性 |
| 5 | 配送系统的纠错能力 | 配送系统出错恢复的程序以及效率时间 | 应答与需要的恢复时间 |
| 6 | 配送服务后的支持 | 交货后对配送服务支持的效率，包括客户配送方案和配送服务信息的修订与改进 | 应答时间与应答质量 |

表 9.4.3 所反映的服务质量的度量通常都以服务提供方的角度表示，如订单的准时性、完整性，订单完整无缺的货物比率，订单完成的准确性，账单的准确性等。在供应链环境下，配送服务质量的衡量标准将更为严密，同时也更为具体。目前配送服务质量考核的衡量指标主要是时间、成本、数量和质量。

**3）配送服务质量管理的特点**

配送服务具有其内在客观规律，在质量管理方面反映出相应的基本特点，归纳有以下 4 点，如图 9.4.4 所示。

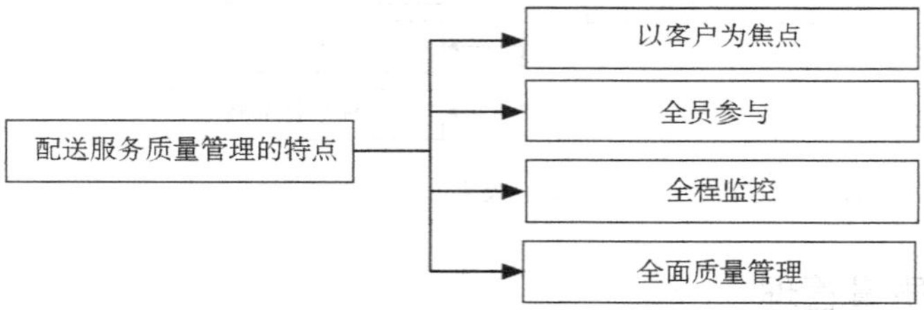


图 9.4.4　配送服务质量管理的特点

**4）配送服务质量管理的基本工作**

配送服务质量管理的基本工作主要包括以下几个方面：

①加强全体职工的质量意识和质量管理水平，建立必要的管理组织和管理制度。

②做好配送服务质量管理的信息工作。

③做好实施质量管理的基础工作。

④建立差错预防体系。

根据目前国内外已有的这方面实践经验来看，差错预防体系的建立主要有以下几个方面的工作：

①配送中心库存货物的调整。

②建立智能配送系统。

③运用新技术。

**5）配送服务质量管理常用方法**

配送服务质量管理的常用方法有调查表法、排列图法、因果图法、分层法、亲和图法和 PDCA 循环法，如图 9.4.5 所示。

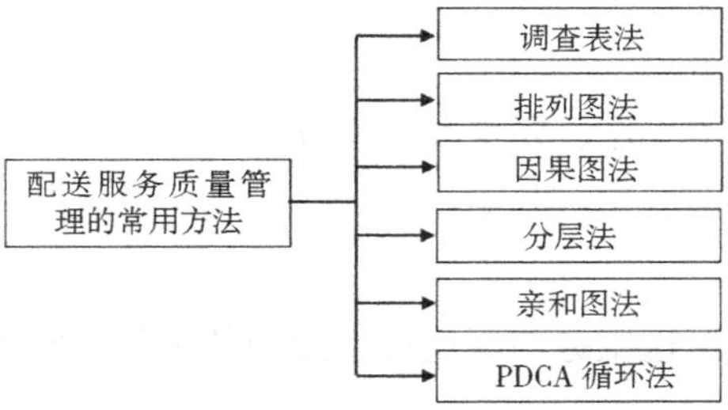


图 9.4.5 配送服务质量管理的常用方法

## 课后练习

### 1. 选择题

（1）以下不属于配送服务三要素的是（　　）。

A. 备货保证　　B. 品质保证　　C. 输送保证　　D. 时间保证

（2）以下属于配送服务的特点的是（　　）。

A. 时间性　　B. 可靠性　　C. 沟通性　　D. 灵活性

（3）以下属于配送增值服务内容的是（　　）。

A. 以顾客为核心的增值服务

B. 以促销为核心的增值服务

C. 以制造为核心的增值服务

D. 以时间为核心的增值服务

### 2. 简答题

（1）简述配送服务与成本之间的关系。

（2）配送服务与成本合理化策略有哪些？

（3）配送服务质量管理的特点有哪些？

（4）配送服务质量管理有哪些基本工作？

（5）配送服务质量管理的常用方法有哪些？

## 技能实训

### 【实训内容】

①配送服务和配送成本的关系。
②配送服务与成本合理化策略。
③配送服务质量管理的基本工作、要素和常用方法。

### 【实训目的】

通过本次实训，能够理解配送服务与配送成本之间的关系，掌握配送服务质量管理的基本工作和常用方法。

### 【实训准备】

①物流实训中心。
②计算机及网络。
③配送中心作业实训手册（含配送服务管理质量案例）。

### 【实训要求】

①能够独立、规范地完成配送服务质量提升实施方案。
②能够理解配送服务与配送成本之间的关系，掌握配送服务质量管理的基本工作和常用方法。

### 【实训步骤】

①将全班同学分组，每组 4 ~ 6 人，活动以组为单位进行。
②每个小组在教师的指导下，完成配送服务质量提升实施方案。
③小组组长汇总展示本小组的配送服务质量提升实施方案。

### 【实训评价】

各小组组长将本组的配送服务质量提升实施方案在全班展示，供同学和教师查验，要求有配送质量管理提升分析和配送质量管理提升措施。

**（1）小组活动评价**

组长负责分配不同的任务给小组成员，每个小组成员完成各个子任务。要求完成配送服务质量提升实施方案。完成任务得40分，如果有遗漏等情况扣减相应分值。小组成员评价意见表如下：

**小组成员评价意见表**

小组名称：______________　　　　　　　　　　　　组长：______________

| 小组成员 | 态度（10分） | 互助与合作（10分） | 倾听（10分） | 展示与效果（10分） |
|---|---|---|---|---|
| | | | | |
| | | | | |
| | | | | |
| | | | | |
| | | | | |

**（2）教师评价**

教师负责评价每组的任务完成情况，量化评价标准。总分值最高为60分。教师对小组进行评价的标准见下表。

**小组学习评价标准表**

| 序号 | 评价标准 | 分值/分 | 打分 |
|---|---|---|---|
| 1 | 能在规定时间内合作完成实训任务，操作规范；<br>顺利展示，报告观点新颖，表述逻辑性强 | 50 ~ 60 | |
| 2 | 能在规定时间内完成实训任务，操作规范；<br>能做展示，有自己的观点，表述清楚 | 40 ~ 49 | |
| 3 | 能在老师和其他同学的帮助下完成实训任务，有展示 | 30 ~ 39 | |
| 4 | 能在老师和其他同学的帮助下基本完成实训任务，没有展示 | 29以下 | |

**（3）教师点评**

教师进行点评时，汇总小组内评价，然后针对各小组进行总结点评。点评时以鼓励为主，要注意挖掘每个小组的闪光点。每个学生最后得分为所在小组分值加上小组成员评价分值。

# 项目 10
# 现代化仓储与配送

**教学目标**

知识目标：

①了解仓储和配送信息化的必要性

②理解智能仓储与配送中的自动识别技术

③了解新一代信息技术在智能仓储与配送中的应用

④理解什么是智能配送

⑤了解我国智能配送的发展与成功案例

能力目标：

①能使用自动识别设备

②会使用智能设备

素质目标：

①培养现代智能化配送服务管理意识

②培养标准化、制度化和智能化管理意识

**教学重难点**

重点：

①自动识别技术

②新一代信息技术在智能化仓储与配送中的应用

难点：

①自动识别技术

②新一代信息技术在智能化仓储与配送中的应用

# 任务 1　智能仓储

## 案例导入

亚马逊中国目前有 17 个运营中心，分别位于广州 ( 3 个 )、北京 ( 2 个 )、苏州 (2 个 )、成都 ( 2 个 )、武汉、沈阳、西安、厦门、上海、天津、哈尔滨、南宁，总运营面积超过 70 万 $m^2$。其主要负责厂商收货、仓储、库存管理、订单发货、调拨发货、客户退货、返厂、商品质量安全等。同时，亚马逊中国还拥有自己的配送队伍和客服中心，为消费者提供便捷的配送及售后服务。

亚马逊物流仓储中心引进了先进的技术，实现了智能分拣、智能仓储、无人机送货等。在此案例中，亚马逊物流仓储中采用了哪些先进技术呢？

## 任务执行

### 1. 仓储信息化概述

智能仓储是物流过程的一个环节，智能仓储的应用，保证了货物仓库管理各个环节数据输入的速度和准确性，确保企业及时、准确地掌握库存的真实数据，合理保持和控制企业库存。通过科学的编码，还可方便地对库存货物的批次、保质期等进行管理。利用 SNHGES 系统的库位管理功能，可以更及时地掌握所有库存货物当前所在位置，有利于提高仓库管理的工作效率。

要实现智能化的仓储，仓储信息化是基础。

**1）仓储信息化的必要性**

仓储是物流与供应链系统中的重要节点和调控中心。物流行业曾有一句俗语“仓库有多大，库存就有多高”。此语虽然片面化，但的确反映出一些仓库管理者的烦恼和痛苦。现代物流业的发展离不开现代化仓储，现代化仓储的发展也必然会推动现代物流的发展。

现代化仓储离不开仓储信息化。在现有仓储环境的基础上，信息网络的建设和信息技术的应用，将使仓储增值业务水平进一步提高，有效地将各操作环节合理对接，并使其综合物流业务成为仓储业发展的主要方向，把仓储业的功能向上下游延伸，从而获得更多的增值收入。

**2）现代化仓储与仓储信息化**

不论是在第三方物流还是在大型企业自营的物流体系中，仓储管理都是供应链管理的核心环节。仓储是物流各环节的接合部，包括采购与生产之间、生产的初加工与精加工之间、生产与销售之间、批发与零售之间、不同运输方式转换之间等。因此，仓储既是物资流转的一个重要枢纽，也是信息流通的一个重要环节。

现在很多企业已经意识到仓储管理的重要性，逐渐加大了仓储现代化改造的步伐，表现在以下几个方面。

第一，加大对仓库的硬件投入。这包括库房建设和改造，购置新型货架、托盘、数码自动识别系统、分拣、加工和包装等新型物流设备，大幅度提升现有仓储自动化水平和物流运作效率，增加物流服务功能。

第二，加大对仓库的软件投入。加强物流信息化建设，实现仓储管理、商品销售、开单结算、配送运输、信息查询、客户管理、货物跟踪查询等功能，为客户提供更为方便、可靠、快捷的物流服务信息。

第三，供应链管理系统。运输和仓储是目前中国市场最主要的物流业务，也是物流企业信息化中的首要功能。在此基础上，以供应链管理为代表的信息系统近几年开始不断发展。如中储总公司利用供应链管理，依靠 IT 技术和要素资源整合，较快地提高了劳动效率，使库存货物的平均周转次数由 10.6 次提高到 13.6 次，极大地缓解了生产制造企业在产前、产中、产后各环节中对原材料、半成品和产成品的资金占用。

第四，企业资源计划系统。物流企业所建设的 ERP 系统，往往只包括了财务管理、订单管理、分销管理等一些通用模块，并没有体现出物流企业综合管理的独特需求。目前，许多物流企业的物流信息化工作没有解决好运作层和管理层的信息采集问题，以至于系统缺乏足够信息源，因而大大影响了整个企业信息资源的开发利用。不少企业忽视信息资源规划工作，缺乏统筹规划和统一的信息标准，致使设计、生产和经营管理信息不能快捷流通、不能共享，形成许多信息孤岛，企业还没有享受到信息化投资应产生的效益，从而阻碍了物流管理信息化的进程。

**3）我国仓储信息化存在的问题**

在“互联网+”时代，我国的仓储业已经取得了很大的发展成就，但是信息化程度还处于比较初级阶段，大型专业化、自动化的立体仓库比较集中在国有大企业，中小型企业基本没有。网络经济的发展推动了很多物流企业改革，但是也只是单一模块的信息化建设，或者局部引入一些信息化技术。不少物流企业还停留在初级阶段，没有发挥信息化仓储的优势，对息化技术的利用率低下，管理效率并未得到提升，规模与效益也没有凸显，甚至有些仓储投入巨额资金进行信息化建设，并没有带来很大的收益。

## 2. 自动识别技术

**1）条形码技术**

**（1）什么是条形码**

条形码 (barcode) 是将宽度不等的多个黑条和空白，按照一定的编码规则排列，用以表达一组信息的图形标识符。常见的条形码是由反射率相差很大的黑条(条)和白条(空)排成的平行线图案。条形码可以标出物品的生产国、制造厂家、商品名称、生产日期、图书分类号、邮件起止地点、类别、日期等许多信息，因而在商品流通、图书管理、邮政管理、银行系统等许多领域都得到了广泛的应用。

**(2)条形码的组成**

每一组完整的条形码由以下几部分组成。

①静区：条形码左右两端外侧与空的反射率相同的限定区域，是没有任何符号的白色区域，仅用来提示条形码阅读器开始扫描。

②起始符：条形码符号的第一位字符，标志一个条形码符号的开始，阅读器确认此字符存在后开始处理扫描脉冲。

③数据符：位于起始符后的字符，用来记录一个条形码的数据值，其结构异于起始符，允许双向扫描。

④终止符：条形码符号的最后一个字符，标志着一个条形码的结束，阅读器在确认该字符后停止工作。

**(3)条码的种类**

条码类型众多，但常用的只有一维条形码和二维条形码。

①一维条形码：可标识物品的生产国、制造厂家、商品名称、生产日期、类别等信息。在商品流通、图书管理、邮政管理、银行系统等许多领域有广泛的应用。目前使用频率最高的几种码制有 EAN(European Article Number) 码、UPC(Universal Product Code) 码、39 码、交叉 (ITF)25 码和 EAN128 码。UPC 码主要用于北美地区。EAN 码是国际通用符号体系，它是一种定长、无含义的条码，主要用于商品标识。EAN128 码是由国际物品编码协会 (EAN International) 和美国统一代码委员会 (UCC) 联合开发、共同采用的一种特定的条码符号，它是一种连续型、非定长、有含义的高密度代码，用以表示生产日期、批号、数量、规格、保质期、收货地等更多的商品信息。另有一些码制主要是适应特殊需要的应用方面，如库德巴码用于血库、图书馆、包裹等的跟踪管理，ITF25 码用于包装、运输和国际航空系统为机票进行顺序编号，还有类似 39 码的 93 码，它的密度更高些，可代替 39 码。一维条形码如图 10.1.1 所示。

(01)95012345678903(3102)000400

图 10.1.1　一维条形码

②二维条形码：作为一种新的信息存储和传递技术，它从诞生之时就受到了国际社会的广泛关注。经过几年的努力，现已应用在国防、公共安全、交通运输、医疗保健、工业、商业、金融、海关及政府管理等多个领域。

二维条形码依靠其庞大的信息携带量，能够把过去使用一维条形码时存储于后台数据库中的信息包含在条形码中，可以直接通过阅读条形码得到相应的信息，并且二维条形码还有错误修正技术及防伪功能，增加了数据的安全性。

二维条形码可把照片、指纹编制其中，可有效地解决证件的可机读和防伪问题，因此可广泛应用于护照、身份证、行车证、军人证、健康证、保险卡等。二维条形码如图10.1.2所示。

图 10.1.2　二维条形码

**（4）条形码的特点**

条形码具有以下几个特点：

①简单。条码符号制作容易，扫描操作简单易行。

②信息采集速度快。

③采集信息量大。利用条码扫描，可以依次采集几十位字符的信息，而且可以通过选择不同码的条码增加字符密度，使采集的信息量成倍增加。

④可靠性强。键盘录入数据，误码率为三百分之一，利用光学字符识别技术，误码率约为万分之一。

⑤使用灵活。条码符号作为一种识别手段可以单独使用，也可以和有关设备组成识别系统实现自动化识别，还可以和其他控制设备联系起来实现整个系统的自动化管理。同时，在没有自动识别设备时，也可以实现手工键盘输入。

⑥自由度大。识别装置与条码标签相对位置的自由度要比光学字符识别（OCR）大得多。

⑦设备结构简单、成本低。条码符号识别设备的结构简单，容易操作，无须专门训练。与其他自动化技术相比，推广应用条码技术所需费用较低。

**2）射频技术**

**（1）什么是射频技术**

射频技术（RF）是 Radio Frequency 的缩写。较常见的应用有无线射频识别（Radio Frequency Identification，RFID），常称为感应式电子晶片或近接卡、感应卡、非接触卡、电子标签、电子条码等。其原理为由扫描器发射一特定频率之无线电波能量给接收器，用以驱动接收器电路将内部的代码送出，此时扫描器便接收此代码。

自 2004 年起，全球范围内掀起了一场无线射频识别技术（RFID）的热潮，包括沃尔玛、宝洁、波音公司在内的商业巨头无不积极推动 RFID 在制造、物流、零售、交通等行业的应用。RFID 技术及其应用正处于迅速上升的时期，被业界公认为 21 世纪最具潜力的技术之一，它的发展和应用推广将是自动识别行业的一场技术革命。而 RFID 在交通、物流行业的应用更是为通信技术提供了一个崭新的舞台，将成为未来电信业有潜力的利润增长点之一。射频卡如图 10.1.3 所示。

图 10.1.3　射频卡

（2）RFID 的组成

最基本的 RFID 系统由三部分组成，如表 10.1.1 所示。

表 10.1.1　RFID 系统最基本的组成

| 序号 | 组成部分 | 说　明 |
| --- | --- | --- |
| 1 | 标签 (Tag) | 由耦合元件及芯片组成，每个标签具有唯一的电子编码，附着在物体上标识目标对象 |
| 2 | 阅读器 (Reader) | 读取（有时还可以写入）标签信息的设备，可设计为手持式或固定式 |
| 3 | 天线 (Antenna) | 在标签和读取器间传递射频信号 |

（3）RFID 在仓储中的应用

传统的仓储操作主要由人工完成，这种操作模式不仅花费时间长、效率低、易出错，而且信息传递缓慢。作为一种新型信息技术，RFID 应用于仓储物流恰好能够解决这些问题。RFID 在仓储中的应用主要包括以下几个方面。

①提高货物入库速度。货物在入库前，被贴上 RFID 标签。到达仓库接货口时，仓库工作人员通过 RFID 阅读器，不用开箱，便可得到箱内货物的相关信息，快速完成货物清点，同时将相关信息存入数据库，并将货物入库储存，完成整个入库流程。RFID 的使用，帮助了工作人员快速、准确地核对货物信息，使工作效率大幅提高。

②快速定位货物位置。货物入库后，仓库工作人员对货物进行上架。通过装有 RFID 阅读器的货架实时监控装置记录货物的相关位置信息，以便工作人员快速找到货物。

③快速登记出库信息。货物出库时，需要对货物出库的相关信息进行登记。使用 RFID 能够快速记录货物的出库信息，在数据库中记录货物下架的清晰情况，当发生意外情况时，能够及时追踪货物去向。

④追踪货物运输过程。货物出库后，要对其实行运输和配送，确保其按要求交付客户。根据货物信息和指定地点的位置，仓库安排运送车辆，一般来说，目的地相近的托盘会安排由一辆车进行运输。同时，仓库会对车辆运送路线进行规划，整个运输过程由 GPS 或 RFID 监测点进行跟踪，以便获得货物的实时位置信息。货物到达目的地时，使用 RFID 阅读器再次确认货物的相关信息，确保货物正确无误。

3）电子数据交换技术

（1）电子数据交换技术的概念

电子数据交换（Electronic Data Interchange，EDI）是指按照同一规定的一套通用标准格式，将标准的经济信息通过通信网络传输在贸易伙伴的电子计算机系统之间进行数据交换和自动处理。由于使用EDI能有效地减少直到最终消除贸易过程中的纸面单证，因此EDI也被俗称为“无纸交易”。它是一种利用计算机进行商务处理的新方法。EDI是将贸易、运输、保险、银行和海关等行业的信息，用一种国际公认的标准格式，通过计算机通信网络，使各有关部门、公司与企业之间进行数据交换与处理，并完成以贸易为中心的全部业务过程。整个过程都是自动完成，无须人工干预，减少了差错，提高了效率。

（2）EDI的要素

EDI的要素包括：

①通信协议：AS2、OFTP(2)、FTP(s)、WebServices、RNIF等。

②标准格式：ANSI X.12、EDIFACT、RosettaNet、ebXML、CSV/TXT、XML等。

③传输内容：订单、订单预测、订单变更、订单确认、发货通知、对账单、发票等。

（3）EDI的优点

①迅速准确。在国际、国内贸易活动中使用EDI业务，以电子文件交换取代了传统的纸面贸易文件（如订单、发货票、发票），双方使用统一的国际标准格式编制文件资料，利用电子方式将贸易资料准确迅速地由一方传递到另一方，是发达国家普遍采用的“无纸贸易”手段，也是世贸组织成员国将来必须使用和推广的标准贸易方式。

②方便高效。采用EDI业务可以将原材料采购与生产制造、订货与库存、市场需求与销售，以及金融、保险、运输、海关等业务有机地结合起来，集先进技术与科学管理为一体，极大地提高了工作效率，为实现“金关”工程奠定了基础。安全、可靠在EDI系统中每个环节都建立了责任的概念，每个环节上信息的出入都有明确的签收、证实的要求，以便为责任的审计、跟踪、检测提供可靠的保证。在EDI的安全保密系统中广泛应用密码加密技术，以提供防止流量分析、防假冒、防否认等安全服务。

③降低成本。EDI系统规范了信息处理程序，信息传递过程中无须人工干预，在提高了信息可靠性的同时，大大降低了成本。中国香港对EDI的效益做过统计，使用EDI可提高商业文件传送速度81%，降低文件成本44%，减少错漏造成的商业损失41%，降低文件处理成本38%。

EDI降低了纸张消费。根据联合国组织的一次调查，进行一次进出口贸易，双方约需交换近200份文件和表格，其纸张、行文、打印及差错可能引起的总开销等大约为货物价格的7%。据统计，美国通用汽车公司采用EDI后，每生产一辆汽车成本由250美元降到32美元，按每年生成500万辆计算，可以产生12.5亿美元的经济效益。

（4）EDI在仓储中的应用

将EDI技术与企业内部的仓储管理系统、自动补货系统、订单处理系统等企业MIS

系统集成使用之后，可以实现商业单证快速交换和自动处理，简化采购程序、减少营运资金及存货量、改善现金流动等，也使企业能更快地对客户的需求进行响应。物流中 EDI 的系统模型如图 10.1.4 所示。

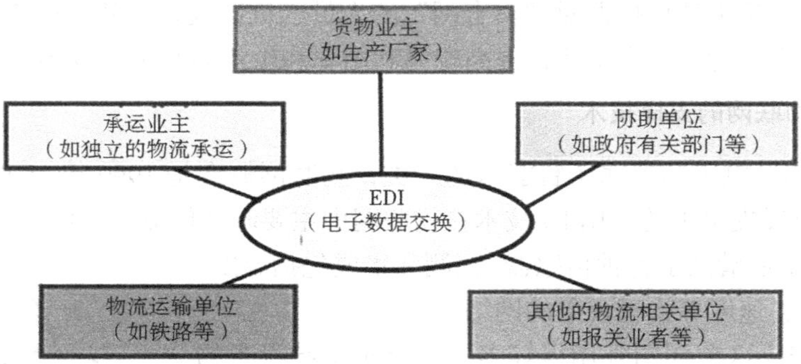


图 10.1.4　物流 EDI 系统模型

通过采用集装箱运输电子数据交换业务，可以将船运、空运、陆路运输、外轮代理公司、港口码头、仓库、保险公司等企业之间各自的应用系统联系在一起，从而解决传统单证传输过程中的处理时间长、效率低下等问题；可以快速通过报检、科学合理地利用运输资源、缩短运输距离、降低运输成本和节约运输时间，某超市集团配送中心与门店之间的货源应用信息流如图 10.1.5 所示。

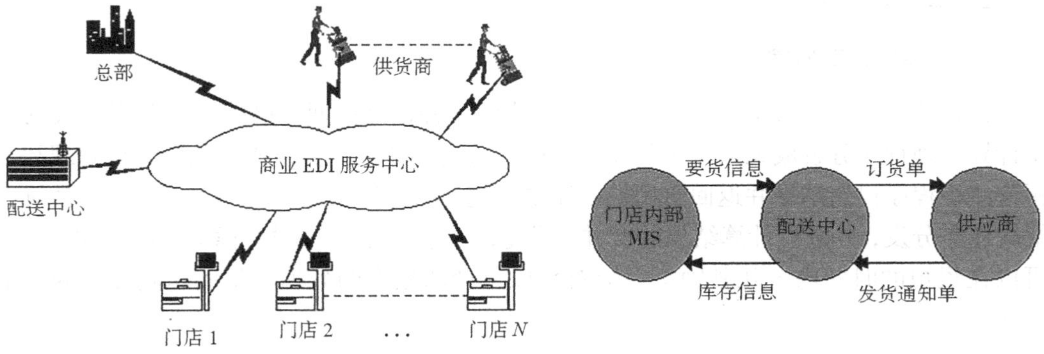


图 10.1.5　某超市集团配送中心与门店之间的货源应用信息流

## 3. 新一代信息技术

### 1）物联网技术

#### （1）什么是物联网技术

物联网技术（Internet of Things，IoT）起源于传媒领域，是信息科技产业的第三次革命。物联网是指通过信息传感设备，按约定的协议，将任何物体与网络相连接，物体通过信息传播媒介进行信息交换和通信，以实现智能化识别、定位、跟踪、监管等功能。

（2）物联网应用中的关键技术

把网络技术运用于万物，组成“物联网”，如把感应器嵌入装备到油网、电网、路网、水网、大坝等中，然后将“物联网”与“互联网”进行整合，实现人类社会与物理系统的整合。超级计算机群对“整合网”的人员、机器设备、基础设施实时管理控制。以精细动态方式管理生产生活，提高资源利用率和生产力水平，改善人与自然关系。

（3）物联网的支撑技术

① RFID：电子标签属于智能卡的一类，物联网概念是 1999 年 MIT Auto-ID 中心主任 Ashton 教授提出来的，RFID 技术在物联网中主要起“使能”（Enable）作用。

②传感网：借助于各种传感器，探测和集成包括温度、湿度、压力、速度等物理现象的网络。

③ M2M：这个词国外用得较多，侧重于末端设备的互联和集控管理，X-Internet、中国三大通信营运商在推 M2M 这个理念。

④两化融合：工业信息化也是物联网产业主要推动力之一，自动化和控制行业是主力，但来自这个行业的声音相对较少。

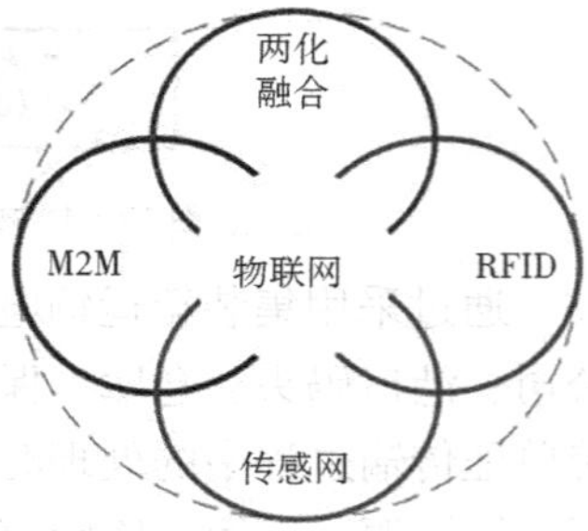

图 10.1.6　物联网四大支撑技术

物联网四大支撑技术关系如图 10.1.6 所示。

2）云计算技术

（1）云计算的概念

云计算（cloud computing）是分布式计算的一种，是指通过网络“云”将巨大的数据计算处理程序分解成无数个小程序，然后，通过多部服务器组成的系统进行处理和分析这些小程序得到结果并返回给用户。简单地说，云计算早期就是简单的分布式计算，解决任务分发，并进行计算结果的合并。因此，云计算又称为网格计算。通过这项技术，可以在很短的时间内（几秒钟）完成对数以万计的数据的处理，从而达到强大的网络服务。

（2）云计算的优势与特点

云计算的可贵之处在于高灵活性、可扩展性和高性比等，与传统的网络应用模式相比，其具有如下优势与特点：

①虚拟化技术。必须强调的是，虚拟化突破了时间、空间的界限，是云计算最为显著的特点，虚拟化技术包括应用虚拟和资源虚拟两种。众所周知，物理平台与应用部署的环境在空间上是没有任何联系的，是通过虚拟平台对相应终端操作完成数据备份、迁移和扩展的。

②动态可扩展。云计算具有高效的运算能力，在原有服务器基础上增加云计算功能能够使计算速度迅速提高，最终实现动态扩展虚拟化的层次，达到对应用进行扩展的目的。

③按需部署。计算机包含了许多应用、程序软件等，不同的应用对应的数据资源库不同，所以用户运行不同的应用需要较强的计算能力对资源进行部署，而云计算平台能够根据用户的需求快速配备计算能力及资源。

④灵活性高。目前市场上大多数 IT 资源的软、硬件都支持虚拟化，比如存储网络、操作系统和开发软、硬件等。虚拟化要素统一放在云系统资源虚拟池当中进行管理，可见云计算的兼容性非常强，不仅可以兼容低配置机器、不同厂商的硬件产品，还能够利用外设获得更高性能的计算。

⑤可靠性高。即使服务器故障也不影响计算与应用的正常运行。因为单点服务器出现故障可以通过虚拟化技术将分布在不同物理服务器上的应用进行恢复或利用动态扩展功能部署新的服务器进行计算。

⑥性价比高。将资源放在虚拟资源池中统一管理，在一定程度上优化了物理资源，用户不再需要昂贵、存储空间大的主机，可以选择相对廉价的 PC 组成云，一方面减少费用，另一方面计算性能不逊于大型主机。

⑦可扩展性。用户可以利用应用软件的快速部署条件来更为简单快捷地将自身所需的已有业务以及新业务进行扩展。例如，计算机云计算系统中出现设备故障，可以利用计算机云计算具有的动态扩展功能来对其他服务器开展有效扩展，对用户来说，无论是在计算机层面上，抑或是在具体运用上均不会受到阻碍。这样就能够确保任务得以有序完成。在对虚拟化资源进行动态扩展的情况下，同时能够高效扩展应用，提高计算机云计算的操作水平。

### （3）云仓储

云仓储，广义是指基于大数据平台的仓库储存；狭义是指根据以前的数据计算分析，得出结论，从而恰当地安排货物的储存过程。

当前社会，越来越多的云概念被提出，最初的云概念，仅应用于存储的虚拟云盘，随着互联网的高速发展，越来越多的行业正被云概念所覆盖和改造。

现行的云概念，是由最初的数据存储到数据平台计算和分析，而云仓储正契合了这一点，将互联网与传统行业有机地结合起来，形成良性循环。

在云仓储概念加持下的仓库，乃至整个仓储物流界，都将受到新的冲击和改革。原来传统的仓储物流已经慢慢被互联网大数据所改变，以前的仓储物流仅为客户提供存储货物等低层次服务；在云仓储的环境下，所有的仓库将掌握所有客户的资源流通、货物进出、财务进账等信息。而通过这些信息，云仓储可以通过大数据计算分析得出客户货物的进出仓规律、销售规律、资金规律、现金流规律，甚至也能反映出全国产品市场变化和行业兴衰规律。

未来，云仓储将很好地为社会建设渠道，铺设良好的销售进出货渠道，所有属于云仓储仓库下的客户，都能够享受到云仓储带来的好处。最终的云储存计算，能为客户实现零库存状态，所有货物将在客户下单之后很快地到达客户的手中。

3）大数据技术

对于“大数据”（Big data），研究机构Gartner给出了这样的定义。“大数据”是需要新处理模式才能具有更强的决策力、洞察发现力和流程优化能力来适应海量、高增长率和多样化的信息资产。

麦肯锡全球研究所给出的定义是：一种规模大到在获取、存储、管理、分析方面大大超出了传统数据库软件工具能力范围的数据集合，具有海量的数据规模、快速的数据流转、多样的数据类型和低价值密度四大特征。

大数据技术的战略意义不在于掌握庞大的数据信息，而在于对这些含有意义的数据进行专业化处理。换言之，如果把大数据比作一种产业，那么这种产业实现盈利的关键在于提高对数据的“加工能力”，通过“加工”实现数据的“增值”。

从技术上看，大数据与云计算的关系就像一枚硬币的正反面一样密不可分。大数据无法用单台的计算机进行处理，必须采用分布式架构。它的特色在于对海量数据进行分布式数据挖掘。但它必须依托云计算的分布式处理、分布式数据库和云存储、虚拟化技术。

随着云时代的来临，大数据也吸引了越来越多的关注。分析师团队认为，大数据通常用来形容一个公司创造的大量非结构化数据和半结构化数据，这些数据在下载到关系型数据库用于分析时会花费过多的时间和金钱。大数据分析常和云计算联系到一起，因为实时的大型数据集分析需要像MapReduce一样的框架来向数十、数百甚至数千的计算机分配工作。

大数据需要特殊的技术，以有效处理大量的容忍经过时间内的数据，适用于大数据的技术，包括大规模并行处理（MPP）数据库、数据挖掘、分布式文件系统、分布式数据库、云计算平台、互联网和可扩展的存储系统。

4）人工智能技术

（1）人工智能的概念

人工智能（Artificial Intelligence，AI），是研究、开发用于模拟、延伸和扩展人的智能的理论、方法、技术及应用系统的一门新的技术科学。人工智能是计算机科学的一个分支，它企图了解智能的实质，并生产出一种新的能以人类智能相似的方式做出反应的智能机器，该领域的研究包括机器人、语言识别、图像识别、自然语言处理和专家系统等。

人工智能就是探索、研究用各种机器模拟人类智能的途径，使人类的智能得以物化与延伸的一门学科。它借鉴仿生学思想，用数学语言抽象描述知识，用以模仿生物体系和人类的智能机制，目前主要的方法有神经网络、进化计算和粒度计算三种。

（2）人工智能在仓储中的具体运用

人工智能在仓储中的具体运用包括以下几个方面。

①自动化立体仓库：当前无人仓技术水平较高的形式。自动化立体仓库的主体由货架、巷道式堆垛起重机、操作控制系统组成。钢结构的货架内是标准尺寸的货位空间，

巷道堆垛起重机穿行于货架之间的巷道中，完成存、取货的工作，管理上采用计算机及条形码技术，如图 10.1.7 所示。

图 10.1.7 自动化立体仓库

②穿梭车：一种智能机器人，可以编程实现取货、运送、放置等任务，并可与上位机或 WMS 系统进行通信，结合 RFID、条码等识别技术，实现自动化识别、存取等功能，如图 10.1.8 所示。

图 10.1.8 穿梭车

③穿戴拣选：最新的无线拣选技术，特别是语音拣选代替了传统的纸质拣选单，或从无线终端拣选过渡到语音技术，提升了拣选效率，如图 10.1.9 所示。

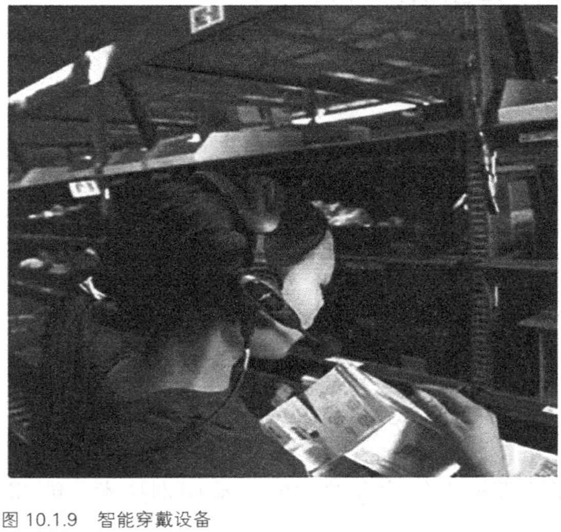

图 10.1.9 智能穿戴设备

## 课后练习

### 1. 单选题

（1）电子数据交换的英文简称是（　　）。

A. POS　　B. EDI　　C. OCR　　D. EOS

（2）射频技术 RF 的基本原理是（　　）理论。

A. 机械　　B. 信息　　C. 电磁　　D. 力学

（3）条码识读器有光笔识读器、CCD 识读器和激光识读器等几类。其中，（　　）一般需与标签接触才能识读条码信息。

A. 手持式识读器　　B. 激光识读器

C. CCD 识读器　　D. 光笔识读器

### 2. 多选题

（1）现代物流信息处理技术主要有（　　）。

A.ERP　　B. 条形码技术　　C.EDI　　D. 射频技术

（2）随着物流业的迅猛发展，现代仓储技术的发展趋势是（　　）。

A. 自动化　　B. 集成化　　C. 智能化

D. 虚拟化　　E. 高效化　　F. 绿色化

### 3. 简答题

（1）什么是射频技术？有何特征？

（2）EDI 代表什么技术？请简述它的特征。

（3）简述条形码技术在仓储管理中的应用。

## 技能实训

### 【实训内容】

①智能化仓储中的自动识别技术。

②新一代信息技术在智能化仓储中的应用。

③人工智能设备。

### 【实训目的】

通过本次实训，能够理解现代化仓储中的自动识别技术，能够了解新一代信息技术在现代化仓储中的应用，学会使用智能仓储中的智能设备。

【实训准备】

①物流实训中心。
②计算机及网络。
③配送中心作业实训手册（含智能仓储实训指南）。

【实训要求】

①能够独立、规范地完成智能仓储调研报告。
②能够理解现代化仓储中的自动识别技术，能够了解新一代信息技术在现代化仓储中的应用，学会使用智能仓储中的智能设备。

【实训步骤】

①将全班同学分组，每组 4 ～ 6 人，活动以组为单位进行。
②每个小组在教师的指导下，完成智能仓储调研报告。
③小组组长汇总展示本小组的智能仓储调研报告。

【实训评价】

各小组组长将本组的智能仓储调研报告在全班展示，供同学和教师查验，要求有自动识别技术在智能仓储中的应用、新一代信息技术在智能仓储中的应用和智能设备的应用。

**（1）小组活动评价**

组长负责分配不同的任务给小组成员，每个小组成员完成各个子任务。要求完成智能仓储调研报告。完成任务得 40 分，如果有遗漏等情况扣减相应分值。小组成员评价意见表如下：

**小组成员评价意见表**

小组名称：______________　　　　　　　　　　组长：______________

| 小组成员 | 态度（10 分） | 互助与合作（10 分） | 倾听（10 分） | 展示与效果（10 分） |
|---|---|---|---|---|
| | | | | |
| | | | | |
| | | | | |
| | | | | |
| | | | | |

**（2）教师评价**

教师负责评价每组的任务完成情况，量化评价标准。总分值最高为 60 分。教师对小组进行评价的标准见下表。

小组学习评价标准表

| 序号 | 评价标准 | 分值 / 分 | 打分 |
| --- | --- | --- | --- |
| 1 | 能在规定时间内组员之间合作完成实训任务，操作规范；<br>顺利展示，报告观点新颖，表述逻辑性强 | 50 ~ 60 | |
| 2 | 能在规定时间内完成实训任务，操作规范；<br>能做展示，有自己的观点，表述清楚 | 40 ~ 49 | |
| 3 | 能在老师和其他同学的帮助下完成实训任务，有展示 | 30 ~ 39 | |
| 4 | 能在老师和其他同学的帮助下基本完成实训任务，没有展示 | 29 以下 | |

**（3）教师点评**

教师进行点评时，汇总小组内评价，然后针对各小组进行总结点评。点评时以鼓励为主，要注意挖掘每个小组的闪光点。每个学生最后得分为所在小组分值加上小组成员评价分值。

# 任务 2　智能配送

## 案例导入

“有了它们的帮忙，我们踏实多了！”2020 年 2 月 6 日，在武汉市青山区吉林街上，京东物流智能机器人从京东物流仁和站出发，沿着街道一路前行，灵巧地躲避着车辆和行人，穿过建设二路路口，顺利将医疗物资送到了武汉市第九医院。这是疫情暴发后武汉智能配送的第一单。

武汉市第九医院是武汉市收治新型冠状病毒感染肺炎的定点医院，院内收治了大批确诊患者，其中不少还是重症甚至危重患者，是本次疫情的核心区域。

京东物流武汉仁和站距离武汉市第九医院这个疫区核心只有 600 m。面对疫情，京东物流一直在寻求通过科技手段更有效地支援疫区。疫情暴发后不久，京东物流就开始了在疫情核心区武汉的智能配送筹备工作。为了实现智能配送常态化，京东物流从各地抽调配送机器人驰援武汉。

京东物流某事业部相关负责人介绍，不仅是京东物流自主研发的配送机器人将支援武汉，京东物流还会将 L4 自动驾驶技术与套件对外开放，为疫情中其他机器人厂商提供技术支持和升级，让疫情中更多其他厂商的配送机器人也实现无人跟随下的 L4 级别自动驾驶。

随着智能配送机器人的规模扩大，这些特殊的“逆行者”将为更多的武汉医院提供必要物资的配送。同时，对已隔离的医院、小区，如有需求，京东物流也将考虑通过配送机器人来提供园区内的物资运输与配送，让物流科技成为抗击疫情的一支奇兵。

随着新一代信息技术和 5G 技术的快速发展，智能配送已经成为物流行业当前最热门的话题之一，那么什么是智能配送呢？

## 任务执行

### 1. 智能配送概述

**1）智能配送的含义**

智能配送（intelligent distribution）是指在制订配送规划时运用计算机技术、图论、运筹学、统计学等方面的技术，由计算机根据配送的要求，选择最后的配送方案。

**2）智能配送系统的特征**

智能配送系统具有以下几个特征：

① IT 技术、互联网技术、物联网技术等的广泛应用。

②以 MES 为代表的管理信息系统的导入。

③物料需求实时数据采集。

④配送任务实时智能决策。

⑤智能配送车辆，如 AGV 的广泛应用。

⑥智能路径规划等。智能路径规划问题是智能物料配送的核心问题。

**3）智能配送系统的总体原则**

智能配送系统的总体原则包括：

①自动管理功能：通过无线 PDA 对条码进行扫描。

②查询功能：可显示货物在配送中心、配送路途、配送点的状态。

③报警功能：操作员误操作时，可以产生声、光报警信号。

④拓展功能：配送车和配送中心的控制终端连接到生产调度中心，软、硬件部分可以通用。

⑤配送中心内业务计算机需向生产调度中心系统提供数据交换接口，可无偿配合厂 MES 系统及相关作业单位的实施。配送中心管理系统可与另外的控制系统进行数据对接。

⑥配送中心管理：配送中心管理流程是在原有配送管理流程基础上，本着建设一个

数字化、智能化、自动化的现代配送中心为目的，融合现有与配送管理相关的系统。

⑦配送车在途管理：采用电子锁安防系统，做到车门自动开启即报警和显示，管理部门在管控中心可以对在线配送车辆的全程可视化监管。

## 2. 智能配送案例

### 1）顺丰公司的驿收发智慧驿站

近日，顺丰旗下末端服务平台“驿收发智慧驿站”推出智能配送机器人“小优”，该机器人具备自动化派送、自主搭乘电梯、错峰服务、云呼通知、取件码快速取件等服务特点。

据了解，驿站小哥们只需要在驿收发系统预约，系统便会自动呼叫“小优”派件，“小优”可以无障碍完成从驿站到各个楼层的派件任务。除了送快递，“小优”还可以配送外卖。

其实，这并非顺丰首次推出配送机器人。2019年，顺丰就推出了适用于写字楼、商圈、社区等场景的配送机器人。该机器人采用自动驾驶技术，可自主避障，厘米级实时定位，确保室内稳定运行；接入电梯控制系统，可自动呼叫电梯，全楼宇配送到人；还可以多机协作，实时联动，配合楼宇管理规则排班；8小时续航，可自动回充，保证长航时稳定运行。整机采用模块化设计，可根据不同场景和业务需求，量身定制不同的功能和收派件隔口，解决了封楼、快递不能上楼配送的问题。

### 2）某公司的同城配送系统

#### （1）配送系统概述

同城配送扫码系统软件主要是针对配送管理的实际需求，按照日常的业务流程规范，开发出的具有稳定的、可操作性的、容易集成和扩展的软件系统。

配送系统软件主要由配送管理服务端系统、配送管理客户端系统、PDA业务系统、数据库系统、扫码系统、异常作业告警系统等几部分组成。

#### （2）配送系统主要模块设计

配送系统主要的模块设计包括以下几项。

①配送车在途管理：

为保障运输和配送过程各个环节中货物的安全，采用电子锁安防系统，做到车门自动开启即报警和显示，便于管理部门在管控中心对在线配送车辆的全程可视化监管。

采用高机械强度的钢制RFID电子锁（RF-400FE）取代传统的一次性封签。物流配送人员携带手持机（内置GPRS、GPS、RFID、条码模块）实时接收受电子锁状态，通过手持机内置GPS模块接收车辆行驶实时位置。管理平台实时监控车辆行驶轨迹。

车载在途管理总体架构如图10.2.1所示。

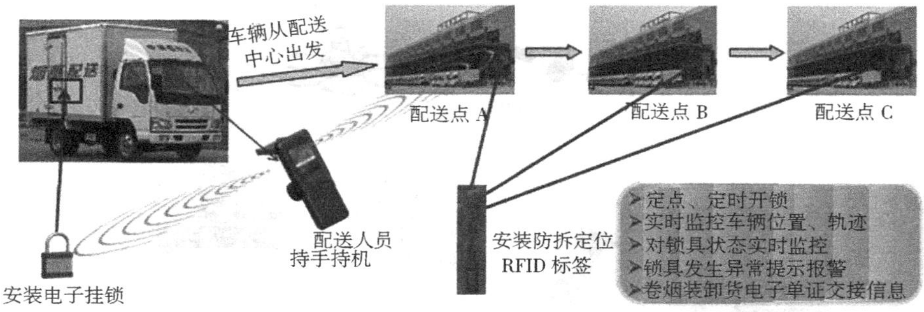


图 10.2.1　车载在途管理总体架构

②在途管理装车阶段管理。

a. 条码扫描。

首先对条码进行扫描，并将货物信息发送到系统中心，得到系统确认后将车登记，如图 10.2.2 所示。

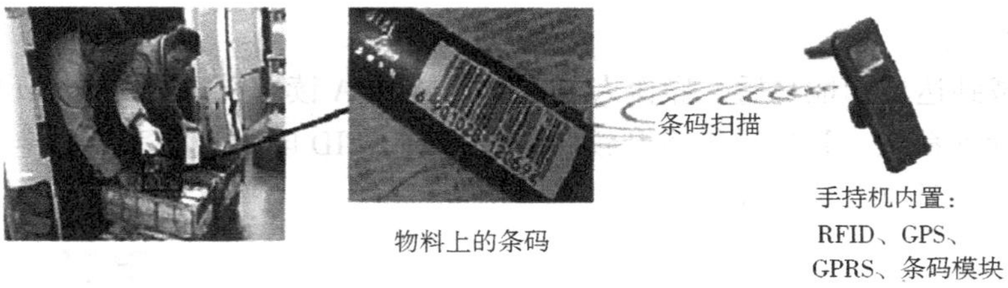


图 10.2.2　条码扫描

b. 电子锁施封。

条码扫描完毕后，操作人员向服务器请求对车载电子锁进行施封，施封完毕后车载装车阶段完成，如图 10.2.3 所示。

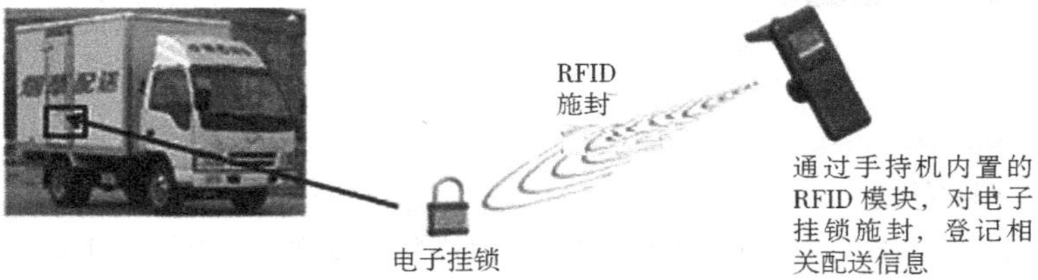


图 10.2.3　电子锁施封

③配送途中监管。

车辆在运行途中，配送管理系统能够对车载途中进行监控和管理，实时了解车载运行状态和位置，如图 10.2.4 所示。

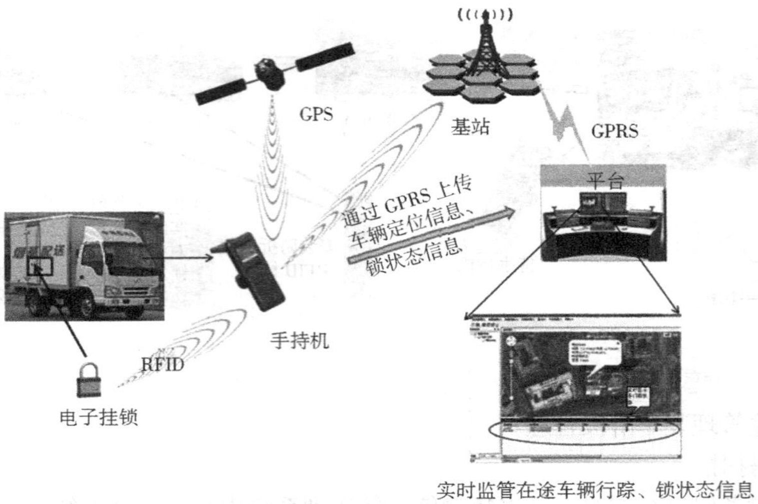


图 10.2.4　车载在途监管

**（3）货物交接**

a. 车载解封。

配送车载到达目的地之后，操作人员使用手持 PDA 读取配送点的 RFID 标签，并将信息发送到管理系统，管理系统将开锁命令发送到 RFID 电子锁，完成对电子锁的解封流程。其流程如图 10.2.5 所示。

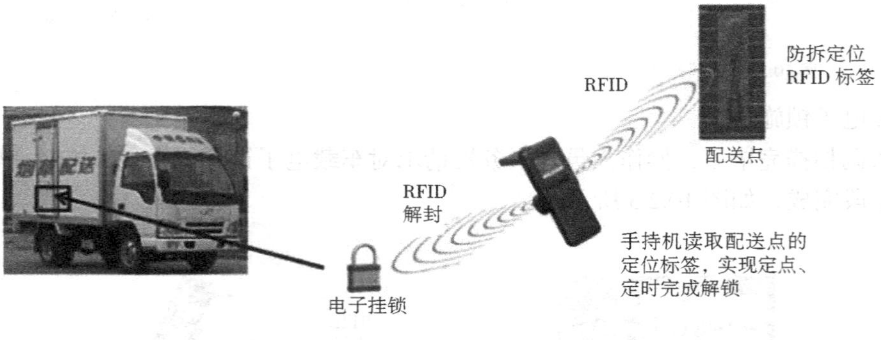


图 10.2.5　车载解封流程

b. 货物交接完成。

车载解封后，操作人员使用手持 PDA 扫描货物条码，并将信息发到管理系统，实现缺货采集，形成电子单证。其流程如图 10.2.6 所示。

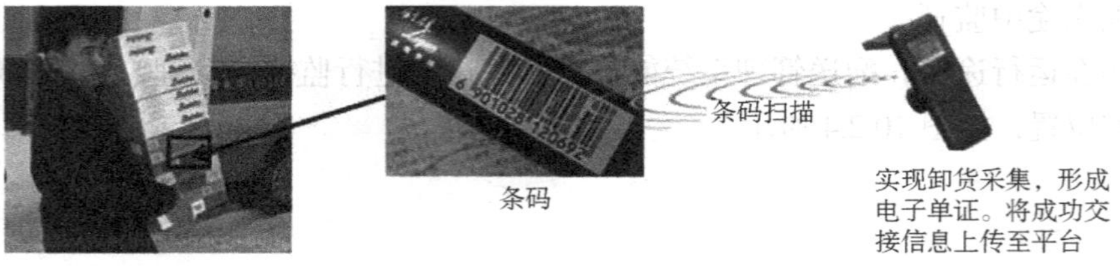


图 10.2.6　货物交接流程

3）亚马逊无人机送货

早在 2013 年 12 月，亚马逊就发布 Prime Air 无人配送机，如图 10.2.7 所示。顾客在网上下单，如果质量在 5 磅（1 磅 = 453.59 g）以下，可以选择无人机配送，在 30 分钟内把快递送到家。整个过程无人化，无人机在物流中心流水线末端自动取件，直接飞向顾客。2014 年亚马逊 CEO 贝佐斯公开表示，亚马逊正设计第八代送货无人机，将采用无人机为 Amazon Fresh 生鲜配送服务。

图 10.2.7　亚马逊无人机

4）京东智能配送机器人

京东配送机器人是由京东研发，进行快递包裹配送的人工智能机器人。

2017 年 6 月 18 日，京东配送机器人在中国人民大学顺利完成全球首单配送任务。

作为整个物流系统中末端配送的最后一环，配送机器人所具备的高负荷、全天候工作、智能等优点，将为物流行业的“最后一公里”带去全新的解决方案。

京东配送机器人是智慧物流体系生态链中的终端，面对的配送场景非常复杂，需要应对各类订单配送的现场环境、路面、行人、其他交通工具以及用户的各类场景，进行及时、有效的决策并迅速执行，这需要配送机器人具备高度的智能化和自主学习的能力。除了强大的硬件支持，使机器人得以运行复杂的人工智能运算外，京东的自建物流体系下相对稳定、成熟的实际应用场景，让京东配送机器人具备到实际场景中进行试错和不断调优的机会。这正是京东智慧物流发展的独特优势，这也是京东能让配送机器人和智能化技术如此迅速落地的重要原因之一。

配送机器人的感知系统十分发达，除装有激光雷达、GPS 定位外，还配备了全景视觉监控系统、前后的防撞系统以及超声波感应系统，以便配送机器人能准确感触周边的环境变化，预防交通安全事故的产生。

配送机器人拥有基于认知的智能决策规划技术。遇到障碍物时，在判断障碍物的同时判断出行人位置，并判断出障碍物与行人的运动方向和速度，通过不断深度学习与运算，做出智能行为的决策。目前，该配送机器人具有以下能力：能安全通过红绿灯路口，包括有红绿灯路口和没有红绿灯的路口；能自主规划安全借道行驶；能向来车和行人避让；能礼让横穿行人车辆，安全避道行驶；精准停车，如图 10.2.8 所示。

图 10.2.8　京东智能配送机器人

## 课后练习

### 简答题

（1）简述智能配送的含义与特征。
（2）简述物联网技术在智能配送中的应用范围。
（3）人工智能在智能配送中已有初步的应用，请举例说明。

## 技能实训

【实训内容】

①智能配送系统。
②物联网技术在智能配送中的应用。
③云计算在智能配送中的应用。
④大数据技术在智能配送中的应用。
⑤人工智能技术在智能配送中的应用。

【实训目的】

通过本次实训，能够了解物联网技术、云计算、大数据技术和人工智能技术在智能配送中的应用。

【实训准备】

①物流实训中心。
②计算机及网络。
③配送中心作业实训手册。

【实训要求】

①能够独立、规范地完成智能配送调研报告。
②能够了解物联网技术、云计算、大数据技术和人工智能技术在智能配送中的应用。

【实训步骤】

①将全班同学分组，每组 4 ～ 6 人，活动以组为单位进行。
②每个小组在教师的指导下，完成智能配送调研报告。
③小组组长汇总展示本小组的智能配送调研报告。

## 【实训评价】

各小组组长将本组的智能配送调研报告在全班展示，供同学和教师查验，要求有物联网技术、云计算、大数据技术和人工智能技术在智能配送中的应用案例。

**（1）小组活动评价**

组长负责分配不同的任务给小组成员，每个小组成员完成各个子任务。要求完成智能配送调研报告。完成任务得 40 分，如果有遗漏等情况扣减相应分值。小组成员评价意见如下表：

**小组成员评价意见表**

小组名称：______________　　　　组长：______________

| 小组成员 | 态度（10 分） | 互助与合作（10 分） | 倾听（10 分） | 展示与效果（10 分） |
|---|---|---|---|---|
| | | | | |
| | | | | |
| | | | | |
| | | | | |
| | | | | |

**（2）教师评价**

教师负责评价每组的任务完成情况，量化评价标准。总分值最高为 60 分。教师对小组进行评价的标准见下表。

**小组学习评价标准表**

| 序号 | 评价标准 | 分值 / 分 | 打分 |
|---|---|---|---|
| 1 | 能在规定时间内组员之间合作完成实训任务，操作规范；顺利展示，报告观点新颖，表述逻辑性强 | 50 ~ 60 | |
| 2 | 能在规定时间内完成实训任务，操作规范；能做展示，有自己的观点，表述清楚 | 40 ~ 49 | |
| 3 | 能在老师和其他同学的帮助下完成实训任务，有展示 | 30 ~ 39 | |
| 4 | 能在老师和其他同学的帮助下基本完成实训任务，没有展示 | 29 以下 | |

**（3）教师点评**

教师进行点评时，汇总小组内评价，然后针对各小组进行总结点评。点评时以鼓励为主，要注意挖掘每个小组的闪光点。每个学生最后得分为所在小组分值加上小组成员评价分值。